U0154494

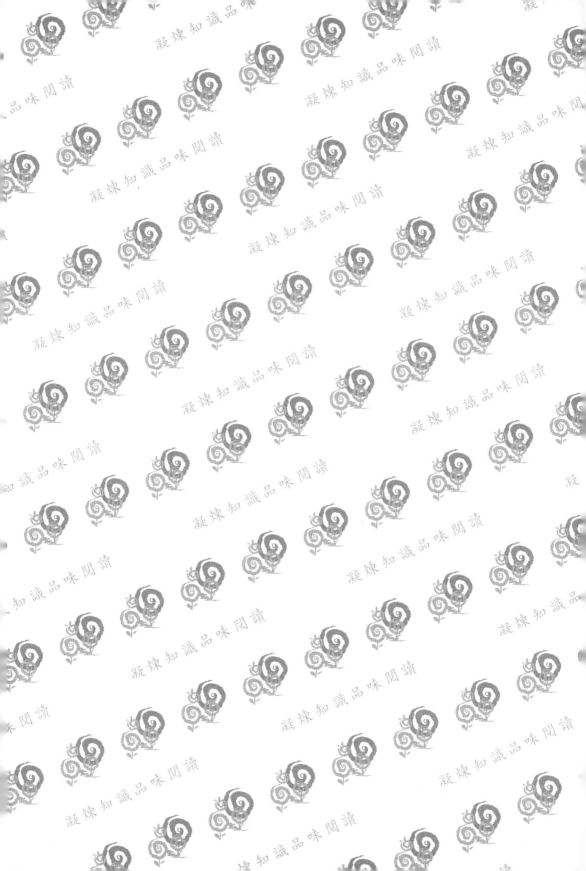

東吳大學張佛泉人權研究中心系列專書

台灣
人權教育
二十年

李仰桓、黃默——主編

但昭偉、李立旻、林沛君
林佳範、施逸翔、湯梅英
黃慈忻、雷敦龢、劉麗媛——著

五南圖書出版公司 印行

　　很興奮看到由李仰桓博士與黃默教授共同主編的《台灣人權教育二十年》終於出版了。這也正好呼應了東吳大學張佛泉人權研究中心成立二十年。當年黃默教授與校內外幾位關心人權的老師，覺得應該在東吳大學成立一個人權研究中心。在當時東吳大學並沒有任何校級研究中心，也沒有任何辦法可遵循，只好摸著石頭過河。正好我擔任政治學系系主任，因此就被推派由我代表提案，先在學術委員會通過，然後在2000年12月的東吳大學第二次校務會議獲得通過，感謝前校長劉源俊的支持。2001年中心正式成立，由黃默教授擔任張佛泉人權研究中心第一屆主任。成立人權研究中心之目的即希望在建立台灣第一個專業的人權研究及教學中心，並致力於人權教育的推廣以及與國際對話。

　　為推動台灣的人權研究與人權教育，人權研究中心定期舉辦各式演講、座談會、國際迷你課程及學術研討會，其中規模最大的一次是「2013年第四屆國際人權教育研討會：全球接軌、在地實踐」，有來自38個國家，200多位國外人權學者專家，讓國際知道台灣在人權教育的努力。同時，中心也編輯了《台灣人權字典》、《人權讀本》等。在2011年我擔任主任的期間，黃默教授努力多年的《台灣人權學刊》正式發行。至於《台灣人權教育二十年》也是黃默教授多年的心願，很開心看到他的幾個心願陸續達成。

　　本書中收錄了黃教授的人權教育的第一個十年與第二個十年，其中不乏推動過程的甘苦。除了黃默教授的四篇文章之外，本書幾位作者都長期對人權中心有相當大支持的學者，包括擔任《台灣人權學刊》主編的但昭偉教授、從事人權教育不遺餘力的湯梅英教授與林佳範教授、多年來不辭辛苦往返輔仁大學與東吳大學，在人權學程教書十多年的雷敦龢神父，還有我們人權學程的專任

教師林沛君。

　　另外，我們收錄一篇新北市立三民高中劉麗媛老師的文章，談她的現場教學，帶領高中生進入某種情境，讓他們的感知被啓動，進而反思與理解與他們很遙遠的轉型正義。還有一篇是目前爲華盛頓大學博士生的黃慈忻討論她在NGO工作期間，處理兒少問題時的實際經驗，有助於讀者瞭解社會工作者在實務上面臨的困境，也讓人瞭解這方面人權教育的不足。最後，我們長期的盟友，台灣人權促進會秘書長施逸翔述說台權會在過去幾年來在全台各地舉辦人權工作坊，希望將人權意識、國際人權標準、以及人權倡議的相關工具與知識，帶到台灣的各地去，培養在地生根的人權力量。他們的努力令人動容，也希望有更多的資源投入。

　　羅斯福夫人認爲人權必須從自家附近的小地方開始，「這些自家附近的小地方，小得地圖上都找不到。然而他們是每的人的生活世界：他居住的街坊；他就讀的學校；他工作的工廠、農場或辦公室。在那裡，男男女女、老老少少都希望得到正義、平等與尊嚴，不願遭受歧視。除非人權在這些小地方都能受到重視，否則它將淪爲空談。」然而我們從但昭偉教授對周遭環境的觀察，可以看到對於人權與人權教育，我們還有許多可以改善的空間。希望台灣人權教育三十年出版時，我們可以很驕傲地說，台灣的人權教育成長快速、品質大爲提升。

東吳大學人文社會學院院長

黃秀端

2021年1月

於外雙溪

　　雖然台灣政治解嚴迄今已經二十餘年，但是社會對人權的觀念，仍然有很大的進步空間。而所謂的社會不僅包括行政端的政府組織、監督立法的各級議會代表，也包括許多民間團體、各級學校、法院，更包括在你我身邊的家人、鄰居和朋友。長期以來，我關注障礙者權益與政策，經常在政府單位、學術殿堂以及民間組織中與有志之士倡議與推展障礙者權益。不過，常常發現其實最難說服的是自己很常往來的熟人。另外，作為擁有兩個正在義務教育過程中孩子的母親，我也常跟學校老師有許多的溝通機會，深深瞭解如何讓義務教育中的教師瞭解人權的觀點、方法和目的是非常重要的。因為多數教師面臨不知如何辨識人權議題，導致他們即使使用了傷害學生權益的教育方式也不自知。此外，許多教師也不瞭解「人權教育本身即是人權」（Human rights education is itself a human right），反而經常在提及學生權利之時，就認為這是對教師專業的一種妨礙和限制。另外，許多人認為法律就代表人權，但事實上法律和法院並不直接等於人權，懂法律也不代表懂人權。唯有以人權為基礎的法律，加上有人權意識的法律人，才有可能真正保障人權。

　　由上可知，在社會最基礎的教育與司法領域的現場，對人權概念的認知不但匱乏且經常有誤。而人權觀念與日常實踐的教育其實是一個專業的領域，需要在國民教育的過程、包括教師講成、法曹養成以及各種職業專業養成過程中被施予。雖然，目前在108新課綱當中已納入人權教育的課程，但是要如何在一向科層且保守的義務教育場域中教育人權，仍待更多教案的設計與提出。此外，評量學生是否瞭解人權，似乎也不該再使用過去那種單選題、容易誘導學生在面對問題僅能有一種解決方式的認知，否則容易落入傳統八股文的無效學

習。人權教育除了需要有教材和教案、教育者之外，也需要新的評量方式。而這些人權教育所需的教材、教育者和評量方法的發展與研究，目前在台灣都亟待發展。本書主編黃默教授與國教院李仰桓助理研究員，以及這本書的作者群所撰寫的各章內容，恰恰為台灣所有教育階段、許多重要人權議題的人權教育研究，提供了一個鑑往知來的參照點。

首先是對於人權教育的定義、為台灣政府的人權教育政策提供一個鉅細靡遺的歷史發展觀點，其次則是從高中以下各級學校到大學的人權教育施作轉型教育狀況提供完整的論述，再者有針對兒童人權、轉型正義等重要議題的人權教育研究。如此幾近全方位的人權教育研究專書，在人權教育發展的歷程中仍然還在一個開始的階段，但卻是一個重要且必須的存在。推動人權其實就是一個社會教育的過程，東吳大學張佛泉人權研究中心很榮幸能將此書收為本中心的系列專書之一，非常誠懇地推薦給有致於人權教育的工作者和研究者，期待本書能提供大家推動人權教育過程中的重要參照資訊。

東吳大學張佛泉研究中心主任

周怡君

2020年11月30日

於士林外雙溪

目　錄

人權教育的實踐 79

李仰桓

壹、人權教育是什麼？

美國哥倫比亞大學教育學院Betty A. Reardon教授在《教導人性尊嚴：權利與責任的學習》（*Educating Human Dignity: Learning about Rights and Responsibilities*）一書指出，「在冷戰期間和冷戰結束至今，全球體系所面臨的大多數問題都被認為是關於人權的議題」（Reardon, 1995: 1）；而國際人權標準存在的意義，即在於為我們勾勒出當前主要的世界問題，並且「為我們提供一個判準，以針對這些問題加以界定、評估與決定這些問題的嚴重程度」（*ibid.*: 10）。根據這個說明，當我們透過人權教育學習人權相關知識之時，即是學習如何去理解對全人類而言普遍而重要的問題，以及為了面對與解決這些問題，人類社會所形成的基本共識與價值。從這樣來看，人權教育的目標，就在於辨明問題，建立價值，訴諸行動，並推進世界的變革。

上述對人權教育的理解，在聯合國於2011年所通過的《聯合國人權教育與培訓宣言》（*United Nations Declaration on Human Rights Education and Training*）當中，[1] 得到完整的說明。《宣言》的第2條指出，人權教育包括了「一切旨在促進所有人權和基本自由得到普遍尊重和遵守的教育、培訓、訊息、宣傳和學習活動，因而這些活動主要通過為人們提供知識和技能，幫助他們瞭解和形成正確的態度和行為，有助於防止侵犯和踐踏人權的行為，使他們能夠為營造和促進普世人權文化做出貢獻」。而人權教育的範圍應該包括：

一、開展人權方面教育（education *about* human rights）：包括介紹和講解人權

---

[1]　A/RES/66/137.

規範和原則、其所依據的基本價值以及其保護機制；

二、借助人權開展教育（education *through* human rights）：包括採用尊重施教者和學習者雙方權利的教學方法；

三、爲人權而開展教育（education *for* human rights）：包括使人們具備享受和行使自身權利並尊重和維護他人權利的能力。

第4條進一步具體指出，「人權教育和培訓應以《世界人權宣言》及相關條約和文書所載的原則爲基礎」，其實施目的在於力求：

一、提高人們對普遍人權標準和原則，以及國際、區域和國家各級保護人權和基本自由的保障措施的認識、瞭解和接受；

二、形成一種普世人權文化，從而讓每個人都瞭解自己的權利，以及尊重他人權利的責任，促使個人發展成爲自由、和平、多元和包容的社會中負責任的一員；

三、爭取確實實現所有人權，增進寬容、不歧視和平等；

四、確保人人都能不受任何歧視地受到高品質的人權教育和培訓，以此確保人人機會平等；

五、推動防止人權受到侵犯和踐踏的現象，打擊並根除一切形式的歧視、種族主義、散布成見和煽動仇恨的行爲，及其背後的各種有害觀念和偏見。

而爲了邁向建立普世人權文化的目標，聯合國相當強調人權教育的實施應該是全面性的（comprehensive），亦即人權的價值應該貫穿整個教育體系與學習環境；[2] 其方式包括將人權價值整合至國家教育政策以及課程與教科書的修訂程序，在教師的職前與在職訓練中提供關人權的培訓與人權教育的方法，在校園或家庭與社區舉辦相關課外活動，發展教材，爲教師與其他學者專家建立網絡等（OHCHR, 2004）。

2　請參閱下文有關〈世界人權教育計畫第一階段行動綱領〉的介紹。

貳、人權教育的提出與開展

從發展過程來看，人權教育的提出與聯合國的倡議密切相關。1948年，聯合國通過《世界人權宣言》（*Universal Declaration of Human Rights*），[3]在前言的部分期許：「……以期每一個人和社會機構經常銘念本宣言，努力通過教誨和教育促進對權利和自由的尊重」；在本文的第26條，則規定會員國應「具體宣示人人都有接受教育的權利，而教育的目的在於充分發展人的個性並加強對人權和基本自由的尊重。」這個條文不僅將教育權（right to education）納入普世人權的內涵，更指出教育本身就應該促進對人權與基本自由的尊重。

到了1966年，聯合國公布《經濟社會文化權利國際公約》（*International Covenant on Economic, Social and Cultural Rights*），[4]該公約第13條規定：「本公約締約國確認人人有受教育之權。締約國公認教育應謀人格及人格尊嚴意識之充分發展，增強對人權與基本自由之尊重。」由於國際公約對締約國具有法律效力，這個條文代表締約國承認實施人權教育為國家應盡之義務——從另一個角度來說，即意味著接受人權教育為一項基本人權。不過，當時世界尚處在美蘇對抗的冷戰氛圍，國際人權公約不受重視，連帶也使得人權教育難以展開。一直到1990年代蘇聯解體，人權的倡議才逐漸步入國際政治議程，人權教育也才再次在國際社會上獲得動能。[5]

1989年，聯合國通過《兒童權利公約》（*Convention on the Rights of the Child*），[6]明確承認兒童享有權利主體的地位（第2條）。公約第29條第1項規定，兒童教育之目標為：一、使兒童之人格、才能以及精神、身體之潛能獲得最大程度之發展；二、培養對人權、基本自由以及聯合國憲章所揭櫫各項原則之尊重；三、培養對兒童之父母、兒童自身的文化認同、語言與價值觀，兒童

---

[3] UN General Assembly resolution, 217 A (III).

[4] United Nations, Treaty Series, vol. 993, p. 3.

[5] 雖然聯合國於1990年代才開始推動人權教育，但美國的大學於1970年代時，即因卡特總統推動人權外交而出現許多人權研究的課程，可算是人權教育發展史上的一個插曲。

[6] United Nations, Treaty Series, vol. 1577, p. 3.

所居住國家之民族價值觀、其原籍國以及不同於其本國文明之尊重；四、培養兒童本著理解、和平、寬容、性別平等與所有人民、種族、民族、宗教及原住民間友好的精神，於自由社會中，過負責任之生活；五、培養對自然環境的尊重。根據該公約第1號一般意見書（general comments）的解釋，[7]這五個目標均與實現兒童的人性尊嚴與權利有直接的連繫（第1段）；而且，「人權教育應該提供有關人權條約的內容。但不僅如此，兒童亦應該藉由目睹人權標準的實踐——無論是在家庭、學校或是社區——而學習人權。人權教育應當是一種全面、終生的過程，並以在兒童的日常生活和經驗中反映人權價值為起點」（第15段）。除此之外更強調：締約國應「……從根本上重新擬訂教學大綱，納入各項教育目標，有系統地修訂教科書，其他教學材料、技術與學校政策。簡化地將這一條的目標和價值塞進現行制度而不鼓勵任何更深入的變革，顯然是不恰當的」（第18段）。在當前諸多聯合國人權公約中，《兒童權利公約》擁有最多的締約國，[8]易言之，在這個公約生效之後，有更多國家（比起《經濟社會文化權利國際公約》）承認推動人權教育為其國家義務。

　　1993年，「世界人權會議」（World Conference on Human Rights）在維也納舉行，會後提出《維也納宣言與行動綱領》（*Vienna Declaration and Pro-gramme of Action*），[9]強調「……有必要在教育方案中加進人權主題，要求各國都採取這樣的做法。教育應增進各民族、所有種族或宗教群體之間的理解、容忍和友誼，能鼓勵聯合國為實現這些目標開展活動。所以，從理論和實踐上開展人權教育，傳播適合的資料，對於促進和尊重不分種族、性別、語言或宗教的所有個人的人權，可以發揮重要作用，應成為國家和國際層級教育政策的組成部分。」（第33段）這份文件不僅重申人權教育的重要性，更催生出「聯合國人權教育十年（1995-2004）」計畫（United Nations Decade for Human

---

7　CRC/GC/2001/1.
8　目前全球共有196個國家批准《兒童權利公約》（2020年5月查詢）。
9　A/CONF.157/23.

Rights Education, 1995-2004）。[10]這項計畫於1994年提出，其目的在於協助各國對人權教育的需要進行評估並形成政策、建立與強化人權教育計畫、發展教材、提升媒體的能力以及在全球宣揚《世界人權宣言》。

　　「十年計畫」結束後，聯合國認爲人權教育仍有相當大的推動空間，因此接續提出「世界人權教育計畫（2005迄今）」（World Programme for Human Rights Education, 2005-ongoing）。此一世界計畫依四個階段逐步實施，每個階段各有其焦點：第一階段（2005-2009）對象爲國小與國、高中的學生；[11]第二階段（2010-2014）對象爲高等教育、教師／教育者、公務人員、執法人員以及軍事人員等；[12]第三階段（2015-2019）的對象爲媒體專業人士與記者。[13]至2019年，聯合國人權理事會進一步爲世界計畫的第四個階段（2020-2024）提出草案，主題爲藉由教育爲年輕人賦權增能。[14]整體而言，世界計畫強調一種全面式的途徑，亦即將「以權利爲基礎」（right-based）的途徑貫穿國家的教育政策、政策執行、學習環境、教學與學習以及學校人員的教育與專業發展等面向。除此之外，亦進一步提供四個原則性的階段性步驟，供各國推動人權教育時依循，包括：一、分析學校體系在當前實施人權教育的處境；二、設定優先順序，並制訂國家執行策略；三、執行與監督；四、評估。其中，每項步驟均包含具體的行動指引，供各國推動時所參考。

　　2011年，聯合國公布《聯合國人權教育與培訓宣言》。這項宣言包括十四個條文，總結了聯合國多年來推動人權教育的經驗，爲人權教育的定義、目的、內涵與實踐等提出完整的說明，相當程度上可視爲當前國際社會在人權教育方面所形成的共識，亦是實施人權教育的指導原則。

　　除了藉由各項宣言、公約推動人權教育外，聯合國也透過各國的國家人

---

[10] E/CN.4/RES/1995/47.
[11] A/59/525/Rev.1.
[12] A/HRC/15/28.
[13] A/HRC/27/28.
[14] A/HRC/42/23.

權機構（National Human Rights Institutes）促進人權教育。[15]國家人權機構雖然由國家自行成立，但國際間已有共識，若要發揮促進人權保障的功能，國家人權機構應根據聯合國所提供的〈有關國家機構之地位的原則〉（Principles Relating to the Status of National Institutes）——即一般通稱之〈巴黎原則〉（The Paris Principles）[16]——來設置。根據〈巴黎原則〉，國家人權機構應協助政府「制定人權問題教學方案和研究方案，並參加這些方案在學校、大學和專業團體中的執行」、「宣傳人權和反對各種形式的歧視，特別是種族歧視的工作，並透過宣傳和教育來提高公眾認識。」而「人權教育十年」也建議，國家人權機構在發展、統籌與執行國家層級的人權教育計畫時，應扮演重要的角色（第12段）。

　　從上述介紹可知，自《世界人權宣言》的倡議開始，人權教育便經由國際人權體系在各國逐步發展，我們可以將之視爲普世價值進入各國教育領域的一個過程。在聯合國的倡議下，人權教育是一個整體的、涉及價值與文化的、終生的教育計畫，必須在教育政策、學校治理、課程規劃、教學與學習等各個層面彰顯人權的價值，並促進其中所有人的基本人權獲得保障。

參、走過台灣人權教育二十年

　　由於被阻於聯合國門外，台灣無法參與國際人權體系的運作，所以「聯合國人權教育十年」計畫原本也應該與台灣無緣。不過，在學術界的努力下，台灣終究還是經由十年計畫的啓發，邁開人權教育的腳步；一路走來，至今也逾二十個年頭。本書的目的，即在於檢視與分析這二十年來人權教育政策的發展與落實，以作爲展望下一個二十年的基礎。全書分爲「人權教育的推動歷程」、「人權教育的實踐」以及「非政府組織的人權教育」三大部分；涉及的

---

[15] 如各國成立的國家人權委員會（National Human Rights Commission）、我國的監察院國家人權委員會等，均屬此處所謂之國家人權機構。

[16] General Assembly resolution 48/134 of 20 December 1993.

範圍，除了學校教育中的實踐外，也包括非政府組織在社會上所推動的人權教育；至於公務人員與專業人士的部分，則暫時不列入討論。

　　全書由黃默教授的兩篇總結性文章開始。黃教授爲東吳大學文理講座教授，曾擔任東吳大學張佛泉人權研究中心與人權學程的主任，以及《台灣人權學刊》主編。他於1994年回台任教後，即全力投入人權教育的推動，至今未曾間斷，不僅完整見證了台灣人權教育的跌宕起伏，也是當中的靈魂人物。在〈台灣人權教育：第一個十年〉與〈第二個十年〉這兩篇文章中，黃教授回顧了台灣從1990年代中期起所邁出的步伐。他認爲，從這二十年的經驗來看，傳統上對「和諧」的重視，以及想要維持階層式社會秩序的威權心態，仍普遍存在於台灣社會，因而對個人權利的提倡與保障構成阻礙；其次，台灣人權教育的推動十分容易受到政治情勢變遷的影響，以至於呈現不穩定的狀態；台灣的民主化進程又常常伴隨著民族主義的發展，這種發展對人權教育也構成了阻礙。另外，自從2005年「人權教育委員會」解編後，教育部就漸漸緊縮了對人權教育的支持，多年來沒有較多突破性的作爲；反而是各級學校的教師自發地發展教案，將人權議題融入不同的學科領域中教學，還有文化部轄下的國家人權博物館積極規劃各種教育推廣活動，許多非政府組織深入社會推動人權教育，均爲台灣的人權教育保留了一份活力。

　　但昭偉教授爲現任《台灣人權學刊》主編，同時也是台北市立大學人權教育研究中心主任。但教授專攻教育哲學，多年來試圖從文化的層面解析中國傳統文化與普世人權價值之間的競合關係。在爲本書撰寫的〈台灣在個人權利保障上的表現及其意義〉一文中，但教授想要解釋爲什麼台灣的華人一方面可以接受西方的民主、自由及人權等價值，但另一方面卻又有些排斥？並進一步以傳統華人思想中排斥權利理念的緣由，作爲探索人權理念如何在台灣落實的線索。文末，但教授指出文化的改變並不容易，但教育部仍可有所作爲，因此提出將人權課程列爲師資培育機構必修科目、分批調訓全國高中以下教師，以及將已經國內法化的國際人權公約列爲必讀教材等三個政策建議，期使人權教育能再往前推進一步。

　　在但教授的文章後，本書再回到黃默老師對人權教育的看法。首先，黃教授在〈普世價值、東亞崛起與通識教育〉一文中談到，近年許多華人學者倡議「東亞崛起」與儒家文化，深信華人文化傳統是普世價值外的另一條出路。黃教授不同意這樣的看法，並指出教育界在推動普世價值時所應該強調的面向。在某個程度上，這篇文章可以與但教授的文章相互對照。接著，黃教授進一步在〈推動人權育的歷程與通識教育的關係〉這篇文章中建議，通識教育不能悖離普世價值，也必須聚焦於解決當代人類社會的問題；因此，通識教育與人權教育應該有十分密切的關係，或者說，人權教育應該是通識教育十分核心的部分。

　　在黃、但兩位教授幾篇通論性文章後，本書轉向人權教育在學校教育中的規劃與實踐。首先是湯梅英教授有關十二年國民教育以議題融入的方式實施人權教育的評論。湯教授為台北市立大學教育系教授，亦曾擔任人權教育研究中心主任，多年來致力於推動人權教育的教材編撰與師資培育，帶出一批優秀的國中小老師。她以十二年國教中的人權教育議題融入課程為主要分析架構，聚焦於現場教師所關注的課程規劃與教學實施，針對人權議題融入課程的轉化流程、融入課程整體的架構及課程與教學示例等方面加以解析。她的建議是，相關單位應補強不同課綱文件之間的關聯性；發展各學習階段人權議題融入各領域／科目課程的各種學習資源；透過專業成長活動，引導教師熟悉人權教育議題融入課程架構；避免教學示例成為標準化、例行套裝的教學設計等建議，相信這些建議對於將人權教育有效地融入各個領域課程有重要的參考價值。本人的文章也同樣在探討十二年國教中議題融入式的人權教育，但較著重於教學內容的部分。本人比較擔心十二年國教課綱的規劃較少安排學生認識《世界人權宣言》、《聯合國兒童權利公約》等重要人權文獻所倡議的價值與原則，也未規劃較多空間討論國家在人權保障上所應負擔的義務；而課綱中有關人權行動的部分，似乎容易與善行混淆，恐怕會模糊掉「以權利為基礎」（right-based）的精神。

　　林佳範教授與李立旻博士的文章〈台灣的人權教育，有在教人權嗎？〉則

將目光移到教學現場，分析人權教育在高中以下學校實施的情形。林佳範教授為台灣師範大學公民教育與活動領導學系副教授，長年擔任教育部人權教育輔導團的主持人。在教育部「人權教育委員會」於2005年裁撤後，人權教育輔導團就成為教育部僅存的人權教育計畫。林教授透過輔導團的機制培訓國中小的人權種子教師，在資源不多的狀況下持續為校園中的人權教育扎根。李立旻為公民教育與活動領導學系的博士，本身也是具有實務經驗的老師。這篇文章分析各校提供的教學資料，藉以勾勒教學現場實踐人權教育的情況及問題。研究的發現不是很樂觀：首先，從調查結果來看，實際推動人權教育的學校恐怕不多；其次，國、高中階段的人權教育最需要加強；第三，比起公立學校，私立學校推動人權教育的比例偏低；第四，人權教育的推動程度與城鄉差距似無關係；第五，教師較依賴教科書外的教案或教材，因此教科書融入人權教育的程度應加強；第六，有相當比例的教師對人權教育的內涵有所誤解。從這項調查結果看來，教學現場對人權價值的掌握仍然有加強的空間，而落實人權教育的確實程度也有待改善。

在討論完人權教育課綱的規劃與實踐情形後，接下來是兩篇教師的實際教學經驗。雷敦龢教授為輔仁大學法律系教授，專研東西方的人權思想。雷教授多年來在東吳大學人權學程開課，不斷探索有效的教學方法。在〈如何教授人權？〉這篇文章中，雷教授提及他受到源於伊索克拉底（Isocrates）的教育傳統所影響；這樣的傳統不同於亞里斯多德以系統知識、解決問題為主的教育觀，強調人文精神、生命經驗以及公共方面的服務，並常以劇場、表演、音樂、舞蹈為教學方法。雷神父介紹他將此種教育觀引入大學課程中的經驗，同時反思大學教學體制與此種教育觀之間的扞格。劉麗媛老師任教新北三民高中，在〈轉型正義的教與學〉這篇文章中，分享以轉型正義為主題規劃全校性人權教育的經驗。轉型正義是台灣社會十分關注，但又有不少爭論的議題，在校園中進行這樣的教學並不容易。劉老師談到她推動這個教學計畫的心路歷程及觀察，尤其分享不少學生的反饋意見，令人感受到人權教育所蘊含的活力。

接著，是兩篇討論兒童權利的文章。台灣於2014年將《聯合國兒童權利公

約》內國法化後，不但承認兒童為權利主體，也為人權教育開啟一個新的面向。〈人權教育與兒童權利〉一文的作者林沛君教授，現於東吳大學人權學程任教，專攻兒童權利。在這篇文章中，林教授說明「兒童權利教育」建構的「以兒童權利為視角」的教育模式，而這樣的模式當以兒少的參與為基礎。在這樣的認知下，林教授檢視國內兒少參與公共事務的現況與機制，並反思相關機制若不能確實呈現兒少之主體性，則仍難謂掌握了「兒童權利模式」之基本理念。在相當程度上，兒童權利教育對傳統上成人所主導的教育模式提出不小的挑戰，台灣主流社會能不能一步步接受這樣的看法，值得後續觀察。另一篇討論兒童權利的文章為〈實踐兒童權利公約的路上〉，作者黃慈忻目前在華盛頓大學攻讀博士學位。她在赴美深造之前，曾是處理兒少相關事務的資深社會工作者；這篇文章即為分享她在民間團體服務時進行兒童權利教育訓練的經驗。她發現社會工作者對於「權利」此一概念的理解較為模糊，以致他們在面對權利主體與義務承擔者之間的衝突時，難以做明確的判斷。除此之外，這篇文章也呈現民間團體處理兒少問題時的實際經驗，有助於讀者瞭解社會工作者在實務上面臨的困境。

　　在本書最後，我們希望能引介非政府組織在社會中推動的人權教育。上述黃慈忻博士的文章即涉及非政府組織的活動，於此不再贅述。其次是台灣人權促進會秘書長施逸翔先生介紹該會近年來深入台灣各地所推動的人權教育計畫。台權會雖為台灣最老牌的人權團體，卻一直保持旺盛的戰鬥力。然而在與政府或資本家近身肉搏的同時，他們也思考應如何透過人權教育為台灣社會打造穩固的人權文化。在匿名支持者的資助下，台權會於台灣各地舉辦人權教育工作坊；每次辦理之前，都與在地團體討論當地的議題，共同決定最恰當的進行方式，同時思考如何讓工作坊的成果回饋在地的人權行動。台權會的工作坊依循羅斯福夫人「人權從小地方做起」的精神，從人民的生活經驗出發連結人權價值，繼而付諸行動，具體彰顯了《聯合國人權教育與培訓》宣言中「開展人權方面教育」、「借助人權開展教育」以及「為人權開展教育」的核心精神。非政府組織的活動，確實為台灣的人權教育帶來另一番強韌的行動力。

肆、期待既分工又合作的局面

　　台灣人權教育開始於1990年中期，最早由一群學者所發起，但在很短的時間內，便得到陳水扁政府的協助，甚而可以說主導。在陳水扁政府最早一、兩年，是這二十年來台灣人權教育最積極、最有活力的時期。但事與願違，在2004年、2005年以後，陳水扁政府對人權教育的關懷與熱情，已不復見，轉而重視台灣地理、歷史、文化知識的扎根。究其原因，一方面是傳統價值、傳統觀念的作祟，對個人自由與平等的思維難以接納；另一方面，也受到政黨輪替後，政治上的干擾。在馬英九時代，課綱之爭歷時八年，也可以視為傳統價值、傳統觀念與政治干擾的再現。但不論我們從哪個方向來看，陳水扁政府早年的立場與政策如果得以持續，假以時日或可一步步提出一個比較完整的人權教育藍圖，這也與聯合國所倡導的理念較為接近。

　　較之人權教育的第一個十年，馬英九政府時代初期對人權教育較少關注，直到台灣提出兩個國際人權公約的國家報告以後，才又重新體認到國家有義務推動人權教育。但從實際運作來看，第二個十年推動人權的動力已經逐步往社會移動，學校——包括大學、國中小學校與非政府人權組織，都參與人權教育的行列，尤其不少國中小的老師在短短幾年內認真的學習，表現十分優越。非政府人權組織也從關懷特定族群的權益，如婦女團體關懷婦女權益、勞工團體關懷勞工權益，轉而關懷、推動人權的理念與國際社會的法律規範等等。他們紛紛舉辦讀書會與工作坊，並走訪各縣市與鄉村，把人權的理念傳播出去。在政府部門中，教育部人權教育輔導團遍設於各個縣市，功不可沒。文化部國家人權博物館更是後起之秀，急起直追，對轉型正義教育著力最深。

　　與此同時，國際社會也開始關注台灣人權教育的發展，尤其是歐盟與歐洲的國家對台灣司法人員的訓練，貢獻甚多。幾乎每年或是每隔一、兩年，台灣司法院、法務部或是大學研究機構，都在平等合作的基礎上邀請他們的法官與法學專家到台灣來講課、交換經驗。

　　如果第一個十年，政府參與比較多，第二個十年可以說是多元發展的年

代。無可質疑地，這使得台灣人權教育的視野逐步擴大，範圍與內涵也變得多采多姿，參加的團體與個人遍及社會各個階層與部落。但從另外一方面來看，也顯得比較凌亂一些。

展望今後十年，人權教育的可能發展一定與新設立的國家人權委員會密切相關。一個符合〈巴黎原則〉的國家人權委員會的設置，在台灣已經討論了二十年，歷經滄桑。2019年12月終於達到共識，在監察院設立了國家人權委員會。但法案的內容十分錯綜複雜，明顯的是一次大妥協，勢必對今後監察院的運作發生影響。簡單來講，在二十九個監察委員當中，七位監察委員明定是人權的專業人士，再加上監察院的院長與兩位一般的監察委員，一共十人組成國家人權委員會。另外，二十個一般監察委員仍然遵循舊有的規則，分別為內政、外交、國防等等委員會的委員。

我們不難想像，今後監察院運作時，這七位人權專業委員與其他一般監察委員如何分工合作，必然是一大問題，充滿挑戰性。如果只從人權教育的層面來看，我們期待新的國家人權委員會能負擔起整合的功能，將人權教育與人權促進與保障密切聯繫起來。多年來的情況是，人權教育的推動與人權保障與促進關係不多，前者是教育部、文化部、學校與非政府組織的工作，後者基本上是政府的工作。而政府與非政府組織又常常處在對立的立場，進而影響到工作的成效。只有在整合的情況之下，始能既有一個整體的規劃與藍圖，也能有分工合作、各自發揮多元倡議的局面。

參考文獻

Reardon, Betty A. 1995. *Educating for Human Dignity: Learning about Rights and Responsibilities*. University of Pennsylvania Press.

人權教育的推動歷程

第二章　台灣人權教育：第一個十年*

黃默（施奕如　譯）

壹、前言

　　1995年，筆者獲聘至台北東吳大學任教。私立東吳大學於1900年在中國蘇州創校，1950年代初期在台灣復校。筆者從美國回台之前，曾以參訪學者身分任教於台灣大學、政治大學，與學術圈朋友、同仁以及非政府組織友人都保持密切聯絡。回台後著手的第一件事，便是試探性地推動人權教育。首先，筆者說服東吳大學政治系的同仁，開設一系列有關人權的課程，包含女權、人權哲學與倫理、原住民族權利、國際人權保護等主題。接著又找了台北市立師範學院（現更名為台北市立大學）以及陽明醫學院（現更名為陽明大學）的同仁，向國科會提出一個為期三年的整合型計畫，計畫目標為研究並編撰人權保障與人權教育的教材，與培訓國中小（包含學前教育）人權種子教師。可惜的是，這項研究計畫僅獲得第一年的補助，且排除了學齡前兒童的教材開發與師資培訓研習；此外，該計畫原訂於第二年邀請環境、性別領域等各界專家撰寫文章，作為補充教材。但是第二年的申請並未通過，審查委員所持理由是：大專課程當中憲法一科已經包含了人權的教材，我們不需另起爐灶。此事明確突顯出傳統與現代思潮的衝突，一端是傳統價值觀及專制政府的政治意識形態主導，另一端是方興未艾的教育改革聲浪；教育界中捍衛傳統思維的人仍緊緊抓著權力不放，然而小組成員仍舊不屈不撓持續進行研究計畫。

　　回顧這段歷程可以清楚發現，筆者與其同仁當年之所以如此積極推動人權教育，主要有兩個因素：其一是筆者自1977年起便在美國紐約州立大學教授

　本文的英文版本，發表於《台灣人權學刊》，第4卷第3期，2018年6月。

國際人權教育課程，深受聯合國「人權教育十年1995-2004」影響；其二則是受到台灣在1990年代教育改革啓發。那次教改顯然也反映出台灣政治民主化的進程，當時的改革訴求是鬆綁教育體系，不再由深受中國國民黨政治意識形態影響的師範學院所主導。各大教改團體於1994年4月10日發起四一〇大遊行，爲了回應廣大的教改聲浪，李登輝政府成立教育改革審議委員會，由中央研究院院長李遠哲擔任主任委員會兼召集人。李遠哲先生諾貝爾化學獎得主身分，備受官方與民間信任推崇，咸認爲該職務的最佳人選。確實，他召集了陣容強大的團隊，在1995年4月到1996年11月兩年運作期間，共提出四期諮議報告書及《總諮議報告書》，內容完整且目標遠大，希望全面改善當時教育體系所面臨的一切難題。工作計畫包含促進《教育基本法》的制定、成立國家教育研究院、規劃完整的國家教育預算，並加強身心障礙學生教育、強化原住民學生教育，堪稱是一部教育改革的百科全書，可說是現代教育的理想藍圖。

當年台北的教改運動並未特別針對人權教育提出訴求，但是因爲教改團體大力主張教育是基本人權，有助於提倡人權教育。關於該次教改的成就與缺失，以及針對李遠哲博士的批評聲浪，並不在本文的討論範圍，且目前各界對此仍爭議不斷。

聯合國推廣人權教育的倡議在許多國家獲得廣大迴響，許多政府、非政府組織以及個人都提出推廣人權的建議做法，但是在台灣並未受太多關注，原因不難想像，因爲中華民國政府自1971年便被逐出聯合國，改由北京政府代表中國，因此台灣在國際社會間相當孤立，也難以獲知聯合國提倡人權的理論或實踐的最新發展動態，且當時台灣人民普遍對於聯合國相當不滿，也更易忽視聯合國的倡議。

貳、人權教育推動工作

在正規教育體系中，人權教育的推展工作在初期鮮少受到矚目。陳水扁先生擔任台北市市長的時期，筆者曾與時任台北市教育局局長的吳英璋教授見

面，至今仍印象深刻。1995年10月25日，經由柏楊人權教育基金會執行長周碧瑟教授的安排，筆者與吳教授在台大校友會館見面。吳英璋教授指出，就他個人經驗來說，多年來法治教育的推動成效非常低，因為學生並沒有學習到法治的精神或瞭解法律能為社會提供哪些行為準則，最在意的反而是未成年犯法的量刑能從寬。後來吳教授對於人權教育產生莫大興趣，並承諾協助推廣，部分原因便是來自個人經驗，我們邀他擔任人權研究團隊的顧問。

在吳英璋教授的引介下，來自三所高等學府的學者專家每個月定期聚會，討論並擬定人權教育推廣計畫；其中包含陽明醫學院的公共衛生專家周碧瑟教授、黃嵩立教授，台北市立師範學院的但昭偉教授、湯梅英教授，以及一位年輕東吳大學的女權學者陳美華講師，再加上筆者。這些成員在聚會中彼此挑戰對方觀點，討論相當熱烈。每當著手進行新計畫前，我們都經過無數次激烈的辯論與爭論才能決定執行方向，這肯定是知識分子的通病；同樣地，這些學者在聚會中也老是爭辯得面紅耳赤，辯論焦點往往重複圍繞在幾個議題上，如：是不是應該推動人權教育？普世人權價值是否只是西方的文化產品？又如果決定推動人權教育應該怎麼樣來進行？幾乎可以說是一場經歷三年的「亞洲價值」大論辯。主角常是但昭偉教授與陳美華講師，但教授是否每次都嚴肅以對，這倒不得而知，但可以確定的是，他相當樂於代表中國傳統儒家思想進行論辯；幸好，這並不影響研究群互動與共事的融洽。

談到具體的推廣方式，研究小組當時的共識是要編訂教材，尤其以中小學教材優先，而大部分的責任就落到湯梅英教授及她的助理身上，這些助理都是在國中小任教的教師，也是她早年的學生。1997年11月，湯梅英教授得到台北市教育局的補助，籌辦「人權教育教材編輯工作坊」，共有三十位國中小教師參加，他們或者是出於自願或由校長推薦。四個月後，第二次工作坊於1998年3月舉辦，持續進行到6月底，參與成員每週聚會，大多數選在星期五下午，討論的題目包括人權的概念及歷史、兒童權利、憲法人權保障以及教材的規劃與修訂等。教材的規劃與修訂尤其重視理論與實際的結合，試圖從國中小教師教學的經驗找出有關權利的議題，編為教材。接著立即在7月初到8月中舉辦進階

的暑期人權教師工作坊，有十五位國中小教師參加，分為四組，每星期五早上聚會，其中一組專管翻譯的工作，把若干聯合國的文獻及國外的教材翻譯成簡單易懂的文字作為教學之用，包含哥倫比亞大學Betty Reardon教授的著作《人權教育：權利與責任的學習》（*Educating for Human Dignity: Learning About Rights and Responsibilities*）。另外三組修訂3月到6月間整理出來的教材，並做進一步的開展（Tang, 2001）。

學前組人權教育教材的編訂由台北市立師範師院的林佩蓉教授負責督導。她運用課堂遊戲教學，從中提出有關相互尊重與容忍的觀點，比如說老師是否特別偏愛聰明、家庭背景富裕的小孩？又來自比較貧困家庭的小孩是否受到同學們的欺負？林教授已蒐集一些統計資料，但是因為經費不足，無法發布初步分析結果。

除了教材編訂，研究團隊另一項研究重點是調查各學習階段的學生對於人權教育的態度，因為愈深入瞭解學生的態度，便愈能提高人權教育的推廣成效。1996年，在東吳大學黃秀端教授的指導下，全台共有1,200位大專院校生接受隨機抽樣調查，受訪者共分為三類：大學、大專、師範學院與專科學院學生，內容著重於大學生對各項人權議題的態度，包含對於政治、性別平等議題的態度。但因為研究資源不足，無法分析所有調查結果，詳見黃秀端教授刊登於《東吳政治學報》之文章（黃秀端，1998）。

1994年，陽明醫學院的周碧瑟教授也針對中學生進行類似普查。周教授非常關切青少年吸菸飲酒問題，所以也藉由此次機會加上有關人權的題目，探討在校青少年抽菸喝酒等偏差行為與父母、教師的尊重信任有何關聯，又他們的隱私權是否受到尊重。這項研究以分層隨機抽樣方式，共有來自100所學校（50所國中、14所高中、21所高職及15所五專）的學生受訪，共有超過一萬份具有代表性的問卷，發現許多有趣且有意義的結論。比如說，在校學生抽菸喝酒並不盡然帶來同學們的排斥，反而得到同學們的好感，把他們看為是十分「酷」的學生。周碧瑟教授已將相關問卷分析內容發表於《中華衛誌》（周碧瑟等，1998）。

　　1998年夏天，陽明大學陽明十字軍正式舉辦「國中生人權教育營」的活動，以抽菸、喝酒、嚼檳榔、吸毒為例，透過小團體活動模式，把人權的觀念帶到偏遠的城鎮。陽明十字軍在周碧瑟教授的號召下於1970年代間組成。

　　1998年11月，陽明大學與台北市立師範師院共同舉辦一場國際研討會，發表過去三年以來的人權推廣經驗，邀請了歐洲、美國與在日本大阪「亞太人權資料中心」的專家學者與會，並在台北市立師範學院舉辦一次「國中小人權教育種子教師工作坊」，約有一百多位國中小教師參加。英國Audrey Osler教授、大阪亞太人權資訊中心Jefferson Plantilla先生、紐約州雪城尤蒂卡學院的Ted Orlin博士的演說，更是受到熱烈迴響。此外在東吳大學舉辦的「人權教育研究成果展覽」，也頗受矚目。

　　這是台灣初次舉辦國際人權研討會，如果這表示台灣能夠自主推廣並持續施行人權教育，那綠島人權紀念碑的落成便更進一步標誌轉型正義已獲正視。建碑期間，曾在綠島服刑的作家柏楊先生獲得李登輝前總統大力支持。柏楊先生曾被囚禁於綠島感訓監獄長達九年又二十六天，在紀念碑的落成揭幕儀式中，他以大會主席身分在致詞中表示：

> 「長達五十年的白色恐怖，終於成為過去。展望未來，是一個母親不再流淚的年代，而只有誠實地面對歷史、面對錯誤才能務實、健康地面對未來，使罪惡不再重複。紀念碑向世界證明，台灣人有能力、有勇氣和智慧終止政治迫害，繼續監督政府，實行民主，並推廣人權教育。」（柏楊，2000）

　　在2000年總統大選前，筆者獲得部分東吳大學同仁的支持，開始推動成立人權中心。過程中屢遭反對，後來經由動員全校宣傳活動與奔走宣導，2000年12月始成立張佛泉人權研究中心，這是台灣第一個專業人權研究及教學中心，以促進人權議題的教學與研究以及人權工作者的訓練為目標，由筆者擔任中

心主任。[1]成立隔年，張佛泉人權研究中心於2001年1月舉辦「國家人權委員會與人權的促進與保障」大型國際研討會，陳水扁總統也在會中發表演講。該研討會主旨在於比較各不同樣態國家人權機構的設立方案，國家人權委員會也是學術界與民間團體長久以來要求政府依照聯合國《巴黎原則》（*Paris Principles*）規定設置的獨立監督機關。出於人權進展的高度期待與熱忱，該研討會有超過二十位來自歐、亞、非洲、北美洲，以及南美洲的學者專家與會。

參、中央政府之角色

如前所述，中央政府對於當年教育改革的浪潮做出回應。1998年9月教育部公布《國民教育階段九年一貫課程總綱綱要》，揭示人權教育為融入式教學的重要議題，該課程綱要旨在讓課程設計回歸到各國民中小學，發展適合各校的本位課程，培養學生帶得走的基本能力，以彈性原則取代過往硬性制式的「課程標準」。九年一貫課綱將學習課程分為語文、健康與體育、社會、藝術與人文、數學、自然與生活科技及綜合活動等七大學習領域，以及人權、性別平等、環境、資訊、家政、生涯發展等六大議題，強調綱要內涵與時代脈絡的密切結合，打破分科教學的限制，推動教師的專業自主權。然而，人權議題融入的設計方式本身便有執行上的困難，九年一貫課程規定將人權議題融入各學習領域課程教學，如國語、歷史或社會課程，但因為人權教育並無固定教學時數，可以想見各界批評所謂的議題「融入」恐怕將成為「融化」，消融無形；換句話說，假如校內教師並不具備推動人權教育的熱忱，且／或並未獲得校長的支持，人權議題的融入教學便如同虛設，而這些質疑恐怕已成事實，目前這仍是各校課程設計待解決的難題。

1999年，中央政府頒布《教育基本法》，明文規定教育的目的包含促進人民對基本人權之尊重等，強調人民接受教育之機會一律平等。如同前中研院院

---

[1]　張佛泉人權研究中心的籌備始末詳情，請參考黃秀端（2001）。

長李遠哲（1996）的名言：「教改是玩真的，是要把每個學生帶好。」此次教育改革目標確實相當遠大，但是能否永續發展？

2000年，中華民國第十任總統陳水扁先生發表就職演說時，鄭重宣誓台灣將遵守國際人權規範，緊接著於2000年10月成立總統府人權諮詢委員會，由副總統呂秀蓮出任召集人，成員包含學者、律師及民間團體代表，該委員會被賦予籌備國家人權委員會的任務。可惜的是，在陳水扁的八年執政期間，最終並未設置國家人權委員會，也未兌現其制定人權法典的承諾。

大約在同一時期，行政院設立人權保障推動小組，外交部也成立非政府組織國際事務委員會，以協助國內民間團體參與國際交流，強化我國非政府組織與國際接軌。教育部則設置人權教育委員會，這是本文關心的重點。[2]

在設置人權教育委員會之前，教育部邀請學術界與民間團體人士，共同研議如何推動學校人權教育，並且部內辦理單位分工協調會議。2001年4月，教育部召開第一次的「人權教育委員會」，通過「教育部人權教育方案」、「教育部人權教育委員會設置要點」及「教育部補助民間團體辦理人權教育活動實施要點」，為未來的人權教育推廣工作提供法源基礎。

為了更進一步推展，人權教育委員會於2001年10月召開會議，將委員會運作分為四個小組，分別是：研究發展與評鑑小組（負責整體規劃與指導）、師資人力培訓與課程規劃小組、社會推廣與宣導小組與校園環境小組。這些小組是人權教育推廣的主力，各組工作內容與推動方式值得深入探討。

首先，「研究發展與評鑑小組」委託政治大學馮朝霖教授進行「各級學校人權環境評估範疇與項目之建構與研究」，發展出完善的人權環境評估方式並廣獲採用。另外也委託台灣師範大學的林佳範教授進行「學生權利義務之內涵與校園規範：台灣與美國的法律案例見解與『校規』之比較研究」，當時學生權益恰好是校園熱門議題，因此該報告被引用次數非常可觀。

---

[2] 陳水扁總統執政第一年，筆者在前述所有委員會中皆擔任委員，其中在人權教育委員會持續效力至2015年。

　　教育部所出版的《中英對照人權字典》也是由「師資人力培訓與課程規劃小組」委託編纂而成，由筆者擔任總編輯，他組成一個國際編輯團隊，共有二十位左右的學者、專家參與其中。與一般人權字典相較，該書所蒐錄之字彙不僅包含重要國際人權法條、公約、機構等等，也涵蓋人權史上重要人物與事件，尤其著重發展中國家的人權發展以及女性人權捍衛者，如：伊莉諾·羅斯福（Eleanor Roosevelt）、羅莎·帕克斯（Rosa Parks）、露易絲·阿布爾（Louise Arbour）等等。此外，為了反映中國大陸、香港、台灣的法律制度，該書分為四部分：國際與兩岸三地，共花費三年時間編纂而成。這本人權字典於2007年出版，初版共印製5,000本，分送至各中小學供師生參考之用。

　　早在2001年，人權教育委員會便計畫分北中南區成立人權教育資源中心，但是因預算有限而作罷，直到2005年才獲得足夠經費協助東吳大學張佛泉人權研究中心建立「人權教育諮詢暨資源中心」網站，致力整合相關資源，建立人權資料庫，並提供教育工作者有關人權教育之教學資源與諮詢服務，意義相當重大，但為時已晚，這在本文後半部將加以說明。

　　「師資人力培訓與課程規劃小組」沿用湯梅英教授與其學生的人權推廣方式，擴大推動「國中小種子教師工作坊」，每年在全國各城市鄉鎮舉辦，包含金門。從2000年1月至2002年8月，總計舉辦十三場工作坊，一般情況下，為期一或三天，並邀請大學教授與資深教師引導討論。此外，也舉辦高中職校長及訓導主任的培訓，筆者對於這些培訓課程的印象相當深刻，因為校長與老師會當場質疑為何需要教授人權議題，並且抱怨教育現場之外的麻煩製造者（即筆者與其同仁）使他們的處境更悲慘，要說服這些人並不容易。

　　「社會宣導推廣組」工作特別關注「人權婚禮」的推動。「人權婚禮」的觀念來自柏楊的倡導，在他看來如果能把人權的觀念帶進婚姻，也就帶進了家庭，若夫妻能承諾彼此尊重對待，將人權根本呈現在家庭教育中，人權的種子也會代代相傳，散播台灣各地。「社會宣導推廣組」也負責製作「台灣人權腳步」的系列人權紀錄片，探討台灣人權腳步軌跡與未來展望，該系列可說是集結眾人之力的心血結晶，包含教授專家、教師、民間團體等都參與其中，也獲

得各政府部會的協助，耗時超過一年才拍攝完成，共分為三部分，第一與第二部分主題為人權概念與國際人權法規，第三部分探討婦女人權與老人人權等各種人權議題，拍攝完成後便配發到各中小學作為補充教材。

與此同時，「張佛泉人權研究中心」受教育部委託，與台北市、台北縣（現為新北市）、基隆市之社區大學合作，組織了一個三十多位專家學者的講師團，以巡迴講座的方式傳達人權理念，講座主題包含人權、世界人權宣言以及兩個國際人權公約，以及九個不同範疇的人權議題，包含婦女、兒童、老人、勞工、原住民、同志等等，共有十所社區大學參與其中。

「校園環境組」的工作進展較為緩慢，首先著重於無障礙環境的落實，接下來推動零體罰，禁止不當管教，鼓勵校園申訴制度的建立；其中牽涉的問題很多，推行工作相當不易。首先，無障礙環境的落實顯然面臨不受重視以及經費不足的問題，此外禁止體罰的推動工作可能仍需數年才能看到成果。

教育部在人權教育推動方面，並不限於以上「人權教育委員會」的工作，也補助許多民間組織辦理人權工作坊或是學生夏令營，推動人權教育。比如說，「台灣人權促進會」便獲得補助，在2002年與2003年舉辦了兩次大學生人權研習營，「中國人權協會」也舉辦了「原住民文化種子夏令營」，並每年發表「台灣人權指標調查報告」等。

從以上簡單的說明，我們可以瞭解在陳水扁執政初期，是人權教育推動工作的進展高峰，並且建立有效的協調機制，支持各大學院校、各級學校與民間團體推展相關活動，由此看來，無論是過去或現在的人權推廣，來自中央政府的支持顯然是不可或缺的。

肆、重大挑戰

接下來，人權教育的倡議工作幾乎是無預警地突逢重大的挑戰（至少並無明顯預兆）；當時的幾個事件，導致中央政府削弱甚至是終止對於人權教育

的支持，讓許多教育機關與民間團體面臨孤立無援的處境。第一次事件發生在2004年，諷刺的是，當年適逢四一〇教改大遊行的十週年，十幾個民間團體及個人召開記者會共同發起「友善校園聯盟」，呼籲終結校園體罰，保護學生權益，包含台灣人權促進會、中學生學生權利促進會、女學會、伊甸社會福利基金會、永和社區大學等。從友善校園聯盟發表的「友善校園宣言」看來，該聯盟顯然相當重視人權教育（友善校園聯盟，2004），但是社會上逐漸形成一股對於人權教育的反彈力量，而教育部致力提供折衷方案。可以預期的是，這股反彈力量來自於政界與擁護傳統價值的團體，認為「人權是西方文化的產物」。當然事實並非如此，但遺憾的是，不少與陳水扁政府關係密切的民間人士並不認為他們的做法有什麼不妥，於是一改先前推廣人權概念的大方向，轉為追求和諧，以平息來自校園的反對聲浪。在本文撰寫期間，教育部仍堅稱營造友善校園就是推廣人權教育，後文將有更詳細的說明。

　　第二次事件更是重創人權推廣工作。陳水扁在成功連任總統後數個月，任命知名學者中研院院士杜正勝出任教育部部長。在出任教育部部長前，他以歷史教學理論聞名學術界，大力推廣台灣主體作為歷史教育理念，揚棄自二次大戰以來以中國史為主體的歷史教育。杜正勝提出了「同心圓」史觀：「以台灣作中心，一圈圈往外認識世界、認識歷史，再拓展到中國、亞洲」（杜正勝，2007）；獲得任命後，他便積極推動「以台灣為主體」的教育體系，目標是加強認識台灣，深化國家認同的理念（杜正勝，2005）。杜教授確實從未說過人權教育無足輕重，或是貶低國際交流重要性的話；實際上，他在母校倫敦政經學院發表的演說論點，明確表示支持，以下引用自演說原文：

　　「2004年，身為台灣教育部部長，我對於教育政策提出四大施政主軸，首先是『培養現代化國民』，宣導人權與法治概念以落實民主制度。其次，『建立台灣主體性』，挖掘出長久以來深埋在『中國』底下的『台灣』，讓台灣能昂首闊步。第三是『拓展全球視野』，比較台灣與已開發國家的教育制度，縮短與先進國家的差距。第四是『發揮社會正義』，讓少數原住民和弱勢族群享有較多的教育資源。」（杜正勝，2007）

然而在日常生活現實層面，作爲一名具備人權法治理念的現代化國民，同時又必須高度認同台灣主體性，兩者間確有緊張關係，而且難免會影響到人權法治推展工作的優先順序、資源分配與行政程序。

2005年，國民黨籍立法委員針對政府之「黑機關」問題加以抨擊，主張若要以「委員會」爲名，則必須有法源之依據，要求黑機關預算全數凍結。時任行政院院長謝長廷爲做出回應，同年9月起將人權教育委員會改名爲「人權教育諮詢小組」，廢除原先的分組編制，削減經費並完全改變運作方式。自此以後，人權教育諮詢小組每半年開會一次，鮮少有機會進行重要的推展工作。當時僅存的推廣計畫爲「國教司人權教育課程與教學輔導群」，由林佳範教授擔任召集人，面對不友善的大環境，他們持續運用有限的資源推廣人權教育，協助中小學教師落實人權教學。

因此，台灣人權教育的第一個十年就在傷感中落幕。

伍、結論

以上簡略的說明，仍不足以完全描繪出人權教育推動與發展的全貌，以及解釋爲何開頭精彩可期，最後卻狼狽收場的原因。然而，主要因素恐怕還是文化與政治層面。首先，傳統和諧的價值觀與分層的社會秩序仍廣受擁護，個人權利往往受到質疑，從各中小學校長、教師對於人權教育的態度便一目瞭然；當然這樣的質疑已經逐漸減少，但仍舊是一大障礙。

其次是政治因素。台灣社會面臨快速的政治經濟與社會變遷，教育改革浪潮便源自於此；大多數人民期待看到更爲開放、自由的民主社會，尤其是知識分子與年輕人。但是政治人物往往朝秦暮楚，很難期待他們落實先前的承諾。在陳水扁第二任期間，他個人及家人、親信皆面臨貪汙指控，再加上種種其他因素，對於推廣人權的投入程度明顯降低。此外，行政院院長謝長廷面臨反對黨壓力便同意將人權教育委員會改名，也顯然未經過深思熟慮。

　　隨著民主制度發展，可以預見的是，未來台灣民族主義終將崛起，一部分原因是來自對中國民族主義及中共強硬一中政策所產生的反彈，因而杜正勝博士會提出以台灣為主體的教育，也並不讓人驚訝。只是，「以台灣為主體」必然與人權教育相互矛盾嗎？或是兩者可以共存呢？

　　台灣的人權教育未死。先前所述，我國自願向國際社會宣示承諾遵守兩公約之規定及承擔國際人權的義務，因此2013年與2017年國際人權專家抵台進行國家報告國際審查，並鄭重提醒政府必須要規劃完善的人權教育計畫；為此，台灣政府需要履行這項義務。本文第二部分，將討論台灣人權發展的第二個十年。

參考文獻

Huang, Mab. 2017. "After the Review, Then What?" Proceedings of a Conference on the *2017 Conference Tearing Down Walls: A Pathway to Peace, Healing, and Humanity*. 27-31 May. Puebla, Mexico: Universidad Madero.

Lee, Yuan-tseh. 1996. "TVBS Lee Yuan-tseh Tan Jiaogai Linian（TVBS李遠哲談教改理念）(TVBS Lee Yuan-tseh on Notions of Education Reform)." in http://www.sinica.edu.tw/info/edu-reform/tvbs/t1.html. Latest update 22 November 2003.

Tang, Mei-ying. 2001. "Human Rights Education in Schools: The Curriculum Development and Teachers Training Program in Taiwan." Proceedings of a Conference on the *International Conference on National Human Rights Commission: Promoting and Protecting Human Rights*.1-4 January. Taipei: Chang Fo-chuan Center for the Study of Human Rights.

友善校園聯盟。2004。〈終結體罰 建立友善校園〉。https://www.tahr.org.tw/news/361。2004/04/06。

杜正勝。2007。〈台灣的教改與台灣的未來〉。https://bit.ly/2HIpS2e。2007/03/03。

_____。2015。〈主體教育、意識形態與文化思維〉。http://www.lthsociety.org/index.php?action=visions_detail&id=122&cid=157&ccid=151&tag=.。2016/02/01。

周碧瑟、劉美媛、張鴻仁。1998。〈台灣在校青少年對生活人權的認知與行為現況以及與抽菸、喝酒的相關探討〉。《中華衛誌》，第17卷第4期，頁109-118。

柏楊。2001。〈我們有智慧，也有能力實行民主〉。《綠島人權紀念碑》。台北：人權教育基金會。

黃秀端。1998。〈人權教育與大學生公民權利態度之分析〉。發表於《人權教育與成果展覽國際研討會》1998/11/17-11/18。台北：東吳大學政治系。

_____。2001。〈展望台灣人權研究的新視野：「張佛泉人權研究中心」的設置與方向〉。發表於《國家人權委員會與人權的促進與保障國際研討會》2001/01/01-01/04。台北：東吳大學張佛泉人權研究中心。

黃默（施奕如譯）

壹、前言

　　筆者所撰〈台灣人權教育：第一個十年〉（2018）一文中，台灣人權教育的第一個十年在傷感中落幕。文中簡述、分析三所高等教育學校在台灣人權教育初期的努力，他們分別是東吳大學、陽明醫學院（現更名為陽明大學）、台北市立師範師院（現更名為台北市立大學），也涉及推動人權教育的動機，來自台北市政府的協助與2000年政黨輪替後陳水扁政府的支持；但是由於2004年至2005年間遭遇的重大挑戰，人權教育第一個十年便在悵然中畫下句點。當時教科書改以台灣認同為核心論述，著重台灣歷史、地理與文化，出於各種現實考量的目的，中央政府開始撤回對於人權教育的支持，讓致力推廣人權教育的學界與民間團體頓時面臨孤立無援的處境。文中也明確指出，在一連串始料未及的事件後，2009年，馬英九總統的任期中，台灣批准了兩個國際人權公約，也因此政府應該負起為人權教育提出完整規劃的義務，而這讓學界與非政府組織看到新的生機，願意在人權推廣的路上勉力前行。沒有人保證必將有所進展，但他們願意迎向新的挑戰。

　　這篇文章延續〈台灣人權教育：第一個十年〉的內容，探討台灣人權教育的第二個十年。由於在陳水扁總統任內的最後三年（2005-2008），人權教育推廣並未有任何明確發展，因此本文著重在2008年至2018年之間，也就是從馬英九執政一直到蔡英文當選總統後兩年期間，並聚焦於國民中小學與大學的人權教育，而政府官員與民眾的教育訓練則待未來進一步探討。本文對於以下機

---

*　本文的英文版本，發表於《台灣人權學刊》，第5卷第2期，2019年12月。

構推廣人權教育的工作提供詳盡分析：隸屬教育部的人權教育輔導團、文化部國家人權博物館與東吳大學張佛泉人權研究中心。

　　與〈台灣人權教育：第一個十年〉一樣，本文仍以官方資料為主，尤其是來自政府各部會與公民社會組織的公開資料，此外也涵蓋國際專家評論、學者研究與筆者的個人觀察。且一如以往，在文章公開發表前，筆者請多位人權領域專家針對文章內容提出意見與指教。

貳、馬英九政府與課綱爭議

　　評估馬英九政府有關人權教育的政策與績效時，必然會討論到在他執政期間紛擾不已的課綱爭議，因為這對人權教育帶來直接影響。馬英九八年執政，可說都籠罩在高中歷史與社會教科書意識形態之爭的陰影下；這場意識形態之爭的戰場，就是教育部所公布給各家教科書廠商的課程綱要，以便書商編寫教科書之用。支持馬政府的人高喊要撥亂反正，回歸過去的常態，也就是推翻前教育部部長杜正勝任內所頒布的課綱，回歸到原先國民黨所擁護的課綱。杜正勝任內曾推廣「以台灣為主體」的教育政策（Huang, 2018: 77），對立面的另一方，則強調台灣歷史的書寫與教學應更為多元，並尊重專業，且課綱決策過程應遵守程序正義。

　　目前各出版商根據課程綱要編輯教科書，是1999年台灣歷經教育改革修法後才出現的政策。在此之前，各級學校的教科書，包含大學教材，都是由蔣介石、蔣經國所主導的威權政府之下教育部國立編譯館統一編輯發行。所謂「一綱多本」的新教科書政策於1999年實施，被視為對青年學子的思想解放，各家出版社也首次能在遵循課綱的前提下，擁有較多編輯教材的發揮空間（周婉窈，2017：17）。課綱前面的數字，指民國○○年新學年首次開始使用的教科書所依據的課綱，因此，98課綱指2009年實施的課綱。

　　這場課綱爭議其實由來已久。1997年，李登輝執政時，首次將「認識台灣」納入國中社會科教材，引起各方質疑政府此舉是在偷偷為台獨鋪路，2006

年，杜正勝擔任教育部部長時，台灣史已經是獨立成冊的單元，與中國史分開，比重相同（周婉窈，2017：17）。

2007年，杜正勝進一步檢核各版本教科書後，宣布其中共有約5,000個不當用詞，需要修改或刪除，此舉更深化外界對他針對歷史教科書全面去中國化的指控。

在陳水扁卸任後，杜正勝部長任內所修訂的98課綱雖經由課綱委員討論，但是未曾正式實施。政黨輪替後，馬英九總統上任，由他任命的首位教育部部長，突然於2008年10月發函公告，高中台灣歷史與國文課程所採用的98課綱暫緩一年實施，並於2009年組成專案小組重新修改98課綱。小組成員包含台大歷史系教授周婉窈，周教授後來在反課綱行動中扮演十分重要的角色；此外，台大王曉波教授也擔任課綱修訂委員，而他一向堅守中華民族主義，同情中國政府，因此專案小組的成立又點燃新一輪的課綱論戰。在這八年的課綱抗爭中，對立的雙方展開激烈交戰，極力爭取公民社會的支持。無論是馬英九本人，或他任內的多位教育部部長、立法委員、各民間團體、大學教授、學校教師、高校生及家長，都為各自陣營奮力抗爭。王曉波教授顯然以政府發言人自居，以相當跋扈的姿態發聲，另一陣營的周婉窈教授，則是於2010年2月8日透過臉書率先向外界揭露馬政府可能想對課綱有所操弄的內情，該訊息很快便引起許多大學歷史教授、高中歷史老師與學生的廣大迴響（周婉窈，2010）。雙方陣營相互指控，並各自積極拉攏各界人士。經過兩年激烈的論戰、反控與拉攏，101課綱完成修訂並預定於2012年實施。

然而，101課綱的誕生顯然無法平息這場爭議；假如馬英九總統先前沒有涉入其中，此時肯定介入爭議，這也並不令人意外。眾所皆知，馬英九政治生涯中的核心目標就是致力塑造國民黨對台灣統治的合法正當性，並延續中華傳統價值，尤其是儒家的政治社會思想。值得一提的是，當中國政府耗費鉅資在全球大學廣設孔子學院時，馬英九曾經承諾在亞洲部分國家及美國廣設台灣書院，以抗衡中國的孔子學院（The Economist, 2014）。2012年7月11日召開國民黨中常會，馬英九在會中明確宣示，教科書內容若有違反憲法的一些台獨化、

皇民化的內容，應該要刪除；而台灣史、中國史應該要合併為本國史，因為這才符合憲法的既定國策（慶正，2012）。在此之前，謝大寧教授，另一位堅持中國傳統文化的國民黨中堅分子曾對馬英九提出警告，指出教科書若不儘快修改，恐怕問題會很嚴重。根據謝大寧教授的自述，當時馬英九親自翻閱最新審訂的高中歷史課本後，感到「怵目驚心」（謝大寧，2015：8）。謝教授並非孤軍奮戰，在馬英九指示修訂教科書的前一個月，另一位台大教授張亞中獲得增聘為高中歷史科教科書審定委員。他長期倡導傳統大中國史觀，對於出版社依照新課綱所撰寫的教科書內容相當不滿。他撰長文立場堅決表示，必須將台灣史理解為中國史的一部分，抨擊李登輝與陳水扁在任內修改歷史教科書，是一種顛覆國家認同的行為（張亞中，2012：241-244）。張教授的加入立刻引起軒然大波。

2014年1月，外界發現，原來課程檢核小組自2013年8月以來，便以「微調」為名，但實際上卻做大幅度調整。消息一出，高中老師反應激烈。2014年2月，數名高中公民老師組成「公民教師行動聯盟」，召集人是台東女中的周威同老師，發動228絕食抗議（周婉窈，2017：29）。

2015年4月，另一個教師聯盟成立，一群高中歷史老師在板橋高中歷史教師黃惠貞號召下組成「歷史教師深根聯盟」；緊接著，24位學者與39個公民社會團體發起反黑箱課綱運動，獲得台灣大學陳翠蓮教授、吳密察先生（時任台灣歷史博物館館長，現為國立故宮博物院院長）、政治大學薛化元教授、中研院吳介民教授、張茂桂教授的力挺支持。5月1日，台中一中率先發難，公開反對高中課綱，其他學校也陸續跟進；周婉窈教授及同事獲邀到各高中演講，十分受到歡迎，讓他們又驚又喜。接下來，一連串的記者會、教育部對抗議學生提告、高中學生上街遊行，此時課綱爭議已演變成為一場反黑箱課綱的社會運動。

面臨社會上龐大的反對壓力，教育部仍堅決不讓步。同年7月22日，反對課綱微調的高中學生便到教育部外抗議，隔日更試圖包圍教育部前庭，多人遭到逮捕並依刑法入侵住宅罪提告。對於這些年輕學子而言，這是他們人生第一

次公開抵抗政府，而且對其中許多人來說，也是親子之間的抗爭。7月30日一位參與反黑箱課綱的學生燒炭自殺，他的母親原先相當反對兒子的理念，憾事發生後，母親轉而肯定兒子的獨立思考能力，並表示兒子參與反課綱運動並非受到政黨操作——意即並未受到民進黨影響。如同一位長期駐台的資深外國記者所言，反課綱運動突顯的是年輕人致力爭取更民主開放的社會制度與生活方式，挑戰國民黨威權政府所主張的傳統儒家社會秩序（Cole, 2015）。

如前所述，整起反課綱事件一直等到2016年民進黨蔡英文當選總統後才逐漸平息，但是相關爭議仍舊持續不斷。筆者撰寫本文時，一篇報紙社論還大肆責怪馬英九當年沒有將錯誤的高中歷史課綱修改回來，致使教材中仍出現錯誤的「台灣主權未定論」史觀（中國時報，2019）。王曉波教授與張亞中教授若發現自己當時的論點到現在還有人繼續響應，肯定相當欣慰。

一、教育部與人權教育推廣

2009年，馬英九總統任內批准了兩個國際人權公約，並在2013年與2017年邀請國際學者專家來台進行審查，因而政府需遵守公約規範，履行推動人權教育的義務（Huang, 2018: 79）。這當有助人權教育的推進，也促成台灣人權教育第二個十年拼湊式的進展模式。

台灣人權教育第二個十年，政府顯然扮演較為次要的角色，而大學與各級學校、民間組織的參與度則愈來愈提升，因此相當需要全國性的通盤規劃，可惜政府並未擬定相關計畫，或者是力有未逮。

相較於課綱中的歷史、社會等學習領域，人權教育採取融入課程教學，並無固定教學時數，可以想見當然也不會有專門的人權科教師，這一點筆者曾撰文述及（Huang, 2018）。確實，關於人權課程的固定時數安排與否，孰優孰劣，這個問題已經討論多時，目前政府的做法顯然是傾向忽略及不作為，因為很少老師會自願承擔額外的工作負擔，而如若人權教育實施固定時數教學，恐怕又會讓人權教育淪為僵化刻板、填鴨式教學。

不過，教育部為了提供人權、性別平等、環境與海洋等四項重大議題的教

學指引，責成一個專案團隊，負責撰寫議題教學示例提供教師參考。其中台灣師範大學的知名學者林佳範教授具備豐富的行政資歷，是團隊中的人權議題領域代表，同時也在中央輔導團擔任領導職務，筆者認為，輔導團的成立是教育部在過去十年中最重要的一項措施。

更詳細地說，我國於2008年發布歷史、社會、語文等領域課程的課程綱要，因而也須擬定前述人權、性別平等、環境與海洋等四項議題的課程綱要（林佳範，2018：97）。

教育部先設立中央輔導群，接著2009年開始成立各縣市輔導團。根據林教授於2018年撰文所述，輔導團與「中心學校」並不相同，設置中心學校的用意是在推動友善校園，只針對學校行政增能培訓，希望能打造友善的校園環境，而人權教育便被閒置一旁。而人權教育輔導團則旨在協助培訓基層一線教師將人權教育妥適融入教學，目標是經營一個中央學習社群，接著推廣到各縣市，再進一步培訓各個學校的種子老師，形成一個中央－地方－學校三級輔導的機制。目前來說，中央輔導群組織較為完善，輔導團成員或教師固定減授教學鐘點，每週撥出兩天協助團務，此外，也邀請超過40位校長、主任、學者等成為諮詢委員。至於內部會議部分，中央輔導群會定期舉辦常委會議和諮詢會議；暑假期間，則舉辦三階基礎研習，包含初階、進階、地方輔導團召集人三階段研習。除了地方輔導團召集人研習為三天，其他研習則為期五天，有點類似陳水扁總統執政初期的做法（林佳範，2018：99）。

除了上述的中央輔導研習，還有「分區輔導」，安排講座或是請中央團老師為地方團進行教學演示。以前的分區共有五區，現在則分為北、中、南三區。另外，如有需要，各個分區教師也會提供實務經驗與資源共享，稱為「分區策略聯盟」；而中央團也會辦理許多「增能研習」，開放讓地方團教師參與，通常是一整天的研習：早上是符合參加對象增能需求的工作坊，下午參觀一處不義遺址（指曾發生侵犯人權，不正義的地方）（林佳範，2018：100）。從2011年開始，中央輔導團每年都規劃「世界人權日之推廣教材包」，如2011年的「送愛到達佛」，鼓勵學生寫信表達他們對南蘇丹達佛內

戰的關心；以及2015年的「你是我的老朋友——傾聽老人」。有些地方團會直接使用這些教材進行教學，有些則是會自主研發教材，如台北市團便寫成一本《走讀人權》，鼓勵學生探訪大台北地區的人權景點。2014年，教育部舉辦「輔導團績優團隊選拔」，苗栗團獲得「績優團隊」，而台北、台中、嘉義、高雄、花蓮等團則是獲得「勇於挑戰團隊」（林佳範，2018：101）。

　　人權教育輔導團成立迄今已十年，仍然積極運作，雖然從教育部獲得的支援並不多，但是學校教師的熱忱與無私付出是推動團務最大的功臣。

二、文化部與人權教育推廣

　　相較於教育部，文化部參與人權教育推動的時間點較晚，目前的文化部是近年才新設立的政府機關，於2012年5月20日成立，由前身「行政院文化建設委員會」改制而成。文化部絕大部分的人權教育推廣工作都是透過國家人權博物館完成，博物館歷經歲月的洗禮，現在的活動愈來愈多元化，規劃與執行也日益完善。

　　國家人權博物館的成立可說是歷經波折。早在陳水扁總統執政初期，總統府便成立「國家人權紀念館籌備處」，並邀請柏楊擔任「推動人權館成立專家諮詢委員會」的召集人（彭威晶，2002）。此舉當然立刻在立法院引發爭議，而且當時在野黨在立法院中占有多數席次；2006年立法院表決通過，解散國家人權紀念館籌備小組（何榮幸，2006）。直到2010年7月，文建會才規劃成立人權專責機構「國家人權博物館」，隔年國家人權博物館籌備處開始正式運作，但籌備耗時六年，於2018年3月15日正式成立。

　　國家人權博物館的宗旨在於執行兩蔣威權統治時期相關人權檔案史料文物的典藏、研究、展示、維護不義遺址，落實教育推廣及國際交流工作，並管理兩處不義遺址——綠島監獄（現更名為白色恐怖綠島紀念園區），以及台北市的景美人權文化園區（現更名為白色恐怖景美紀念園區）。這兩個園區歷史都相當悠久，且名稱多次更迭。簡而言之，綠島監獄過去專用以囚禁政治犯和思想犯，就像是南非的羅本島；而景美人權文化園區在戒嚴時期為台灣警備總司

令部軍法處看守所。民國68年12月10日發生高雄事件，又稱「美麗島事件」，民運人士組織群眾發動示威遊行與軍警對峙。1980年1月在景美人權文化園區開庭審判，備受世界矚目關切。此外，筆者需指出，二二八國家紀念館以及台北二二八紀念館是兩個不同的紀念館，都已建館多年，旨在進行二二八事件相關資料之蒐集、保存、展示與研討，但從不同角度出發：二二八國家紀念館著眼於國家角度，台北二二八紀念館則聚焦在台北市境內發生的相關事件，所屬機關與功能都各有不同。顯然，這些人權機構需要互相合作以相輔相成，因此，台北二二八紀念館、國家人權博物館籌備處及二二八國家紀念館於2017年3月1日簽署合作備忘錄，希望透過資源互享，推動各館工作。

　　國家人權博物館在六年籌備期間，投入許多資源、心力在老舊建築的修復以及新建建築規劃、空間配置與人力管理；籌備委員會積極與威權時期的政治受難者與家人聯繫互動，已完成多部創傷回憶錄，且共有395位白色恐怖受難者接受口述訪談（王長鼎，2014）。其中有些回憶錄與訪談是由籌備處補助經費，透過縣市政府協助完成，如人權館補助桃園縣政府文化局，完成一部25位政治受難者及家屬的口述歷史專書（國家人權博物館籌備處，2015），經常舉辦紀念展，試圖吸引更多民眾參觀人權博物館。暑假期間辦理人權種子教師研習營，對象是中小學教師，讓參與研習營之種子教師們能更深刻瞭解白色恐怖歷史中的壓迫與不公義。

　　除此之外，國家人權博物館也與國外許多人權博物館進行國際交流合作，如：智利、聖地牙哥的記憶與人權博物館、德國柏林霍恩舍恩豪森紀念館等（張佛泉人權研究中心，2013a；2015）。

　　過去兩年間，國家人權博物館在原先多年發展成果的基礎上，積極拓展活動的範疇，並與年輕藝術家、詩人、劇作家與舞台設計師合作，將他們的創意融入各種藝術形式，以促進人權教育的推廣；同時持續舉辦各種主題特展、贊助辦理工作坊，主題著重於轉型正義與兒童人權。也許因為兒童人權領域是當時新任館長陳俊宏教授的興趣所在，因此他上任後便辦理相關展覽。陳教授是從東吳大學張佛泉人權研究中心主任被聘為人權博物館館長，以下簡述2018年

至2019年人權館舉辦的活動，從中可一探人權館的發展方向。

　　2018年5月19日，國家人權博物館舉辦一場針對政治迫害檔案管理的交流座談會，邀請來台訪問的德國史塔西檔案局局長楊恩（Roland Jahn）以及18名學者專家與會，包含國家發展委員會檔案管理局局長林秋燕、促進轉型正義委員會的三位委員、國史館館長等。楊恩局長首先由自身經歷出發，強調政治檔案開放的目的不僅只是釐清多少人死亡，重要的是要探知真相，重新定位人與人之間該如何相處。他表示，若單純以二分法區分「加害者」及「受難者」，對於究責問題的解決幫助並不大，因為身分認定的問題遠比想像中複雜：

> 「將加害者個人以司法手段隔離於社會之外，這對個人與社會而言未必是最好的處理方式，楊恩局長認為，最嚴厲的懲罰應該是讓這些加害者個人站出來面對社會、面對受難者，這不僅能讓他們面對自己過去的錯誤，也承擔造成這些錯誤的責任。」（國家人權博物館，2018）

　　五個月後，由國家人權博物館與國立台灣博物館、國立台灣歷史博物館主辦，以及其他博物館協辦，於10月25日到10月26日舉行2018年第八屆博物館研究國際雙年學術研討會，以「記憶所繫之博物館：再現、傳承與遺忘」為研討會主題，探討博物館如何再現違反人權的歷史與記憶。該屆大會共收到國內外98篇投稿，經過審查共計有來自台灣、香港、中國、韓國、埃及、印度等42篇論文發表。大會特別邀請國際人權博物館聯盟創始成員David Fleming、新加坡國立大學東南亞學系Hamzah Muzaini博士，及加拿大魁北克大學蒙特婁分校博物館學程主任Jennifer Carter三位學者進行專題演講。下午則有來自荷蘭烏特勒支和平教育基金會負責人Jan Durk Tuinier，進行博物館人權展示與教育工作坊，為人權工作者提供訓練課程。

　　同年9月至10月間，國家人權博物館也在台北與台中分別舉辦為期兩天的人權教師研習營，從文學、音樂、戲劇、桌遊、歷史場址等不同面向探討人權議題書寫與教學，有些白色恐怖時期的政治受難者前輩與家屬也到場分享自身經驗。國家人權博物館自2012年起，便持續辦理這類的人權種子教師培訓計畫。

　　為推廣兒童人權教育（或許同時也藉機教育家長），國家人權博物館於2018年徵求藝文創作者以「白色恐怖」、「轉型正義」或「不義遺址」為主題進行繪本創作，徵選類別適合不同年齡層兒童閱讀：6歲至10歲與11歲至15歲，而入選的創作者都必須接受三個月的培訓課程。2019年，為響應《兒童權利公約》頒布三十週年，更擴大辦理此系列的活動，其中以「兒童人權電影院」活動為主軸，邀請孩子與家長共同觀看，並辦理映後工作坊，由幾位在人權教育上長期耕耘的專業教師帶領討論，其中包含「我的意外爸爸」、「我想有個家」、「美麗天堂」等十部電影（國家人權博物館，2018）。一位帶領電影導讀的教師曾經任教於小學，她指出，家長的參與度超乎預期，他們特別關心親子衝突的部分，非常希望孩子都能對兒童權利有清楚的認識，她認為這代表台灣人權教育已經有了很大的跨步（王秀津，2019）。

三、東吳大學張佛泉人權研究中心

　　東吳大學張佛泉人權研究中心自詡為台灣高等教育的人權教育先鋒，同時也與其他兩所高等教育學府相互合作支援，在台灣人權教育的第二個十年內，更進一步發展，從原先的研究中心，進一步開設大學部跨領域、跨校的人權課程，緊接著該學程又開辦碩士班。此外，由於2013年、2017年政府邀請多位國際人權專家學者來台審查政府提出之兩公約國家報告，張佛泉人權研究中心也藉此機會辦理多場國際研討會，與許多聯合國學者、大學教授、民間團體代表建立起密切關係，讓人權研究中心的師生的世界文化視野以及人權觀點都大為拓展。根據人權學程網站的介紹，由於張佛泉人權研究中心長期與台灣民間組織建立密切合作關係，學程得以邀請在人權最前線的專家到校任教，且讓學生能夠前往這些專家服務的單位進行實習。

　　2000年12月，東吳大學成立張佛泉人權研究中心，2004年再設大學部人權學程，2008年設立人權碩士學位學程，無論學士或碩士課程都有系統地提供學生人權議題之相關知識，且公民及政治權利、經濟社會文化權利兩者並重，尤其注重學術及實務的結合。

　　2003年起，張佛泉人權研究中心與人權學程為師生共組一個讀書會，雖偶有停辦，但至今仍持續運作中。讀書會中的書單幾乎都以當代思想家著作為主，包含：Carlos Nino、Desmond Tutu、Nelson Mandela、Antjie Krog、John Rawls、Martha Nussbaum、Ronald Dworkin、Amartya Sen等。自2007年起，也邀請訪問學者開設國際人權迷你課程。國際迷你課程為接觸國際化人權議題的極佳管道，應邀學者包括荷蘭馬斯垂克大學Theo van Boven教授、英國牛津大學Ian Neary教授、加拿大英屬哥倫比亞大學Bill Black教授授課。

　　前文提到國際研討會之辦理，其實從2001年起，張佛泉人權研究中心每隔一年便會舉辦大型國際研討會，主題包含國際人權公約及其如何融入台灣國內法規或人權教育中，以及國家人權博物館的角色等等，許多研討會都頗受國際矚目。如2011年舉辦的「國際人權公約研討會」便是一大亮點，研討會為期兩天，邀請多位在國際間享有盛名的人權學者來台，包括日本的安藤仁介教授，他分享個人在人權事務委員會中的經驗，發表〈人權事務委員會審查締約國報告之目的與程序：我二十年來的經驗〉、荷蘭Theodoor Cornelis van Boven教授發表〈國際人權法在國內法院的實踐——潛力與遠景〉、紐西蘭Margaret Ann Bedggood教授（紐西蘭前國家人權委員會主席）主講關於經濟、社會與文化權利的議題，加拿大渥太華大學Allan Rock校長發表〈國家保護責任的十年——對其過去、現在、未來的檢討〉；而研討會的台灣講者都是在人權領域有影響力的學者專家，絕大多數都是來自大學、中央研究院或政府司法相關部門、律師公會或是國內關心人權議題之民間團體組織的專家。整體來說，國內的學者與民間團體主講人對於政府在推動人權工作的表現有相當多的批評，而國外講者可能瞭解台灣正處於落實國際人權標準的起步階段，因此在演講過程中較多鼓勵。比如，國立陽明大學公共衛生研究所黃嵩立教授，同時也是台灣國際醫學聯盟秘書長認為，政府在落實兩公約法規上態度消極、準備不周。而身兼律師、民間司改會執行長林峯正先生以及台灣廢除死刑推動聯盟執行長林欣怡小姐在共同發表的研討會論文中，則是質疑政府推動廢除死刑的誠意（黃嵩立，2011：357-360；林峯正、林欣怡，2011：368）。

　　過去二十年中，張佛泉人權中心所舉辦最盛大的國際研討會，便是2013年11月的第四屆國際人權教育研討會，主題為「全國接軌、在地實踐」。這是國際人權教育研討會第四屆年會，由澳洲西雪梨大學Sev Ozdowski教授所發起的。2012年初，Ozdowski教授寫信給立法委員尤美女與筆者，詢問人權中心是否願意主辦第四屆國際人權教育研討會（第一屆國際人權教育研討會於2010年在澳洲西雪梨大學舉辦）。人權中心與東吳大學行政團隊及許多其他相關單位諮詢商討多時，決定承擔此項工作；而研討會的規劃、募款、組織與管理工作，幾乎都是時任人權研究中心主任黃秀端教授負責統籌。承攬此任務後，為了更進一步瞭解各屆國際人權教育研討會的運作，黃教授與筆者以及一群東吳大學政治系學生，前往波蘭克拉科夫（Krakow）的亞捷隆大學（Jagiellonian University）參與第三屆國際人權教育研討會，旅程收穫豐碩，成員更把握機會參觀當地惡名昭彰的奧許維茲集中營與柏林圍牆。

　　黃教授也爭取到國家人權博物館籌備處、台灣民主基金會（一個半官方組織）以及許多其他官方機構、民間組織的支持，總計超過百位外國人權學者專家參與研討會，規模盛大，且這也是我國第一次邀請國外人權博物館館長到台灣與國家人權博物館籌備處進行經驗交流分享。

　　簡言之，第四屆國際人權教育研討會於2013年11月21日至11月26日間舉辦，研討會主題相當廣泛，第一類是實質權利議題，例如：婦女權利、多元性別、廢除死刑、監獄改革、國際移工、移民等，第二類則是有關制度層面的議題，包含：聯合國與國際人權法規架構、法律多元主義與法治、轉型正義與人權、亞洲的非政府組織等等，第三類則是有關台灣、中國、香港及其他亞洲國家的人權教育。此外，特別安排德國柏林霍恩舍恩豪森紀念館館長霍柏杜斯・肯納比（Dr. Hubertus Knabe）、智利記憶與人權博物館館長里卡多・布羅德斯基（Mr. Ricardo Brodsky）及加拿大人權博物館執行長斯圖爾特・莫瑞（Dr. Stuart Murray）參加一場座談會，分享各國博物館如何透過研究、典藏、展示及教育來保存、記錄人權創傷記憶與進行教育推廣工作（張佛泉人權研究中心，2013b）。他們也於11月22日參觀景美人權文化園區，在場有許多台灣

政治受難者與家屬共襄盛舉，該活動也開放一般民眾參加（張佛泉人權研究中心，2013a）。

　　兩年後，2015年11月，張佛泉人權中心再度舉辦一場國際研討會，主題是：人權、博物館與公民文化，文化部國家人權博物館籌備處主任王逸群在此次研討會中扮演非常重要的角色。

　　2017年，東吳大學哲學系陳瑤華教授接替陳俊宏教授，擔任張佛泉人權中心主任一職，為人權中心挹注新的活力與動能。陳教授在2019年8月請辭前推動許多事務，成果斐然，其中最重要的可說是模擬亞洲人權法院的籌組。起先，陳瑤華教授與退休大法官許玉秀教授密切合作，並構思許多相關計畫，然而進展不盡如預期，因此改為主推工作坊，於2019年5月及7月間辦理兩場工作坊。藉由探討亞洲不同地區人民審判、人民法庭，思索成立亞洲人權法院的可能性。兩場工作坊皆邀請約20位國外學者與民間組織代表參加，大部分都來自於東南亞，討論亞洲人權法院成立的可能性與困境，與會者提出的觀點犀利，具有高度探究性，此次亞洲人權法院相關活動的效應值得令人期待（張佛泉人權中心，2019）。

參、對於台灣人權教育政策的批評與建議

　　對於台灣人權教育第二個十年的成果進行評鑑，會面臨許多重大挑戰，如該採用什麼標準？由誰進行評鑑？幸好，我國提出兩公約初次國家報告後，政府邀請國際人權專家，於2013年、2017年逐條審視我國落實兩公約之情形，並發表結論性意見與建議。兩次的審查過程中，委員都強調政府有義務提出人權教育的完整規劃，但是目前政府作為尚嫌不足。2017年的結論性意見與建議，委員指出：

「人權教育訓練的妥適性及有效性仍然受到嚴重關切。自2013年初次審查時，審查委員會注意到相關教育訓練課程『重量不重質』的問題以來，在

這方面的改善似乎有限。」（國際審查委員會，2017年，第14點）

接著又指出：

「審查委員會強烈建議政府當局應優先關注提供相關且適合每個預期目標群的人權教育訓練。委員會欲向政府強調並提醒，人權教育訓練的目標是要逐漸灌輸對人權原則與價值的認識，以及人權在不同的社會部門中，如何被享受、被尊重、被保護及被實踐。委員會也呼籲政府，應為公務人員安排在一般執行公務，以及特別在擬定、規劃、執行與評估所有政府專案與活動上，採取關於以人權為本做法的密集訓練課程。委員會要求在下次報告中，應納入關於此項建議的詳細進度報告。」（國際審查委員會，2017年，第15點）

　　這些直截了當，一針見血的批評指教還是較為抽象，而許多台灣學者所提出的批判則更能進一步具體補充國際審查委員的建議。首先，早在2002年，湯梅英教授與其他學者便指出，人權教育以重大議題方式融入各學習領域而非單獨設科方式進行，可能只會讓人權教育融化消失在課程中（湯梅英，2018：105-106）。李仰桓博士認為，十二年國教中的人權教育有下列幾項缺失：首先，十二年國教雖然承認人權的普世性，強調應包容多元與差異，且鼓勵學生關心國際議題，然而，對於聯合國所倡導國際人權標準著墨太少，此意見與前述專家的意見不謀而合。其次，十二年國教的人權教育似乎避談造成人權侵犯的國家暴力，尤其忽視社會上針對弱勢或窮困、受壓迫的族群的產生的歧視，如此一來，政府便容易從人權義務之中卸責。第三，十二年國教課綱指出，維護人權，不僅是國家，更是每個人的責任，似乎忘了提示，最基本的責任應該在於政府，其實許多國家內，人權侵犯最重大的來源就是國家暴力，而且台灣在幾十年前就親眼見證大規模的嚴重人權侵害事件。若將人權責任歸於個人，反倒會嚴重影響對於個人權利的保護。最後一點，十二年國教課綱混淆了行善與人權行動，在十二年國教議題手冊的教學示例中，絕大多數都是談個人的

義務，且愛與包容的想法凌駕於人權之上；此外，在台灣社會中普遍認爲接受人權價值，便是屈服於西方在思想與文化方面的霸權（李仰桓，2018：52-57）。李仰桓博士在結語中指出，以融入的方式進行人權教育，雖然在理論上沒有問題，但是整體規劃中應將學校情況納入考量，且任教教師也必須具備一定程度的人權知能（李仰桓，2018：60）。

關於人權教師的教學資格問題，歷年來當然有相當多討論。在2019年9月4日的「人權群像」系列專訪中（人權群像專欄旨在記錄台灣人權教育的實驗與經驗歷程），筆者訪問林佳範教授。林教授強調，人權教育的成功關鍵確實在於教師，他感嘆現在許多教師對於人權認識不足，而且很多老師深受學校高層與／或家長會壓力，難以認眞教學。

肆、未來展望

現在來看，台灣人權教育第二個十年的發展軌跡已相當清楚，此處先略過政府針對公務部門所辦理的內部人權訓練，也暫時不討論非政府組織對於內部員工或針對特定權利族群的教育培訓。綜觀之，與台灣人權教育第一個十年相較，馬英九、蔡英文政府在人權教育推廣方面的作爲較少，反而是中小學、大學及非政府組織的投入日益增多。

未來數年內的人權教育展望其實與國內政治局勢密切相關，假設韓國瑜當選總統，國民黨執政，那麼人權教育可能不會是政府的優先考量；假設蔡英文總統連任，恐怕很難期待教育部能針對人權教育提出完整規劃，或是分配更多資源。教育部對於人權教育推廣的投入向來是差強人意，也不太可能有任何積極作爲，反而是文化部也許能在推動人權教育擔任主導地位，深化轉型正義、兒童權利等議題，並與國外人權博物館擴大交流合作。

至於學術界與公民社會團體未來在推動人權教育上的定位，其實已相當清楚。他們會延續過去二十年的努力，且因爲已累積多年學習經驗，推動起來

會更有效率，甚至超越先前的表現；但是很可能會面臨資源缺乏的問題，還有如何設計人權教育教學內容的具體細節，以及如何在快速變遷的環境中運用電影、劇場或新的通訊科技有效宣導人權教育觀念。

參考文獻

The Economist. 2014. "Confucius Says; Soft Power." *The Economist* 13 September 2014: 51-52.

Cole, J. Michael. 2015. The Powers That Be and the R' Word in Taiwan. in http://thinking-taiwan.com/thinking-taiwan.com/the-powers-that-be-and-the-r-word/index.html. Latest update 23 October 2019.

王秀津。2019。〈從友善校園到人權教育——專訪王秀津老師〉。http://www.taiwanhrj.org/interview/353/從友善校園到人權教育。

王長鼎。2014。〈「和時間賽跑」 最年輕85歲 白色恐怖受難者 395人說歷史〉。《聯合新聞網》2014/12/28。

何榮幸。2006。〈審預算下重手立院海扁總統府〉。《中國時報》2006/01/13。

李仰桓。〈評論十二年國民基本教育課綱中的人權教育〉。《台灣人權學刊》，第4卷第3期，頁43-64。

周婉窈。2010。〈新政府撥亂反正？還是歷史教育大復辟？——高中歷史課綱要改成怎樣，請大家來關心！〉。《南方電子報》2010/02/10。https://enews.url.com.tw/south/56491m。2019/10/24。

周婉窈。2017。〈戰後台灣的歷史教育、課綱爭議，以及反「微調」運動〉。周馥儀主編。《記憶的戰爭：反微調課綱紀實（2013-2016）》，頁8-33。台北：財團法人青平台基金會。

林佳範。〈人權教育輔導團的運作與發展〉。《台灣人權學刊》，第4卷第3期，頁96-102。

林峯正、林欣怡。〈台灣司法改革和政府落實兩公約的照妖鏡〉。發表於《2011國際人權公約研討會》2011/12/08-12/09。台北：台灣大學。

社論。2019。〈下架小英，撥亂反正歷史課綱〉。《中國時報》2019/08/12。https://www.chinatimes.com/ opinion/20190811001839-262101?chdtv。

國家人權博物館。2018。〈人權館邀請史塔西檔案局長、我國檔管局長與國內學者專家進行座談交流〉。https://www.nhrm.gov.tw/information_220_84227.html。2019/10/23。

國家人權博物館。2019。〈我是兒童 我有權利——兒童權利公約頒布三十週年系列活動——兒童人權電影院〉。https://event.culture.tw/NHRM/portal/Registration/C0103MAction?useLanguage=tw&actId=90013&request_locale=tw。2019/10/24。

國家人權博物館籌備處。2015。〈珍惜得之不易的人權自由 白恐受難前輩赴桃園參訪交流〉。國家人權博物館。https://www.nhrm.gov.tw/information_220_74465.html。2019/10/23。

國際審查委員會。〈對中華民國（台灣）政府關於落實國際人權公約第二次報告之審查——國際審查委員會通過的結論性意見與建議〉。台北：中華民國法務部。

張佛泉人權中心。2013a。《國外人權博物館學者交流座談會》2013/11/22。新北：景美人權文化園區。

張佛泉人權中心。2013b。《第四屆國際人權教育研討會：全國接軌、在地實踐》2013/11/21-26。台北：東吳大學。

張佛泉人權中心。2015。《人權國際交流研討會：「人權、博物館與公民文化」》2015/11/16-18。新北市：國家人權博物館籌備處；台北：東吳大學。

張佛泉人權中心。2019。《倡議亞洲人權法院工作坊》2019/04/29-30。台北：東吳大學。

張亞中。2012。《剝復之間：兩岸核心問題探索》。新北：生智文化。

彭威晶。2002。〈國家人權紀念館籌備處揭牌〉。《聯合新聞網》2002/05/20。

湯梅英。2018。〈人權教育的課程設計與師資培訓〉。《台灣人權學刊》，第4卷第3期，頁103-106。

黃嵩立。〈兩年內檢討不符合兩公約的法規——一個NGO工作者的經驗與省思〉。發表於《2011國際人權公約研討會》2011/12/08-12/09。台北：台灣大學。

黃默。2018。〈台灣人權教育：第一個十年〉。《台灣人權學刊》，第4卷第3期，頁68-82。

慶正。2012。〈歷史教科書爭議 馬：支持遵憲〉。《旺報》2012/07/13。https://

www.chinatimes.com/newspapers/20120713000945-260302?chdtv。2019/10/23。

謝大寧。2015。〈台灣歷史課綱所牽涉的認同問題及其發展〉。《台灣研究》，第4期，頁1-13。

但昭偉

壹、日常生活中的觀察

　　在所有以華人為主的國家中（台灣、大陸、新加坡），台灣社會在政治上的運作基調及方式是最接近當今西方世界的了。大體而言，台灣社會對人權的保障應該也是華人國家中的翹楚。在此很有保留地用「大體而言」四字，主要是想指出，台灣社會固然以民主憲政體制對政治人權的保障粗具規模，以法律來保障人權的腳步也很積極，即使在許多日常生活的事務上，對個人的尊重與照顧也堪稱周全。[1]但用較嚴格的角度來看，我們在保障各項人權及推廣人權理念的作為上，還有加強的空間。以下舉幾個例子來支持筆者的觀察心得。

　　筆者住在新北市，需要以走路、搭公車或捷運的方式來通勤。在通勤途中，有時會看到建築和馬路修繕工作的進行，有時會經過在裝潢中的民宅，有時也會碰到吹掃落葉的清潔工作和除草的美化工程。筆者時常看到工作人員或者以機器刀來切割路面，或者用鑽孔機械來挖掘地面，或者以怪手來破壞牆體，或者用除草機具除草，或者以背負式的吹風機來清除地面。這些工作的共同點，就是會發出刺耳或震耳的噪音。一般人在路經這些進行的工程時，莫不快步通過，甚而必須掩耳來解除噪音帶來的不快。但筆者也注意到，在進行這些工程的人大多沒有穿戴排除噪音的耳罩或耳機。目睹此情此景，常想起筆者一些患重聽的親戚。他們在年輕時為家計奔波，長時間處在高分貝音量的工作環境中，中老年後的聽力受損，在日常生活中造成了許多的不便和額外的花費。這麼多年來，這國家的許多領導人物出身於公衛界和醫界，難道不清楚先

---

[1]　台灣對同性婚姻的合法化暨校園霸凌的看重就是例證。

進社會對暴露在噪音環境當中工作的人的保障？難道不明白長時間暴露在噪音環境中會讓人的聽力受損？假如他們知道，為什麼整個政府（尤其是衛福部及勞動部）任由這些勞工處在這種情況而不採取作為？另外一方面，我們的學校教育及媒體難道沒有教我們噪音對人體影響的相關知識嗎？假如有的話，為什麼我們的勞工（或工會組織）這麼多年來不會採取自救自保的措施？綜合起來，我們要問，一個口口聲聲說要保障人權的國家，為什麼會讓這麼明顯不好的事情持續的發生？

生活中另一項人權未受積極保障的事情也發生在筆者通勤的路途中。筆者居住的地方，人口稠密，街道狹隘，人車爭道為家常便飯之事。加上騎樓車輛的停放和店家營生工具的設置，使得必須利用輪椅的老人、病人及殘障人士，不得不曝險於繁忙的交通之中。最常見的場景就是四線道的馬路上，左右兩側停滿了汽車或機車，中間剩下的兩道由機動車和自行車使用，在騎樓或人行道不能通行的情況下，行人或者須利用輪椅的人士，只好走上馬路的中間與車並行，險象環生，不在話下。要問的問題大致如上：為什麼中央政府和地方政府可任由這種情形持續地發生？為什麼這些弱勢族群的道路使用人，沒有意識到或沒有力量來為自己爭取安全道路使用的權利？為什麼這些弱勢者的親友（和社會裡的公益團體）不足以替他們爭取到行的權利？為什麼這個號稱人權立國的國家，可任由一群弱勢者經常處在險境之中？

以上兩件事情都不是什麼慘絕人寰的事例，都是日常生活中人民基本權利沒有被積極保障的個案，看來也都是可以在相對短時間內被糾正或補救的事情，但為什麼我們沒有這麼做？為什麼到現在也沒看到有人積極地出面來糾正這人權不彰的事實。

除了上述筆者幾乎每天都會碰到的事情，另外有兩件對人權保障推動不力的事也值得一提。

第一件事是國家人權委員會的設置。一直到2019年12月10日，立法院才三讀通過《監察院國家人權委員會組織法》。根據這個法，監察院院長擔任主任委員，來推動人權的維護工作。國家人權委員會在台灣的設置可說是一波三

折。早在1997年，東吳大學的黃默教授就展開了倡議，並有民間人權團體發動討論。[2] 2000年陳水扁擔任總統時，在總統府設置了人權諮詢委員會，黃默教授亦為成員之一，繼續推動國家人權委員會的成立，民間團體的支持從1997年起也從未間斷。但這倡議始終遭遇多方質疑，從「有無必要設置」及「若設置其位階為何」的討論不決，到立法院一再擱置行政院所提國家人權委員會的草案，一直到2019年末，國家人權委員會組織法才獲通過，確定將之設於監察院。從國家人權委員會設置當中的波折來看，這個社會對人權保障的投入並沒有到令人滿意的地步。儘管有段時間民進黨政府高唱人權立國，但理念沒有強到能夠劍及履及的地步，一直要拖個二十多年才見到實質的進展。但這即將設置的國家級人權委員會是否真的能發揮實質的作用，還有待我們的觀察。

　　另一個信道不篤的例子是人權教育的推動。台灣在推動人權教育的時間點約在1995年，主要的推手仍然是東吳大學的黃默教授。黃默教授在他有關政府推動人權教育的文章中告訴我們，從2000年起，只有陳水扁總統在他初任總統時，對人權教育的推動有較深的著墨，之後的馬英九政府及蔡英文政府並未對人權教育提出比較完整的政策。[3] 一直到今天，台灣人權教育的推動還稱不上積極。

　　以上兩個例子落在中央政府的層級。除此之外，還有很多人權保障事項是政府可做而未做的，例如：公務人員及警察的工會組織在法律上尚未被允許，他們的罷工權更遠在天邊；死刑的尚未廢止等。這些都是人權尚未被完善保障的事例，在此不贅舉。

　　總而言之，我們可以說，台灣社會對人權的推動及保障與其他華人國家相較之下算是優等生，但不管在政府層級的施政與立法，乃至日常生活中的事實

---

[2] 有關這倡議過程，請詳參：人權公約施行監督聯盟。2019。〈台灣設立國家人權委員會的二十年倡議之路（上篇）〉。https://covenantswatch.org.tw/2019/05/10/nhris-archive-05/。2019/12/13；以及〈台灣設立國家人權委員會的二十年倡議之路（下篇）〉。https://covenantswatch.org.tw/2019/05/24/nhris-archive-06/。2019/12/13。

[3] 有關政府推動人權教育的過程請參見黃默教授的兩篇文章：〈台灣人權教育：第一個十年〉暨〈台灣人權教育：第二個十年〉，分別刊於《台灣人權學刊》（2018），第4卷第3期；暨《台灣人權學刊》（2019），第5卷第2期。

來看，我們都可以發現，台灣社會對人權的推動及保障，離理想和西北歐先進國家還有一段距離。

假如上述的觀察及結論稱得上公允的話，那麼我們接著可以問下列的問題：為什麼台灣社會對人權的推動及保障還停留在半調子的階段，也就是粗具規模但未臻理想的地步？我們追問這個問題，乃至探索這事實的可能原因，不僅是基於知識上好奇，也是基於實踐上的需要。也就是說，假如我們瞭解了台灣人權保障之所以處在現況的可能原因之後，我們就可以試著依循這理解，來排除那些不利人權推廣及保障的因素，如此的排除便可促使台灣朝向更理想的方向前進。

貳、台灣社會的文化體質與人權保障

在前述的問題上，筆者很直觀地認定，台灣在人權的保障、促進及推廣的現狀，反映的不僅是當下台灣社會成員對人權理念的認識及接受程度，也反映了台灣社會的文化體質。

台灣文化的主體是華人固有傳統中的儒家哲學，當然，筆者在做如此認定之時，也沒有否定道家及佛家的哲學也是形塑台灣社會的重要元素和動能。除此之外，國民黨1949年遷台之後，帶來了一部頗為現代化的憲法，及一批接受過西方文明洗禮，且在精神上同情自由民主體制的知識分子（以胡適為代表）。這部憲法及這批支持自由民主的人士在這塊土地上也發揮了重大作用。我們於是可以說，1949年後的台灣社會同時有兩股主要的力量，一股是傳統的力量，另一股是來自西方的力量。這兩股力量互相的爭奪主導權，有時此消彼長，有時彼消此長，不一而足。

在這種觀察下，我們於是可望瞭解為什麼台灣社會在人權的保障、促成及推廣上表現出的半調子現況。我們一方面接受了西方自由民主體制的框架（這一點可從我們已走上憲政之路可以看出），但在另一方面，我們以儒家哲學為主流的傳統文化卻自有其邏輯與軌道，在這兩股力量互相激盪及掣肘的情

況下，在人權的促成及推動上，於是會出現進兩步退一步的情況，或在某些指標性的人權議題上（如死刑的廢除）停滯不前。當然，筆者樂觀地認為，在自由民主體制的大架構及台灣社會愈趨多元之下，台灣社會整體動能的趨勢是自由民主理念的落實，與這趨勢相逆的傳統力量只會是逆流，在時間進程中自然會消失。但這也不是說，華人傳統文化中的全部元素在自由民主體制中會全部消失。傳統儒家文化自有其近人情事理的一面，與當代西方自由民主思潮並不完全對立，反而在某些地方有彼此契合，甚或互相補充的作用。所以，從一個較寬闊和長程的觀點來預測，台灣的人權保障也許可以夾著兩股有緊張關係的力量，進一步的發展為人權保障上的一個全球典範。這當然是個極度樂觀的盼望，但事在人為，這種盼望也不完全是海市蜃樓。

在以下的文章中，筆者想先交代中國讀書人及當代學者如何看待傳統儒家文化與西方民主、自由及人權的關係；並藉由他們的反應，來說明台灣（傳統華人）為什麼一方面可以接受西方的民主、自由及人權，但在另一方面卻也會對它們有些排斥。之後，則要以傳統華人思想中會排斥權利理念的一些原因，作為探索人權理念如何在台灣落實的線索，以供教育實踐工作者努力的參考。

參、中國讀書人對民主、自由及人權的態度

在晚清時期，當傳統的中國儒者接觸西方的民主、自由、人權的觀念和倡導時，有些人採取了排斥的態度。張之洞（1837-1909）就是個代表人物。張之洞是清朝末年的重臣，也是個公忠體國之士。在清帝國面臨改革呼籲時，他堅拒民主立憲的想法，在1898年寫成了《勸學篇》，提出「中學為體，西學為用」的想法，並對當時倡導的君主立憲大加撻伐，其中他對民權（即人民的參政權）及自主權（也就是個人決定自己的權利）尤其反對，認為它們的倡導終而會讓中國社會幾千年的禮教綱常土崩瓦解，甚至人類社會的滅亡。張之洞的原文是如此的：「使民權之說一倡，愚民必喜，亂民必作，紀綱不行，大亂四起、倡此議者豈得獨安獨活」；「若人皆自主，家私其家，鄉私其鄉，士願

坐食，農願蠲租，商願專利，工願高價，無業貧民願劫奪，子不從父，弟不尊師，婦不從夫，賤不服貴，弱肉強食，不盡滅人類不止」。[4]

張之洞的憂心，即使是在21世紀的台灣，都還可以找到學者的唱和。筆者的朋友蘇永明教授，曾在2012年的一篇文章〈人權概念與學生權的商榷〉中，表達了對人權理念提倡的戒心。他文章中有幾段話是這樣子的：「從人權的內涵來看，它就是在滿足人們的欲望，因此，都沒有提到當事者應盡的義務這回事。」「任何權利的宣稱都是因為得不到而進入對抗的狀態。……因此，只要每個人從自身的立場不斷爭取其權利，結果就是產生各式各樣的紛爭……。」「……人權是有很強烈的個人主義，對於犧牲個人的事是不願意做的。……這種『拔一毛以利天下，不為也！』的原則可能也很難組合出公共利益。一旦公共利益都不保了，個人利益還存在嗎？」綜合蘇永明的上述文字，他認為人權宣稱在骨子裡是個人欲望滿足的追求，這種追求一旦取得了正當性（或不再被質疑），那麼「善和正義」就不會成為法律、政治和道德的終極追求，大家在意的就是個人的快樂，也終而導致義務的被排斥。[5]雖然在文字表面上，張之洞的用語比較直接強烈，但蘇永明對提倡人權帶來可能後果的操心卻一點也不輸張之洞。

張之洞對西方民主、自由及人權理念的全然排斥，並不代表所有傳統的中國讀書人。根據余英時的論述，近代儒者接觸西方民主、自由、人權的理念時，有些儒者不僅不排斥這些理念和由之而起的制度和作為，更對這些理念毫不猶豫地擁抱歡迎，並試圖告訴我們，中國固有傳統當中早有這些理念。余英時舉王韜（1828-1897）與康有為（1858-1927）兩人為例。

余英時告訴我們，在中國近代史上，第一個使用「民主」一詞的就是王韜。王韜協助蘇格蘭傳教士理雅各（James Legge, 1815-1897）翻譯四書五經，並曾在英國三年，有機會接觸有關西方社會的第一手資料。在王韜看來，當時

---

4 參見張之洞。1970。〈勸學篇〉。《張文襄公全集》。台北：文海出版社。
5 參見：蘇永明。2012。〈人權概念與學生權的商榷〉。楊深坑主編。《教育學與比較教育研究》，頁68-72。台北：高等教育。

中國應該變法是無可置疑之事。王韜在英國的親身經驗，使得他看到了英國政治制度的優點。根據他的觀察，在統治者與被統治者之間的關係上，英國的政治運作體現了中國三代政治的理想。余英時據此告訴我們，在王韜眼中，「儒學」與「民主、自由與人權」的兼容是理所當然的，民主、自由與人權的理念本不是外國的東西，中國的老祖宗也有如此的理念。

根據余英時，康有為《孔子改制考》的主張受到了王韜的影響。王韜把歐洲的政治體制分為民主、君主暨君主立憲三種，康有為則依此勾勒了中國政治史分期的架構。康有為主張，西方的民主體制在中國堯舜統治的時期出現過，君主立憲則在西周初年出現過，而孔子的學說示範了如何可以從制度的改革來開創中國的第二個黃金時代。針對康有為的《孔子改制考》，余英時從歷史的角度告訴我們，康有為的主張其實是一派胡言，但從另外的觀點來看，康有為展現的是一個儒者毫不遲疑地接受了西方的民主、自由和人權理念，並認為這些理念和中國傳統毫無牴觸。[6]

當代有些華人學者也認為，儒家的核心與西方民主理念毫不牴觸。毫不困難地，他們告訴我們，假如上溯儒家的經典，如《論語》和《孟子》，我們不難找到儒家的仁道、恕道、義道和政道的主張，和西方的人權思維、寬容精神，抵抗權利與憲政主義之間的關聯性。[7]當然，假如我們願意的話，我們也不難從道家、墨家與佛家思想中找到與西方人權、自由與平等相契合的理念，在此不贅述。

在上述的文字中，交待了兩派中國讀書人對民主、自由及人權的態度，一派對之嗤之以鼻，一派雙手歡迎。但在歡迎一派人之中，有些人並不認為中國傳統與西方民主理念相契合，在中國處於危急存亡之秋的時候，著眼於中國的救亡圖存，他們對中國固有傳統和儒家文化抱持著批判的立場，他們對傳統中

6　此處文字本於余英時。2019。〈民主、人權與儒家文化〉。https://www.bannedbook.org/bnews/zh-tw/cbnews/20190428/1120393.html。2019/12/13。

7　參見：杜鋼建、宋鋼。1997。〈人權與中國文化之關聯〉。戴大為主編。《從法律、哲學和政治觀點看人權與中國價值觀》。香港：牛津大學出版社。

的集體主義和專制主義有莫大的反感，轉而擁戴西方的民主、自由及人權。這些人有嚴復、梁啓超、陳獨秀和胡適等人。[8]雖然他們對民主、自由及人權的擁護有不同的程度，擁護的理由也不盡然相同，但這些中國近代史上的知識分子，在面對西方列強侵門踏戶之際，都轉而接受西方文明背後所肯定的基本理念。這可以從梁啓超的《新民說》看出。近代中國的有識之士與西方文明相遇時，先震懾於西方的船堅炮利，1895年甲午一戰之後，則反思中國在典章制度的不如西方，但到梁啓超的《新民說》之後，則從根本上質疑傳統中國在倫理道德上的缺陷，並試圖重新建構理想的中國人格典範。[9]

梁啓超之外，胡適是另一個例子。他從美國留學歸國之後，就對傳統中國的集體主義有所批判，終身提倡個人主義，對西方的民主、自由與人權有堅定的支持，畢其生而不疑。假如我們細究這些知識分子為何支持西方的民主、自由及人權，我們很難不會察覺到，他們背後都是關心民族發展的情懷。他們對身為中國人所遭遇到的命運有極深的感觸，而他們共同的認知，就是去接受西方的民主、自由及人權。對他們而言，假如某一社會不允許個人有自由獨立的人格，那麼那個社會就決然沒有改良進步的空間。[10]

以上大致交代中國近代歷史上的有志之士，在面對西方的民主、自由及人權理念時的不同反應。筆者認為，這不同反應的源頭，正是中國的傳統儒家文化。傳統儒家文化是一駁雜的體系，在歷史發展過程中兼納了許多不同的元素，同樣接受傳統儒家教育的人，卻可以對西方的自由、民主與人權有完全不同的反應。也由於如此，內心深處含有儒家文化元素的台灣人，在面對人權理念的倡議時，會有不同反應，有些人完全接受，有些人則不以為然，另外一些人則欲迎還拒或欲拒還迎。甚至同一個人在面對不同的人權議題時（如年輕人面對同性婚姻與死刑的議題時），也不會有前後一貫的看法。假如筆者的觀察

8　有關嚴復等人的立場請參見：杜鋼建。2004。《中國近百年人權思想》。香港：中文大學出版社。

9　有關這一點，可參考：黃進興。2013。《從理學到倫理學：清末民初道德意識的轉化》。台北：允晨文化。

10　這是胡適的講法。參見杜鋼建的前引書。

沒有太大的謬誤，我們就可理解爲什麼台灣在人權理念的推廣與保障上的當下景況。

　　以下，要把焦點縮小到華人傳統文化對權利理念的排斥，[11] 並以此交待來尋求積極促進人權保障的途徑。

肆、華人傳統文化對權利理念的排斥

　　在台灣，阻礙人權保障的第一個可能因素，是我們還是不習慣用「權利語言」（rights-language）來作爲人際互動中的工具。

　　先就語言的使用而言，「權利」一詞在中文裡原本指的是「權勢貨財」。張佛泉早在民國40年初就指出，中國人聽到「權利」二字，極易聯想到「爭權之權和奪利之利」，而不是英文「rights」一字所欲傳達的「人之理應有者」。台灣社會歷經多年的變動，尤其在民國70年中葉戒嚴解除後，個人權利暨憲法所要保障的人民權利受到已然特別的重視，「權利」乃至「人權」一詞所原來想要表達的涵意已能爲許多人正確的接受。

　　但筆者仍然懷疑，對於一般人而言，權利或人權一詞仍然帶著某種突兀乃至一點反動的意味。此懷疑並不是空穴來風。筆者在之前引蘇永明教授的文字，就表示即使在21世紀的初葉，仍然有學者對權利及人權的理念抱持者如張之洞般的敵意。由在語言上「權利」或「人權」的使用還不是那麼的理所當然，進而認定這些詞彙還不被接受是我們人際互動的最佳工具，進而推斷個人權利應被保障的意識還不是那麼的堅實。

　　但真正影響個人權利無法滿意受到保障的因素，是「權利語言」所預設及支持的人際互動與傳統以「義務」爲主軸的人際活動有扞格不入的情形。對傳統華人文化有所觀察的人，大多同意華人文化中的人際關係乃至個人與團體

11　以下三節的文字，有許多本於筆者之前的一篇文章：但昭偉。2002。〈阻礙個人權利受到保障的四個因素：以國民學校爲例〉。《思辯的教育哲學》。台北：師大書苑。

的關係，原來都是以義務爲主軸。「權利語言」的使用預設了以個人爲本位的社會運作，而這與有社群主義乃至集體主義色彩的華人傳統在出發點上有所不同。

儒家思想的創始人孔子終其一生想要做的，是完成一個理想的社會秩序和政治秩序。如何進行這工作呢？儒家的想法是：每一個人要扮演好自己所擔任的角色，不管這個角色是人倫的、社會的或政治的。我們從儒家的經典中不斷地看出，儒家對個人做的要求或呼籲大都是要個人盡到他的責任。《論語》說的「君君、臣臣、父父、子子」，《荀子》說的「士士、農農、工工、商商」，《禮記・禮運》說的「父慈、子孝、兄良、弟弟、夫義、婦聽、長惠、幼順、君仁、臣忠」，乃至《孟子》裡說的「父子有親、君臣有義、夫婦有別、長幼有序、朋友有信」，都是在要求個人把自己的社會角色扮演好。所以在人際之間，儒家強調的是每個人把自家的事做好。儒家強調反省，反省的內容也主要是想想自己有沒有把分內的工作做好，曾子的「吾日三省吾身。爲人謀而不忠乎？與朋友交而不信乎？傳不習乎？」就是一個例證。個人反省自己是看自己有無盡到本分，人與人之間的彼此要求呢？主要還是要求對方要盡到他所承擔的義務。

相形之下，假如「權利的語言」當作社會活動中的主軸，那麼權利的擁有者（尤其是個人）就可以名正言順、毫不須害羞地要求他人或團體（如政府或國家）來爲自己做什麼或不做什麼。比如說，一個大學生可以對教授說：「我有受教權，我有權利得到高水準的教學，所以你有義務提供高水準的教學。」一個勞工朋友也可以對政府說：「我有健康權，所以政府應提供品質優良的勞動環境給我。」換句話說，權利語言允許甚且鼓勵擁有權利的個人要求他人應該爲自己做些什麼或不做些什麼，在個人提出這樣要求時，個人基本上是個受益的人；相形之下，以義務爲主軸的人際互動中，所強調的是每個人應盡自己的職分，而受益人都是別人。

一般而言，華人不太好意思來主張自己的權利。華人保障個人權利的方式是透過義務語言而來，亦即是透過每個人盡其義務之後，個人權利就自然而然

會受到保障。當華人在主張自己權利時，就意味著與此權利有關的人沒有在第一步盡到他們的義務，所以伸張自己權利的同時，無異在指責對方「不道德地忽略應盡的義務」，這對「愛面子」和「不希望扯破臉」的中國人是件嚴重的事。

　　這可能就是為什麼在我們的社會活動中，當「個人」的權益受到侵害時，受害的當事人總要鼓足勇氣才會站出來主張自己的權利；這和當代西方人能夠自然且義正嚴辭地主張「自己權利應不被侵犯」相當不同。凡是主動提出自己權利應受到保障，別人應作為或不作為來保障自己權利的舉動，都很容易為我們所排斥。這大概也就是為什麼當梁惠王碰到孟夫子，一開口提：「叟不遠千里而來，亦將有以利吾國乎？」孟子馬上就回道：「王何必曰利，亦有仁義而已矣。」孟子，乃至一般傳統讀書人比較相信，當一個社會裡的人都在為自己爭取權益（利）時，這個社會的下場會變得不怎麼高明。我們也可以由這個脈絡來解釋當初「民權」思想在19世紀末葉引進到中國時，為什麼會引起傳統士大夫的反感。

　　前已提及，張之洞式的「民權」詮釋和心理感受一直到今天還沒有消失。假如在今天台灣社會中，有人願意出來為自己爭取權利——如教師或空服員站出來替自己爭取權利——那麼他們的舉動很可能會被認為是自私自利。雖然今天已經有許多人願意站出來維護自己的權利，但還是有人會以為，只有自私自利或比較不明理的人，才會站出來替自己爭取權利。而這種對出面主張自己權利的人的可能反應，往往構成了防堵個人去主張自己權利的力量。筆者知道今天有一些老師在為自己爭取權利，筆者猜他們遭遇到的問題之一就是：當他們要主張自己應享有什麼樣的權利時，政府官員、學校行政人員或家長就可能馬上會提醒他們，不要一味地替自己爭取權利，他們要顧及的應該先是學生的權益而不是自己的權益；換句話說，他們應先履行自己的義務才對。多年前，「教師是否應有罷教權」這問題在討論時，筆者就常碰到有人指摘爭取罷教權的老師，說他們只顧自己，而沒有先顧及到學生的受教權。

　　由以上種種的論述，筆者認為在我們傳統文化的深處及日常生活的習慣

裡，我們會慣性地排斥他人對自己權利的主張，而這種慣性會導致個人權利無法受到滿意的保障。

伍、傳統人倫思想阻礙個人權利的發展

在我們的傳統文化中，讓個人權利在社會中無法滿意受到保障的另一因素是我們的人倫思想。

筆者在前面指出，儒家主要的道德要求之一是期望個人善盡自己的社會責任及扮演好自己的角色，也就是「君君、臣臣、父父、子子」這一套東西。假如我們細究儒家具體道德要求的基礎，則我們會發現儒家倫理的要求奠基於「忠恕之道」。很簡單地說，就是「己欲立而立人，己欲達而達人」及「己所不欲，毋施於人」，也就是《大學》所謂的絜矩之道（「所惡於上，毋以使下；所惡於下，毋以事上；所惡於前，毋以先後；所惡於後，毋以從前；所惡於右，毋以交於左；所惡於左，毋以交於右。」）。照著忠恕之道來進行社會活動或來建構理想社會，不僅人倫關係會趨於理想，整個社會也會上軌道，也就是會像《禮記·禮運》上所描繪的大同世界一樣，每個人都可以獲得恰當的照顧。

儒家所提的這一套理想可惜並沒有實現。在實際社會生活的運作中，忠恕之道似乎並沒有推廣出去。忠恕之道的體現似乎主要表現在家族或宗族之間，頂多推展到朋友。對於一般不認識的人或關係很遠乃至很淡的人，忠恕之道似乎是沉默的。

華人的人生主要任務似乎是放在「父子、兄弟、夫妻」三倫上，至於三倫以外的人際關係或社會角色就變得不是那麼重要。一般而言，在現代社會中，一個人除了扮演家庭中的角色，主要扮演的就是職場上（如教師、公務員、醫師等）和作為社會和國家一分子的角色。筆者的觀察是：由於我們習慣性地把我們主要的精力放在三倫上——我們人生的主要目的是當個好爸爸、好媽媽、好子女或好配偶——以至於我們會輕忽我們在職場上擔任的角色乃至作為國民

一分子的責任。

　　作爲華人，當我們承擔的人倫角色的要求和我們承擔的職場角色或社會一分子的要求相衝突時，我們往往會把我們的人倫責任放在比較優先的位置。或換個說法，我們看重的是「私人生活領域」中的工作，而對「公共生活領域」中的責任則相對地輕忽。筆者的這個觀察當然是這個社會大體的現象，我們可以發現許多的例子來證明此觀察不盡符現實，尤其是近年來台灣NGO如雨後春筍般地興起，可以證明有許多台灣人已擺脫僅關心自己人的心態，但這並不妨礙筆者的這個一般性觀察。

　　上述的觀察是從下列的事例中歸納而出：一、在教育職場裡，假如我們注意的話，我們會發現老師談話的內容大都是孩子、配偶、衣服、流行、投資理財及八卦新聞；二、許多老師可以容忍不適任的同事而對學生受到傷害不聞不問，但若他們的孩子碰到不理想的老師，他們很快會發飆；三、農人種稻和蔬果，往往是把沒灑農藥的留給自己和親人，把灑過農藥的賣給別人；醫生看自己的熟人特別仔細，看其他人顯得則沒有同等賣力；四、我們在職場中的工作，我們對自己的要求，往往是盡到最低限度的要求就可以了，或以不出事爲原則，很少會以追求卓越、不讓人失望或對得起自己的良心當作滿意的標準；五、我們在承擔作爲國民一分子的責任（如服役或納稅）或社區一分子的職責時，我們也是以不出事或盡到最低標準即可爲原則。

　　把生活重心放在「私人生活領域」，而對「公共生活領域」的掉以輕心，可以說是不適合都市化的工商業生活。在現代生活中，人與人的關係非常密切，只要某一個人的一點點疏忽，都可能會釀成極大的災難（如車禍或飛機失事的事件）。在現代社會生活中，我們在職場上所擔任的工作，乃至我們作爲社會（或社區）一分子的責任，其重要性都比我們在私人生活領域所承擔的責任要來得大。但在實際生活中，我們看重的卻是私人生活領域的任務。這樣的事實極易導致我們公共生活的不順利乃至品質的惡劣。

　　讓筆者在此用權利的概念來描述我們目前所碰到的窘狀。作爲一個現代社會的成員，我們生活的權益（如受教權、健康權、生命權或自由權等等）常常

受到與我們沒有直接人倫關係的人的左右，而假如能左右或影響我們基本且重大權益的人並不是那麼理所當然的盡責，難道我們個人的權利會受到令人滿意的保障嗎？讓我們再想想我們日常生活中的事實，我們送孩子到學校裡會替孩子挑老師、我們進醫院會找關係、買房子會找熟人當代書、買貴重東西也要朋友或親友的介紹，不如此，我們就不安心。這充分顯示，當我們和跟我們不發生直接或間接人倫關係的人相處時，會感到自己的權益可能受損，或我們的權益無法有十分充分的保證。而當這種情形成為普遍的現象時，就表示我們個人的權利無法獲得一個穩定的保障；我們在社會生活中常常會落在與我們沒有直接關係的人的手上，接受別人二流的待遇（試想我們去找一個和我們沒有什麼關係的醫生看比較嚴重的病，我們心中可能有的憂慮）。

在一個權利受到保障的社會，個人不會因為人際關係的等差而受到非常不同的待遇。反之，一個因人際關係有等差而會受非常不同待遇的社會，其個人權利的保障必然會不穩固。筆者因此認定我們人倫思想會影響乃至阻礙個人權利的保障。

陸、倡議權利的語言

面對上述根深蒂固潛藏在我們文化中的因子，我們要怎麼來對付？或我們應採取什麼樣的作為，一則讓大家樂意的以權利語言來作為人際互動的主要工具，再則讓我們能在社會互動中排除人倫的偏私，而以具普遍性的道德原則當作是我們行動的依據？

在這兩個問題上，假如筆者宣稱能提出具體的方法，那就是太不誠實了。筆者的對策看起來並不吸引人，但那是筆者能想到的。筆者想到兩個對策，一是去和大家講理，另一是等待這個社會的蛻變。能講的理大致如下。

讓我們先從道德的屬性說起。所有的道德體系不外是希望透過道德的作用來建構一個有秩序的社會。在今天重視每一個人的尊嚴與福祉的要求下，不管

是以義務語言為主的道德體系或以權利語言為主的道德體系，都不外是在試圖完成某種秩序；而在這種秩序中，個人的尊嚴與福祉可以受到保障，理想的人際關係或理想的社會生活可以達成。之所以認為不管是以權利或以義務為主軸的道德運作，都可以達成上述理想的目標，是因為權利與義務常是道德關係的兩面。我有做人子的義務通常就肯定了我的父母有權利來享受我對他們所盡的義務；反之，我有做人子的權利也預設了為我父母者有義務來讓我享有為人子的權利。

　　但在一個多元、複雜、動態而又在理念上重視每一個人的社會中，權利語言當作主要的道德語言應該比義務語言作為主軸要有好處。這是因為假如我們容許甚且鼓勵個人主動對「自己應受什麼待遇」、「自己所參與的社會生活應處於何種狀態」這些重要問題表示自己的主張，那麼一個讓大家較為滿意的社會可能會在相對短的時間內實現。而之所以如此的道理，是因為在動態、多元而又強調尊重個人的社會中，究竟一個人應該怎麼活？一個人應該得到什麼？理想的社會生活應該為何？在這些問題上大家都有不同的意見，而透過個人對他擁有權利的主張，我們的社會可以較迅速地發現什麼才是個人應享有者，然後再考慮是否要來滿足個人的主張。一個以義務概念為主的社會，理想人際關係或理想社會活動的形成往往是要訴諸個人的道德自覺或良心，但萬一個人對自己的義務或責任有著固定的認知，而又不容易改變，那麼往往對多變的情境不能有較妥善的處理。

　　在這裡，筆者想要強調的是權利語言的主動性。在現代社會中，假如個人被容忍乃至被鼓勵運用權利語言來主張自己應享有的待遇，如此當國家的機器運轉不順或新的社會情境產生時，個人可以透過權利的主張，或者來強制他人義務的承擔，或者來引起別人對自己苦痛狀態的注意，並進一步地來思考解決之道。假如一個社會不歡迎個人對自己應享權利提出主張，也不高興個人提出新的權利主張，那麼這個社會會漸趨封閉和保守，甚且會流於獨裁，不管這種獨裁的形式是什麼。台灣今天的社會當然是走向容忍個人提出自己權利的主張，這個趨勢是很明顯的。但筆者認為我們的文化機制對個人主張自己權利還

有殘存抑制的作用。這種殘存的抑制作用，在今天社會步入開放、民主和尊重個人的情況下，格外顯得刺眼和惱人。

假如上述道理講得通的話，在我們堅持以權利語言作為人際互動的主要工具的情況下，我們在個人行動及國家政策的實踐上，也勢必會擺脫掉人倫的偏私傾向。這是因為人權的普世性或個人權利的客觀性，應該會讓每一個權利擁有者受到公平的對待，因人倫等差考量而出現的差別性作為於是會受到箝制。例如，若政府在食安問題上能保障每一個國民，農人的偏私作為就無傷大雅了。

只要台灣社會沒有太大的變亂，假以時日，我們就可以抱著樂觀的態度，等待時間來解決個人權利因為傳統文化的阻礙而沒有被周全保障的遺憾。

柒、對人權教育的建言

照之前講法，對個人權利的保障，最好的方法就是利用權利語言來作為人際關係互動的工具。我們要容忍，甚至鼓勵個人對一己乃至他人權利的主張。最近成立的「國家人權委員會」應該能增加台灣在保障人權上的動能。但到目前為止，對人權教育的推動並沒有討論，我們可以問：在認知到人權理念與台灣固有文化底蘊有緊張關係的情況下，我們應如何的來推動人權教育？

過去二十多年來，教育部一直都有在推動人權教育，但熱度只表現在陳水扁總統執政初期（也就是2000年代的前幾年）。「國家人權委員會」的成立對人權教育的推動應會有很大的助益，這是因為按照國際慣例，「國家人權委員會」負有推動人權教育的責任。假如我們能通過一個《人權教育法》（仿效《性別平等教育法》），那麼人權教育的推動就會變得更有效能。但仰賴「國家人權委員會」的人權教育推動或《人權教育法》的通過都緩不濟急，雖然可能是正本清源之計。在當下，筆者建議在教育部的層級上著手，這是因為人權的理念終究和傳統的華人文化有些隔閡，期望由下而上的推動可能行不通，由

上而下的倡導可能會比較快。教育部可以起碼做幾件事：

一、將「人權理念及校園人權」列為師資培育的必修科目，且為教師檢定考試中的考試內容。這「校園人權」主要包括學生及教師在教育活動中享有何種人權及對這些人權的保障。

二、分批調訓全國高中以下的教師，讓他們參加有關人權理念及如何建構校園人權的工作坊，研習時間約兩日，可在寒暑假舉辦。我們要讓全國中小學老師瞭解自己及學生擁有的人權，這種瞭解有助於校園人權氛圍的形塑。

三、將世界人權宣言及幾個已然國內法化的國際人權公約的全部條文，列為十二年國教中的社會科領域的必讀教材。

　　這簡單的三件事是教育部有能力做到的事，且不難做到。雖然這三件事集中於認知層面，但筆者相信透過這三項作為，假以時日，人權理念應該會深入我們日常生活。這三件事可說是微變革（micro-change），但積累久了，就會成為大變革。

參考文獻

但昭偉。2002。〈阻礙個人權利受到保障的四個因素：以國民學校為例〉。《思辯的教育哲學》。台北：師大書苑。

杜鋼建、宋鋼。1997。〈人權與中國文化之關聯〉。戴大為主編。《從法律、哲學和政治觀點看人權與中國價值觀》。香港：牛津大學出版社。

余英時。2019。〈民主、人權與儒家文化〉。https://www.bannedbook.org/bnews/zh-tw/cbnews/20190428/1120393.html。2019/12/13。

張之洞。1970。〈勤學篇〉。《張文襄公全集》。台北：文海出版社。

蘇永明。2012。〈人權概念與學生權的商榷〉。楊深坑主編。《教育學與比較教育研究》，頁68-72。台北：高等教育。

黃默

　　民主已是普世價值，似乎是沒有爭論的事情，然這並不表示世界上的每一個人都生活在民主社會，或是民主政體之下，比較精準的說法，民主已是當代世人追求的價值，即便是最專制獨裁的政府也不得不將自身裝扮成民主的政府，或是透過虛假的選舉，或是透過對媒體的掌控，道貌岸然地做出一副實行民主政治的樣子。

　　雖是如此，對民主的詮釋卻也帶出了不少的爭論。最簡單的講法，民主政治也是每一個公民在他生活的社會中享有平等參與公共議題的權利，這也是我們所習慣的公民投票、政黨輪替的核心價值。但如果我們再進一步地探討，平等參與與自由表達意見、集會結社的權利等又息息相關，缺一不可。換句話說，民主政治必須以個人權利與自由的保障為基礎。放眼發展中國家，似乎民主政治與投票行為畫上了等號，定期選舉與投票的競爭也就等同於民主政治。這個看法，近些年來，受到不少質疑與批判。許多社會，定期的選舉與投票行為並不能表達真正的民意，而是受到政府的主導。於是乎引出了這樣的問題：少了民主社會與民主文化，民主政治也可能只是一個軀殼罷了。

　　那麼民主社會與民主文化又指稱什麼呢？民主社會所指稱的價值有不少的面向，但最關鍵的部分應該是人與人相互之間的理性溝通，也有學者將之稱為「公共理性」。社會的公眾事物都應在成員們坦誠、相互尊重的條件為前提，理性地進行溝通，同時也假設參與者是可能受到他人意見的說服而改變自己原先的看法與立場。又有另外學者把民主社會視為一個好思辨的社會，也就是每

---

*　本文原發表於《通識在線》，第32期，2011年1月。

一個人都有說話、表達意見自由的社會。民主文化牽涉的又比較廣泛一些，既假設民主政治與民主社會的運作，強調生命的尊嚴，也隱含對弱勢族群的關懷、對環境的重視、對人類以外的生命的尊重。

為了一步步地邁向民主文化，社會成員的民主素養不可或缺，而民主素養必須依賴教育，尤其是通識教育來完成。

在初步釐清了民主的價值與理念之後，我們來看看華人社會，尤其是台灣的情況。泛泛來說，華人的社會深受威權政治的影響，進而文化傳統上也大都傾向於思想定於一尊，不允許有不同的看法，強調群體利益，而蔑視個人權利與自由，即使當代也是如此。多年來「亞洲價值」的爭論一再浮現，所提倡的是中國儒家的思想與價值，尤其是強調儒家思想威權、保守的面向。許多華人學者也大談「東亞崛起」與儒家思想，實際上討論的是中國的崛起，深信華人的文化傳統對普世價值而言是另外一條出路。這樣的想法背後的情感與心態，作者十分理解。西方國家對中國一百年來的侵略與壓迫，引起華人知識分子對西方的抗爭與質疑。最近美國的金融風暴、中國經濟與軍事力量的擴張都帶給許多華人知識分子很大的鼓舞，但惟恐這樣的寄望可能落空。一方面我們不能低估西方文明的成就，西方當代在哲學、科技、文學、藝術等各領域的發展仍然遙遙領先；另外一方面中國內部危機重重，實在難以作為人類社會發展的典範。如果不能對客觀的事實、對自身的弱點有一個比較確切的評估，並不是不可能給華人社會帶來災害。普世的價值、民主的政治、民主的社會看來是當前以及今後幾十年唯一的選項。

如果我們同意普世價值是唯一的選擇，民主素養的推動也就成為教育家的職責，從事通識教育的學者專家尤其責無旁貸。那麼在通識課程中我們應強調哪些面向呢？簡單來說包括下列幾項：

一、對生命的尊重。每一個人都應該能體會到生命的價值與尊嚴。每個生命都有其價值，同時每一個個人都有權利來選擇他想過怎麼樣的生活，與此同時也應該尊重他人的生命尊嚴與選擇。

二、參與公共事務的能力，尤其是公共理性、理性溝通的能力。少了這項能

力，民主的價值不可能展現出來。以當前的中國政府的統治方式來看，言論自由、集會結社的自由都受嚴格的限制，遑論有充分資訊使能理性溝通。作者實在想不到怎麼去說服中國的政治異議人士與維權律師，說中國是一個和諧的社會，中國的崛起也是和平的、「中國模式」是人類社會的榜樣。

三、關心弱勢族群。弱勢族群在中國深受壓迫與剝削，血淚斑斑。即使當前的台灣社會已是十分地富裕，但貧富的差距日趨擴大，弱勢族群處境十分堪慮，值得社會與政府的關懷。社會與政府有責任對弱勢族群，如原住民、身心障礙者、移工給予平等的對待。

四、追求世界的和平。充分體認和平的意義，不論是國家與國家之間、族群與族群之間、種族與種族之間、宗教與宗教之間，都應該和平相處。以當代的武器日新月異而言，任何大規模的衝突，內戰或戰爭，都對人類生存的條件造成非常大的威脅。武力已不能解決當代許多衝突，預防衝突的發生才是最好的策略。用另一句話說，也只有消除貧窮、疾病、不平等，提升教育水平與適足的生活條件，和平才有可能。

五、對大自然環境與非人類生命的尊重與關懷。這些年來東亞國家，尤其中國與台灣，為了追求高度的經濟發展造成對環境嚴重的破壞，如果不及時懸崖勒馬，必定造成嚴重的傷害，不只對亞洲如此，對人類生存也構成威脅。與此相關，我們對其他物種的生命肆意剝奪，也需要即時反省，才能達成與自然界與其他非人類生命和平共處。

以上所言，只是民主素養最基本的內涵，與強調「東亞崛起」的通識教育偏向或有所不同。即使如此，這並不意謂忽略東亞文化，或是不去檢視東亞文化在今後多元世界中可能扮演的角色。其次，如何將這些內涵轉化為通識教育的課程？又應採取怎樣的教學法？有待進一步詳盡的討論。

黃默

壹、前言

2011年1月，我在《通識在線》發表了一篇短文，討論普世價值、東亞崛起與通識教育的議題。[1]當時的背景是不少華人學者大談東亞崛起與儒家思想，深信華人的文化傳統是當代人類社會的另外一條出路，也強調東亞文化能為通識教育帶來一個嶄新的視野。與此同時，也有不少有關中國傳統書院的討論。我在短文中表示了不同的看法，認為當代的通識教育不能回到傳統的範疇，必須與普世價值——尤其是民主政治——密切相關，並提出了幾項普世價值，作為通識教育的核心內容。

過了兩年，我又寫了一篇短文，討論通識教育與社會責任。那時候，是社會運動比較寂靜的年代，但又有不少討論，期待社會運動與通識教育密切連接，甚而作為通識教育的核心。我也十分遲疑。在我的短文〈誰的社會責任？怎麼樣的通識課程？〉，[2]我十分肯定社會運動為特定族群，不論是勞工、移工、新移民或是原住民爭取權利，也有助於帶來一個多元文化的社會。但我強調，我們不能對通識教育有過多的期待，尤其不能把社會運動與通識教育畫上等號。2014年三一八青年學生占領立法院，四一二占領行政院，並受到強制驅離，掀起社會運動的高潮，也對台灣政局帶來了巨大的衝擊與影響。雖是如

---

* 本文原發表於《通識在線》，第67期，2016年11月。

[1] 黃默。2011。〈普世價值、東亞崛起與通識教育〉。《通識在線》，第32期。http://www.chinesege.org.tw/geonline/html/page4/publish_pub.php?Pub_Sn=37&Sn=1055。；另參見本書第八章。

[2] 黃默。2013。〈誰的社會責任？怎麼樣的通識課程？〉。《通識在線》，第46期。http://www.chinesege.org.tw/geonline/html/page4/publish_pub.php?Pub_Sn=13&Sn=1508。

此，我的基本立場並沒有為之改變。那麼，我對人權教育與通識教育的看法又是如何呢？

如果我的想法沒有大錯，我們既不能回到想像中美好的過去，也不能將通識教育的工程寄望於社會運動。那麼當代的通識教育應該是怎麼樣的一個樣貌？

我想，我們必須先肯定，當代的通識教育不能悖離普世的價值，也必須聚焦於解決當代人類社會的問題。通識教育是為了教導大學生瞭解他們所處的時代、彌補他們專業教育的不足。具體來說，通識教育應該包括下列的幾項核心的價值與知識。

貳、通識教育的核心價值與知識

自從工業革命以來，人類社會的生活水平得到改善，貧窮問題也逐步解決，但對自然環境的破壞非常嚴重。在轉型中的傳統社會或是比較低度發展的社會，環保意識十分低落，對環境造成巨大的破壞。然而，我們也瞭解到，環境破壞，空氣、水源受到污染，氣候變遷，人類的生存也必然受到威脅。我們把對環境的關懷與保障列為通識課程的核心價值，應該是不爭之論。

環境的關懷與保護，牽涉非常地廣泛。比如說，原住民傳統領域普遍受到搶奪，傳統生活也維持不下來，就與環境的保護密切相關。再說，多年來，泰國佛教改革派的僧侶反抗政府開發的政策，試圖保護原林，是另外的一個例子。從另外一個角度來看，人類對非人類物種的同情與保護，也可算是環保意識的一環。

當今我們的生活深受戰爭的威脅。近年來，宗教的衝突加劇了戰爭——尤其是內戰——帶來的災害，也造成了難民潮。前南斯拉夫內戰將一個幾百年來不同族群、不同宗教和平相處的社會，摧毀殆盡；盧安達的內戰，在短短一年內，造成80萬人的死亡。再說最近中東的戰爭，帶來歐洲的難民潮，也造成歐盟內部的分裂，似乎有解體的可能性。這些苦痛的經驗使我們深刻地瞭解，如

果不能消弭戰爭，不論是國家之間的戰爭或是內戰，或是族群間的衝突，即使只是過一個和平的日子這樣最卑微的願望，也不可能。這也是爲什麼多年來聯合國組織把和平、人權與發展相提並論，認爲戰爭不能解決當代的什麼問題；消除貧窮，保障個人最基本的權利，才是和平的保障。

　　作爲當代人，不能缺少對科技、哲學、文學與藝術初步的涉獵與掌握。這裡所說的科技，沒有遲疑是普世性，是沒有國界限制。比如說，當代生物醫療科技突飛猛進。如果我們的大學生都能有初步的知識，有助於開拓視野。哲學與邏輯是爲了訓練思辨的能力；藝術與文學涉及對不同文化的尊重與瞭解，也是內心情感的表達與對生命較爲深刻的體會。

　　以上所說，環境的關懷與和平的維護是爲了確保一個適於人類生存的環境，而科技與哲學較注重個人的素養，使我們的大學生能追求有意義的生活，能過一個多彩多姿的人生。

　　再就課程的規劃與實際的操作而言，我們不難想像各種不同的規劃。以台灣的情況來說，近幾年來大部分的大專院校都設有通識教育中心，主導課程的規劃與師資的聘任。這樣的布局有它的優點，但是，卻自成一個體系，也容易與專業課程分開來，造成通識課程與專業課程的對立與衝突。

參、人權教育與通識教育的關係

　　從上面的敘述來看，人權教育與通識教育有不少重疊之處；或是說，人權教育是通識教育中十分關鍵的部分。然而我們也可以稍做區隔，人權教育的關注也與通識教育的偏重有所不同。較之通識教育，人權教育尤其重視個人的權利，重視法治與民主政治的運作。自從二戰以後成立聯合國組織，人權教育歷來是大家關注的議題。最早提到的是人性的尊嚴、自由與平等，種族、宗教之間的和諧，與和平的維護。其後幾十年來，人權教育的內涵一步步擴大。1995

年，聯合國倡導「人權教育的十年」，[3]影響所及，尤其如此。

　　在台灣的情況，人權教育的倡導可回溯到1990年代中期。政府部會、大學與民間團體對人權教育的啓動與發展，都有所貢獻，而且相互影響；既是合作的關係，也在若干議題上有所爭論，民間團體對政府的態度與措施，有不少批評。具體來說，當時台灣社會與政府積極從事教育改革，民間團體設立了「四一○教育改造聯盟」，極力鼓吹開放、鬆綁、廣設大學，倡導校園自治，教師專業自主，人民參與教育事務。雖然人權教育並不是教改關懷的核心，但也爲推動人權教育提供了一個空間。1994年4月10日的大遊行，將這一次教育改革推向高潮。在中央研究院院長李遠哲主持下，「教育改革審議委員會」提出《教育改革總諮議報告書》，廣受政府與民間組織認同與支持。1998年，教育部公布《國民教育階段九年一貫課程總綱綱要》，首度提出人權教育爲融入式的教學議題之一。這個提法受到不少的批評，認爲融入式的教學容易導致虛應故事，難以發揮實質的影響，但不能不說是一個新的試驗。隔年，1999年通過了《教育基本法》。其後二、三十年以來，國、中小人權教育所獲得的資源與支持，起起伏伏，與政府的政策密切相關。

　　在陳水扁政府最早兩、三年，表現最爲積極。當時，陳水扁承諾與國際人權規範接軌，[4]在總統府設立人權諮詢委員會，教育部也設人權教育委員會，邀請學術界與民間團體人士參與，也撥出若干經費，補助學校與民間團體在人權教育方面的活動。但2004年至2005年間，情勢丕變，人權教育逐步不受重視，最終淪爲輔導管教的一個環節。2004年4月10日是「四一○教改遊行」的十週年，幾個民間組織，包括台灣人權促進會、中學生學生權利促進會、女學會、勵馨基金會與永和社區大學等，創立「友善校園聯盟」，提出基本訴求是

3　UN Human Rights Office of the High Commissioner. 1995. "United Nations Decade for Human Rights Education (1995-2004)." in http://www.ohchr.org/EN/Issues/Education/Training/Pages/Decade.aspx.

4　請參見陳水扁於就任第十任總統時的就識演說全文：陳水扁。2000。〈台灣站起來──迎接向上提升的新時代〉。https://www.taiwan-panorama.com/Articles/Details?Guid=5b652c23-980b-4671-b88e-96bcedb00add。

反對體罰，保障學生的權利。[5] 從當時的宣言來看，這個聯盟仍以人權教育爲核心，以後的發展，看來並不是他們所預見的。另外兩個事件，對人權教育的式微，影響尤其深遠。在2005年4月，杜正勝接任教育部部長，在十分短暫的時候，提出「台灣主體性」的問題，強調台灣本土教育、培養現在國民、拓展全球視野、與強化社會關懷。「台灣主體性」正式成爲教育的核心價值。[6] 在2005年9月間，國民黨與民進黨在立法院僵持不下。國民黨立法委員攻擊民進黨設立「黑機關」，要求行政部門裁撤沒有法源依據的機構，教育部人權教育委員會因之改名爲「人權教育諮詢小組」，取消原來的分組編制，既減少了資源，也改變了運作的模式。這對人權教育的推動，不能不說是個挫敗。

馬英九政府執政八年，對人權的推動可以說是一個十分弔詭的年代。一方面，馬英九政府在推動兩個國際人權公約、《兒童權利公約》與《身心障礙者權利公約》方面，獲得不少的進展。既簽署了這四個公約，並通過施行法，使這四個公約取得國內法律的效力。同時也邀請國外學者專家到台灣來，審查政府所提出來的國家報告，十分得到國際社會的好評。[7] 另外，早在中華民國政府退出聯合國以前，已經簽署並批准了《消除一切形式種族歧視公約》，存放聯合國秘書處。《消除對婦女一切形式歧視公約》也在陳水扁政府最後一年，在立法院通過；但其施行法，卻遲至2011年才通過。這五個國際人權公約的施行法，都規範了對政府部會公務員的訓練。雖然這個公務人員集訓的計畫受到不少的批評，但仍不失爲一個起步。

然而，在國中、小以及大專學院人權教育的推動，馬英九政府卻少有作爲。當前碩果僅存的一項人權教育計畫，是國立台灣師範大學林佳範教授所主持的人權教育輔導團計畫。不過，在大專院校與國中小學，仍然有不少出色的

5　友善校園聯盟。2004。〈終結體罰，建立友善校園〉。http://www.tahr.org.tw/node/361。

6　參見杜正勝。2016。〈主體教育、意識形態與文化思維〉。《民主視野》，第12期。http://www.lthsociety.org/index.php?action=visions_detail&id=122&cid=157&ccid=151；以及韓國棟。2016。《走在風尖浪頭上：杜正勝的台灣主體教育之路》。台北：時報。

7　有關2013年台灣首次國家人權報告的審查，請參見《台灣人權學刊》，第2卷第1期，「人權現場」一欄的七篇文章。

表現。比如說東吳大學人權學程，或邀約民間團體的專家與學者共同開課，或鼓勵同學們到民間組織實習。在國、中小學，已經有不少老師發展出十分有初創性的教材與教案，鼓勵學生們參與社會與學校的事務，從中學習到人權與民主的價值。最為出人意表的，是有關高中歷史課程的爭論。在馬英九政府八年中，歷任四位教育部部長，高中課綱的爭論不但沒能得到共識，反而在高中歷史課綱編輯委員會引起非常多的爭論。幾位同情政府、並以政府代言人自居的委員，大談課綱違憲的問題，主張「撥亂反正」，最後終於引起高中學生「反黑箱課綱」的活動。在吳思華擔任部長的時候包圍教育部，教育部也將幾位學生繩之以法。到當今，仍然是餘波盪漾。這項爭論，超越了人權教育的範圍，實為意識形態之爭，也就是歷史教育應該以台灣或中國為主體的爭論。[8]

再從學術界推動人權教育的歷程來看。最早是在1995年至1996年間，東吳大學政治系的幾位教授，與當時陽明醫學院（現為陽明大學）、台北市立師範學院（現為台北市立大學）的幾位同仁，向當時國家科學委員會提出一個為期三年的研究計畫，分為「國中、小組」、「中學組」與「大專組」，編纂人權教材。我們組織了一個十幾位教授、研究生與國中小老師的團隊，分別來推動這項工作。但在初步完成一些教材以後，我們意識到只有教材而沒有適當的國中小老師授課，計畫不可能產生什麼作用，隨之改變我們的計畫，轉而強調師資的培訓。在2002年至2004年之間，這個團隊走遍各個縣市，包括金門與馬祖，以辦理工作坊的形式，集訓國中小老師。工作坊以初階與進階，為期或是一日、或是三日。在這個過程中，台北市立大學湯梅英教授負責大部分的工作。我們的團隊也與陽明大學周碧瑟教授以及柏楊的「人權教育基金會」密切合作。

---

[8] 有關高中歷史課綱的爭論，請參見周婉窈。2010。〈新政府撥亂反正？還是歷史教育大復辟？〉。《南方電子報》2010/02/10。http://enews.url.com.tw/south/56491；張亞中。2013。〈從日治到日據：撥亂反正的起步〉。http://hk.crntt.com/doc/1026/9/9/1/102699188.html?coluid=33&kindid=4372&docid=102699188&mdate=1015111236；杜正勝。2016。〈主體教育、意識形態與文化思維〉。《民主視野》，第12期。http://www.lthsociety.org/index.php?action=visions_detail&id=122&cid=157&ccid=151。

　　大專院校的人權教育，也始於東吳大學。1995年開始，開設有關人權的課程，如國際人權法、婦女權利、原住民權利等課程。2001年，設立張佛泉人權研究中心，建立台灣第一個專業的人權研究與教學中心，以促進人權議題的跨領域研究、人權教育的推廣、人權工作者的訓練以及國際學術交流為目的。2004年，成立人權學程，為大學生提供跨領域的人權教育。2008年，設立人權碩士學位學程，是當前台灣唯一授予碩士學位的人權課程。近幾年來，不少大學也都開設人權的課程，但並沒有授予正式的學位。2011年，東吳大學創辦《台灣人權學刊》，以促進人權研究的長遠發展，並討論台灣／華人社會在生存與發展所必須面對的人權議題，也兼顧國際社會中人權法與人權運動的動向。

　　最後，從民間團體的經驗來看。1980年代後期，隨著政治上的解嚴，社會運動風起雲湧。非營利的民間組織紛紛出現。許多人權團體，如台灣人權促進會、婦女新知、消費者文教基金會、人本教育基金會等，或為一般性的人權議題發聲，或為特定的弱勢族群爭取基本權利，對政府造成壓力，影響政府的公共政策。

　　與此同時，這些人權團體在活動中勢必涉及到人權理念的宣導，可說是非正式人權教育的一部分。1990年代中期，柏楊創辦「人權教育基金」，是民間團體中專注人權教育的一個案例。當前的情況是，幾乎所有的民間人權團體都在一個程度從事人權理念的宣導。他們所提出的報告十分完整，學術水平也一步一步提升，已經成為人權教育不可或缺的一部分。

　　這幾十年來，台灣人權教育的推動，可說篳路藍縷。政府並沒有比較完整的政策可言，但學術界與民間團體卻是盡力以赴。展望今後，蔡英文政府對人權的保障有所承諾。我們可以預期，如果今後設立一個有實質影響力量的國家人權委員會，對人權教育必然有所推進。從上述有關課綱的爭論來看，人權教育尤其應該堅守《世界人權宣言》與《兒童權利公約》的原則，才不至於重蹈覆轍，各持己見，困於意識形態之爭。又人權教育與性別教育、環境教育之間是怎麼樣的關係，也需要進一步來規劃。再就教育的實踐而言，我比較傾

向於理論與實踐並重，鼓勵同學們從生活中瞭解、體會人權的核心價值。這樣說法，某一個程度來自於杜威教育哲學的影響。杜威哲學在1950年代以後深受批評、趨於沉靜，近年來又重新受到重視。歐美研究人權、民主教育的學者，也強調理論與實踐的整合。[9]然而我們也可以預期，人權教育也必然受到一些抗拒。一方面來自於傳統的價值與思維，對個人的權利幾乎與自私自利的行為等同起來；教育界威權的傳統，也並沒有完全改變過來。另一方面，在新政府急於完成的諸多改革項目中，人權教育所能得到的資源與預算，也勢必受到限制。我們在學術界，也只能以樂觀開放的態度，盡我們的一份力量。

參考文獻

Osler, Audrey. 2000. *Citizenship and Democracy in Schools: Diversity, Identity, Equality.* United Kingdom: Trentham.

友善校園聯盟。2004。〈終結體罰，建立友善校園〉。http://www.tahr.org.tw/node/361。

杜正勝。2016。〈主體教育、意識形態與文化思維〉。《民主視野》，第12期。http://www.lthsociety.org/index.php?action=visions_detail&id=122&cid=157&ccid=15。

周婉窈。2010。〈新政府撥亂反正？還是歷史教育大復辟？〉。《南方電子報》2010/02/10。http://enews.url.com.tw/south/56491。

陳水扁。2000。〈台灣站起來——迎接向上提升的新時代〉。https://www.taiwan-panorama.com/Articles/Details?Guid=5b652c23-980b-4671-b88e-96bcedb00add。

黃默。2011。〈普世價值、東亞崛起與通識教育〉。《通識在線》，第32期。http://www.chinesege.org.tw/geonline/html/page4/publish_pub.php?Pub_Sn=37&Sn=1055。；另參見本書第八章。

黃默。2013。〈誰的社會責任？怎麼樣的通識課程？〉。《通識在線》，第46期。http://www.chinesege.org.tw/geonline/html/page4/publish_pub.php?Pub_

---

9 Osler, Audrey. 2000. *Citizenship and Democracy in Schools: Diversity, Identity, Equality.* United Kingdom: Trentham.

Sn=13&Sn=1508。

張亞中。2013。〈從日治到日據：撥亂反正的起步〉。http://hk.crntt.com/doc/1026/9/9/1/102699188.html?coluid=33&kindid=4372&docid=102699188&mdate=1015111236。

韓國棟。2016。《走在風尖浪頭上：杜正勝的台灣主體教育之路》。台北：時報。

人權教育的實踐

第七章　十二年國民基本教育課程人權教育議題融入課程與教學之評析——「為何而教」、「教什麼」及「如何教」

湯梅英

壹、前言

　　為配合九年一貫國民教育年限延長至十二年，2014年11月28日教育部公布《十二年國民基本教育課程綱要總綱》（簡稱《總綱》），並於2018年2月起陸續發布各領域／科目課程綱要，自108學年度（民國108年8月1日）開始實施（簡稱《108課綱》）。從《總綱》發布到《108課綱》實施，看似耗費經年的周詳規劃，實際上，卻因課綱所引發社會各界爭議，尤其，社會領域課程內容有關台灣主體性與去中國化的意識形態爭鬥，[1]而不得不延宕實施期程。[2]課綱研修過程的紛擾，豈非讓人看清學校扮演國家意識形態的機器？攸關日常教學的課程不過是各方權力的競逐場？

　　依據十二年國教《總綱》規範（教育部，2014：6）：「核心素養，將透過各學習階段、各課程類型的規劃，並結合領域綱要的研修，以落實於課程、教學與評量中」。換言之，「核心素養」是十二年國教課程改革的DNA，[3]揭櫫以「素養導向」理想取代九年一貫課程的能力導向，強調認知、技能和態度三者兼重，導引課程規劃、教學設計及評量。《108課綱》除揭示核心素養

---

[1] 社會領域因2014年推動的高中課綱微調，風波不斷，尤其是歷史科課綱內容，涉及意識形態、統獨對立的爭議。相關新聞請參見https://udn.com/news/story/7266/2560894。

[2] 由於課綱微調的爭議，教育部於2015年8月28日決議暫緩辦理社會領域課程綱要草案研修工作；直到2016年政黨輪替後才重啟研修工作。原訂107年上路的十二年國教課綱，經教育部審慎評估後，決定延到108學年開始全面實施。十二年國教各領域／科目課綱於2018年2月起陸續公告，但社會領域卻遲至10月才正式公告。研修過程請參見：十二年國民基本教育社會領域課程綱要草案研修Q&A。https://www.naer.edu.tw/ezfiles/0/1000/img/67/141481729.pdf。

[3] 詳見蔡清田（2014）。

的教育目標外，更以議題融入領域／科目視作重要特色（國家教育研究院，2019：I），包括：引導學生對生活周遭議題的覺察，連結、統整領域／科目內容，培養探究、分析與解決能力，達成核心素養的目標，面對未來的挑戰。由此看來，議題融入課程在課綱中占具極為關鍵的地位。

　　先不論課綱引發的紛爭及議題融入的實質意義，教師對於此次課程改革出現的諸多新名詞多半一知半解、眾說紛紜；加上課綱與教科書編撰、教學時數及評量方式等關乎考試內容、比重和升學甄選，更引起學生和家長的焦慮不安。這些因改革所帶來的變動，引發對未來不確定性的焦躁、不安，幾乎複製二十年前九年一貫課程改革的場景；然而，主事者似乎未能體察改革並非與過去切割、斷裂，不是推陳出新，為改變而改變，而是檢討、改進既有缺失，以求更穩健、踏實地達成既定目標。舉例來說，九年一貫即強調統整學習、跨科協同教學，並將科目整併為學習領域（如歷史、地理、公民三科合併為社會學習領域）；然而，到現在仍徒有形式，無法做到合科、統整，各科教師還是各上各的，考試還是分科，甚至《108課綱》還出現「領域／科目」並列呈現，似乎更印證整合「科目」為「領域」已名存實亡的無奈。九年一貫課程所標榜的統整學習、培養帶得走的能力等理念，既有實際窒礙難行之處就須設法解決；然而，新課綱卻另立「核心素養」作為課程改革的新理念，一時之間，「素養導向」、「三面九項」成為最熱門的關鍵字；然而，是否又重蹈覆轍，淪為華而不實的口號？

　　改革理念內涵固然重要，但有關課程教材、教學與評量等實踐層面的變動，才是教學現場教師最關注的焦點。新課綱實施在即，不少教師忙碌奔波於各項增能研習活動，對於自身教學領域／科目課綱仍是一頭霧水，[4]遑論非領域／科目、無關考試、升學的議題融入課程與教學。況且，《總綱》納入的議

4　教育部十二年國教新課綱推動辦公室網站所列常見問題：教師對於「何謂素養導向」仍滿
　　頭問號。參見https://depart.moe.edu.tw/ED7600/News_Content.aspx?n=DA6D9254E41A9FA3&
　　sms=B28D149ACBC67EFB&s=E30A6DF4B7321FF0。

題課程，共計十九項，[5] 面對眾多的議題，即使教師有心經營，在升學壓力和有限的教學時數下，如何連結、統整各領域／科目內容？如何跨越學科疆界、學校學習與日常生活的隔閡？如何融入、轉化為實際的課堂教學？這些才是教學現場教師所關心的問題，也是課程改革所面對的真實挑戰。

　　雖然，學校教育無法避免政治、社會和教育制度等巨觀結構的影響；課程與教學目標的達成更涉及日常課室進行的教學活動、教學策略與師生互動等複雜因素。但是，無論內、外條件和環境如何變動，教師仍是教學實踐的關鍵人物。以教師的角度來說，教學所能帶給學生的改變、成長，是教學工作者身體力行的實踐，一點一滴付出心力並體驗到的教學成果。教師的關注莫過於「教什麼」、「如何教」，才能讓學生有所收穫；知道「為何而教」，正如同戰士知道為何而戰的堅定信念，是教師在教學生涯持續不斷的活水源頭。因此，本文聚焦於現場教師所關注的課程規劃與教學實施，以《108課綱》人權教育議題融入課程為主要分析架構，並以九年一貫課程人權教育推動經驗為參考依據。首先，討論從九年一貫「重大議題」到十二年國教「議題融入」，人權教育議題的實質重要性為何？其次，檢視國家課程架構中人權教育議題融入課程的內涵；最後以學校教師規劃課程與教學的角度出發，提出人權教育議題融入教學的可行策略。藉此協助教師在國家課程的架構下，不僅知道「教什麼」、「如何教」，將人權議題融入、轉化為實際的課堂教學，並能超脫課綱的侷限，思考「人之所以為人」之人性尊嚴的價值，堅定「為何而教」的信念。

貳、人權教育議題的重要性 —— 為何而教？

　　人權教育的發展與台灣政治民主化的過程息息相關，例如，1960年代雷震出版的《自由中國》雜誌，以及1970年代、1980年代黨外民主運動的興起，這

5　《總綱》納入的議題課程，包括：性別平等、人權、環境、海洋、品德、生命、法治、科技、資訊、能源、安全、防災、家庭教育、生涯規劃、多元文化、閱讀素養、戶外教育、國際教育、原住民族教育，共計十九項。

些為自由、民主挑戰威權體制的抗爭，無論是人權理念的傳散，或是爭取、維護人權保障的具體行動，皆可視為廣義的人權教育。畢竟，民主、自由社會的核心價值，就是以人為本，尊重人性尊嚴，避免人權侵害，維護與捍衛每個人的基本權利。

　　嚴格來說，人權教育的推動是1990年代以後，受到解嚴後政治民主化、公民社會崛起以及國際社會倡導等影響才逐漸開展。[6]政治解嚴後帶動的教育改革主軸，即是爭取教育主體性、尊重學習者權利的體現，正如《教育基本法》[7]第1條所揭示：「為保障人民學習及受教育之權利，確立教育基本方針，健全教育體制，特制定本法」。人權教育正式列入國家課程，可溯及1998年教育部公布《國民教育階段九年一貫課程總綱綱要》，並在後續公布實施的《國民中小學九年一貫課程暫行綱要》（90暫綱），揭示人權教育為重大議題之一，[8]設置獨立的議題課程綱要，以融入各學習領域而非單獨設科方式實施，開啟人權教育在國民中小學課程與教學的推動工作；「重大議題」也因此成為正式用語，以突顯議題融入教育的重要性。然而，近二十年來，伴隨台灣社會走向民主化、本土化和多元化，國家課程成為各方勢力的競逐場，屢遭批評、不斷更迭增修；2014年1月公布的《十二年國民基本教育課程發展建議書》雖繼續沿用「重大議題」之名稱，卻表明十二年國教不再設置獨立的「重大議題」課程綱要，而是將議題整合於各領域課程綱要（簡稱《領綱》）（國家教育研究院，2014：37），僅以附錄方式呈現。從九年一貫「重大議題」課程綱要到十二年國教「議題融入」各領域課程綱要，議題數量從七項倍增到十九

6　有關人權教育在台灣民主化歷程的發展，詳細討論請參考湯梅英（2016：1-22）。
7　《教育基本法》全文17條，於1999年6月23日公布施行；並經多次修正以保障人民的教育權利。
8　1998年9月30日公布的《國民教育階段九年一貫課程綱要總綱》已決議將資訊、環境、兩性、人權等四項重大議題融入七大學習領域；2001年公布的《90暫綱》增加「生涯發展」與「家政」，2008年公布《97課綱》增加「海洋」，而原先是第三順位的性別平等調整為第一順位，共計七項。議題融入國家課程不斷增加，其實隱含這些議題倡導的勢力彼此競逐、角力，想方設法進入學校課程與教學的企圖，透過學校制度化的教育，才能確保這些議題的推動與實踐。

項，眾多議題彼此競逐、沒有固定的教學時數，人權教育議題納入國家正式課程究竟是彰顯其重要性，抑或是「政治正確」的點綴？

　　從國家政策層面來看，自2000年第一次政黨輪替後，陳水扁總統提出「人權立國」的理念，總統府成立「人權諮詢小組」，2001年教育部設立「人權教育委員會」，人權教育成為國家重大政策，正式納入政府行政體系，學校人權教育推動工作逐漸制度化、系統性，奠定校園實施人權教育的發展基礎。2008年第二次政黨輪替，馬英九在總統就職宣言中提到「在憲政主義下，人權獲得保障」，並推動國際公約國內法化，各級政府機關配合國際公約施行法，[9]全面檢討並提升國內法令及行政措施，顯示國家對人權保障的重視與責任。同年，教育部為因應《國民中小學九年一貫課程綱要》（97課綱）推動之需，在各學習領域輔導小組下設立「人權教育課程與教學輔導諮詢小組」，並將各縣市人權教育中心學校整合為「學務中心學校」，兼辦或成立人權教育輔導團。自此，建立從中央到地方層級推動人權教育課程與教學的輔導系統；雖然，僅以中小學教學輔導層面為主，但因列入教育行政單位推動的政策，多少帶動人權教育的實施，將原先零碎、分散的「點」，逐漸連結成具有組織的「網絡」。

　　另一方面，人權教育受到國際社會的倡導，人性尊嚴與自由平等係全球普遍認同、共享的普世價值。自1948年聯合國大會通過《世界人權宣言》即致力推動人權教育，明白指出教育在於加強對人權及基本自由的尊重，《公民與政治權利國際公約》、《經濟社會與文化權利國際公約》，以及《兒童權利公約》等國際人權標準，皆明定教育是基本人權之一。為促使世界各國理解人權保障與人權教育的密切關係，聯合國於1994年倡導「聯合國人權教育十年」（United Nations Decade for Human Rights Education, 1995-2004），而後為加

9　2009 年立法院通過《公民權利和政治權利國際公約》與《經濟、社會、文化權利國際公約》施行法、2011 年通過《消除對婦女一切形式歧視公約》施行法、2014年通過《兒童權利公約施行法》及《身心障礙者權利公約施行法》，承認五部核心人權公約之人權保障規定「具有國內法效力」，並且比照聯合國之制度建立了一套「在地」的報告審查機制。

強全球各組織層面的人權教育，於2005年提出「世界人權教育計畫」（World Program for Human Rights Education, 2005-ongoing），並持續推動三個階段的人權教育計畫。[10] 據此，人權教育即是藉由《世界人權宣言》（*Universal Declaration of Human Rights*）等國際人權規準，學習尊重人性、自由、平等、互惠等基本原則和價值，覺知權利意識，並培養學習者防範人權侵害及捍衛基本人權的知識、能力與態度。聯合國對於中小學推動人權教育的建議指出：「人權教育促使教育系統得以實現其基本目標，包括促進人格的發展與提升人性的尊嚴，加強對人權的尊重，並為所有人帶來優質的教育」（United Nations, 2012）。由此可知，人權教育是培養學習者理解權利的意涵，知道自己的基本權利應受到保障，進而維護、爭取基本人權，以促進人格發展、提升人性尊嚴，實現教育目標；因此，人權教育不僅是教育的一個部分，其本身更能促進教育的完善與發展。

　　綜上所述，人權教育廣受國際社會關注，具有普世價值，且屬於國家重要政策，具有國際法及國內法規的權利保障基礎。人權教育的重要性，不僅因為符合世界潮流及時代趨勢，更因其本身即強調人性尊嚴、公平、正義、多元尊重等核心價值，維護、保障「生而為人」的基本權利，促進人格健全與個人尊嚴的發展，亦即實現教育的基本目標。雖然，九年一貫課程人權教育「重大議題」在十二年國教課綱已改為「議題融入」，名稱的改變不見得影響實質的重要性；但是，在眾多議題爭奪有限的教學時數下，如何在學校課程與教學中落實人權教育？卻是無法迴避的實際問題。以下針對課程綱要議題融入相關內容加以檢視，討論課綱轉化為教學實踐可能面臨的問題與侷限。

10　有關「世界人權教育計畫」（World Program for Human Rights Education, 2005-ongoing）詳細內容可參考網站資訊https://www.ohchr.org/EN/Issues/Education/Training/Pages/Programme. aspx。

參、人權教育議題融入課程之檢視──問題與侷限

一、課程綱要議題融入之解析

　　依據十二年國教《總綱》的規範，包括人權教育等十九項議題應適切融入各領域課程，並在各《領綱》附錄中說明議題融入內涵。有鑑於各項議題並未另設獨立的課綱，負責十二年國教課程研發的國家教育研究院，於2017年發布《十二年國民基本教育課程綱要議題融入說明手冊》（簡稱《議題手冊》），作為議題融入課程的主要依據。隨著《108課綱》實施進程，各《領綱》陸續公布，國家教育研究院又於2019年修正《議題手冊》，提供各項議題融入領域課程之參考。

　　《議題手冊》指出：「……為能與社會脈動、生活情境緊密連結，期以議題教育培養學生批判思考及解決問題能力，並提升學生面對議題的責任感與行動力。而為減輕學生學習負擔，《總綱》規定各領域課程設計應適切融入十九項議題……」（國家教育研究院，2019：1）。此外，議題教育強調與日常生活的問題息息相關，涵蓋食安問題、性別平等與人權等社會議題，以及地球氣候變遷、海洋酸化等科學議題。議題教育特別重視教育對於人類社會面對挑戰的回應，希望藉此引導學生覺察生活周遭的議題，應用各領域習得的知識、技能與態度，跨越學科本位的限制，結合學習與生活，培養學生探究、分析與解決生活問題的能力，展現行動與實踐力，達成核心素養之學習（國家教育研究院，2019：3-5）。

　　雖然，十二年國教課綱強調核心素養，並突顯不同於九年一貫課程的能力指標；[11]實際上，兩者都強調學校教育與社會生活的連結，兼重知識、技能和態度的學習，並將議題教育採取融入學習領域的方式處理，藉以統整各領域所學且能應用於日常生活。從議題融入來看，九年一貫課綱所列的七項重大

---

[11]　雖然新課綱一再強調「核心素養」不同於「能力指標」，符合世界潮流與最新教育趨勢云云，但大略檢視即可察覺，兩者其實差異不大，甚至英文用語都是competence。

議題，十二年國教課綱卻暴增爲十九項議題，應是新舊課綱最明顯的差異，並反映在議題融入課程的處理方式。《議題手冊》特別指出「爲減輕學生學習負擔」，而採取各領域融入議題的方式。其實，「減輕學生學習負擔」之外，另有「避免紛擾」之說，隱含議題過多以及各議題彼此競逐的實際狀況。因此，「重大議題」一詞不再出現，以平息紛擾避免爭議；也不再設置獨立的議題課程綱要，以彰顯議題融入各領域／科目課程的做法。如果九年一貫課程設有獨立課綱的七項重大議題，都難免「融入」即「消融」不見的質疑；[12] 相較之下，新課綱有十九項議題之多，豈不更加稀釋？僅列入各領域課綱附錄，只是課程規劃的參考而無實質規範性，終究難免流於形式。

　　依據《議題手冊》之說明，性別平等、人權、環境及海洋教育等議題，係延續九年一貫課程重大議題的架構及內涵，延伸擴充至十二年國民教育，具有完整體系。因此，《議題手冊》概念篇特別列出上述四項議題的基本理念、學習目標、核心素養、學習主題與實質內涵；「示例篇」也以此四議題融入課程爲例，發展融入式、主題式及特色課程，提供各領域／科目進行議題融入課程之參考。[13] 相對而言，九年一貫課程重大議題課綱較爲完整、周詳，包含：基本理念、課程目標、分段能力指標及學習內容，並提出融入學習領域之建議、十大基本能力對應、議題融入七大學習領域對應、分段能力指標補充說明及融入學習領域之教學示例等。此外，十二年國教《議題手冊》並未提供各項議題所列學習主題與實質內涵的解說及釋義。《議題手冊》融入課程與各領域《課程手冊》議題融入說明[14] 各自獨立，如何找出兩者之間的關聯性？各項議題實質內涵與融入各領域課程學習重點如何連結、對應？茲就《議題手冊》所列人權教育議題融入課程，加以檢視、討論如後。

---

[12]　筆者於2002年九年一貫暫行綱要實施時，即有對人權教育「融入」課程與教學，是否淪爲「消融」、消失不見的疑慮，二十多年來推動人權教育實際教學所面臨的困難，也印證筆者的質疑。

[13]　至於其他15項議題，《議題手冊》則僅列基本理念、學習主題及實質內涵等內容。

[14]　依據國家教育研究院2019年6月28日更新《議題手冊》，針對議題融入各領域／科目之說明，僅有建議、列舉及示例；國家教育研究院自2018年陸續發布各領域／科目《課程手冊》，雖列有議題融入說明之內容，也僅是原則、示列之說明。

二、人權教育議題融入課程

　　性別平等、環境及家庭教育等議題之實施，各有相應的《性別平等教育法》、《環境教育法》及《家庭教育法》訂定相關課程、活動及時數等規定。相較之下，人權教育雖受到國際社會關注，列入國家政策並有法律依據的重要議題，卻沒有法規針對推動各級學校人權教育的具體規範。人權教育在各級學校的推動與落實，除須仰賴教師活化教材、隨機教學以及相關資源的挹注，更須掌握人權教育融入課程的學習內涵，將人權議題與領域課程兩者扣合，進行統整與轉化。因此，《議題手冊》中有關人權教育學習目標與學習主題、核心素養與實質內涵以及融入課程規劃方式等，對於中小學人權教育的推動與實施，顯得格外重要。

（一）學習目標與學習主題

　　十二年國教課綱《議題手冊》指出，人權教育議題的學習目標在於：瞭解人權存在的事實、基本概念與價值等相關知識；發展對人權的價值信念，增強對人權的感受與評價；培養尊重人權的行為及參與實踐人權的行動。學習主題包含：人權的基本概念、人權與責任、人權與民主法治、人權與生活實踐、人權違反與救濟及人權重要主題等六項（國家教育研究院，2019：37-38）。人權議題學習目標與學習主題，如表7-1所示。然而，學習主題如何達成學習目標？學習目標與學習主題之間關聯性為何？如何對應？六項學習主題是否均須達成所列的三項學習目標？學習主題是否有一定的邏輯順序？這些問題皆與人權教育議題融入課程規劃與教學實施密切相關，值得議題融入規劃者進一步思考、釐清。

　　相對而言，九年一貫人權教育課綱對於學習目標及學習主題等內容，除文字敘述外，另列出各項目一覽表，不僅提供達成學習目標的教學方法，並列出清楚的對應及解說。例如：學習目標A.「藉由日常生活事例的分析，理解人權存在的事實」，即建議以日常生活相關的案例分析為教學方式，讓學生理解

人權的基本概念，包括對應的四項學習主題：a.人權是天生的、b.人權是普遍的、c.人權是不可被剝奪的、d.人權是不可分割的。此四項學習主題均有建議融入之學習領域及內容說明，讓課程設計與教學者一目了然，掌握學習目標、學習主題與融入學習領域之間的連結，較有利於引導實務工作者將人權教育議題融入課程規劃與教學實踐。

表7-1　人權議題學習目標與學習主題

學習目標	學習主題
瞭解人權存在的事實、基本概念與價值。 發展對人權的價值信念，增強對人權的感受與評價。 養成尊重人權的行為及參與實踐人權的行動。	人權的基本概念 人權與責任 人權與民主法治 人權與生活實踐 人權違反與救濟 人權重要主題等

資料來源：作者整理自《議題手冊》（國家教育研究院，2019：37-38）。

（二）核心素養與實質內涵

1.核心素養

　　「核心素養」是本次課程改革所揭示的教育目標，人權教育議題為配合《總綱》核心素養的三面九項架構（如圖7-1所示），發展出相對應的九項人權教育核心素養。例如：核心素養「自主行動」層面的「身心素質與自我精進」項目，對應人權教育的核心素養「能從自我探索與精進中，不僅建立對自我之尊重，更能推己及人，建立對他人、對人性尊嚴之普遍性尊重」。實際上，各領域／科目及議題性質各有不同，所欲培養的核心素養也各有偏重，各領域／科目及議題的學習可能有助於一或多個核心素養的養成，並不一定需要各領域課程規劃面面俱到，全部達成三面九項的核心素養。

　　若檢視《總綱》各項核心素養與人權教育，最相關的應屬「社會參與」層面的「道德實踐與公民意識」項目，可視為以素養導向規劃人權教育議題融入課程的立基點；其他的核心素養項目雖未必完全無關，但基於人權教育議題

並非單獨設科且無固定教學時數，務實的做法應是由相關領域課程或其他議題來達成，可能較為適切、可行。舉例來說，核心素養「溝通互動」層面的「藝術涵養與美感素養」項目，不見得是人權教育議題融入課程的重點，但是，為配合《總綱》逐列出人權教育核心素養「人B3能欣賞、理解與人權相關之藝術、音樂、戲劇等創作，並能透過藝術或人文作品表達人性尊嚴之價值」；因而滋生實際課程規劃與教學的問題：如何達成？達成此核心素養的相關學習主題與學習內涵為何？相對應融入領域／科目課程的學習內容與學習表現為何？如何規劃融入課程、實施教學及評估學習成效？如果不認真思考這些實務問題，精心設計的核心素養終究只是紙上談兵，難以落實。

　　整體來看，為配合《總綱》架構所發展對應的九項人權教育核心素養，是否能全部達成？如何達成？人權教育議題所列的學習目標、學習主題與核心素養之間的關聯性如何？如何藉由人權教育議題融入課程涵養核心素養？若無對應、關聯性的解說，如何期待以素養導向規劃人權教育議題融入課程、教學與評量？其實，這些問題並非人權教育議題所獨有，而是反映新課綱所揭示的理念與實踐的落差。國家課綱作為課程與教學實施的最高指導方針，必須顧及實際課程規劃與教學設計所需概念具體化與操作性的解說與指引，例如：如何達成學習目標？如何涵養核心素養？這些構成學習歷程的重要元素，既不能各自獨立、毫無關聯，也不能只是形式化的「連連看」，或是「作文比賽」文字堆砌的虛應故事。重要的是，如何讓課程設計與教學者理解、掌握環環相扣的實質對應與關聯性，轉化為實際的課程與教學，才可能達成核心素養滾動圓輪意象圖所示（圖7-1），建構不斷滾動、延續的學習歷程的理想願景。

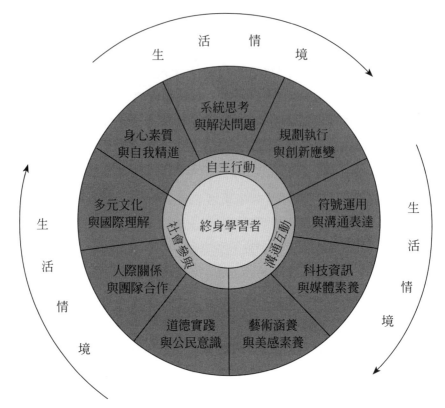

圖7-1　核心素養滾動圓輪意象圖
資料來源：十二年國教《總綱》（教育部，2014：3）。

2. 實質內涵

　　係由人權議題六項「學習主題」，隨教育階段逐步擴展、規劃相對應的議題實質內涵。各階段學習主題與實質內涵之對應，包括：小學11條、國中14條及高中12條，共計37條，可視為人權議題融入課程與教學之主要內容。大體而言，十二年國教課綱人權議題實質內涵大多是延伸、擴充九年一貫課綱能力指標及學習內容。實質內涵不僅包括人權基本概念與普世價值的學習，強調權利與責任、民主法治與生活實踐，探討違反人權與救濟及重要的人權議題，並重視維護與保障人權的實踐行動力。因此，實質內涵就是體現人權教育的內容，亦即：「尊重與包容、自由與平等、公平與正義等觀念的教導，進而促進個人

權利與責任、社會責任、全球責任的理解與實踐」（國家教育研究院，2019：37）。符合國際社會對人權普世性的關注以及聯合國人權教育的理念與方針。實際上，在《議題手冊》或課綱相關文件中並未對「實質內涵」加以定義、說明，也沒有針對各階段涵蓋實質內涵分布與數量提出合理的解釋。若檢視人權教育各階段實質內涵，可發現各階段分布大致相當；但是，在「人權重要主題」國中階段實質內涵計有7項，多於國小的4項及高中的5項，似不符合因學習階段不同的概念發展，予以加深加廣、螺旋式漸進向上的課程設計原則。另外，以實例檢視：國中階段人權議題實質內涵「人J4瞭解平等、正義的原則，並能在生活中實踐」與九年一貫課程第三階段（國小五、六年級）能力指標「1-3-3瞭解平等、正義的原則，並能在生活中實踐」，兩者完全相同，只是學習階段的差異。但是，「實質內涵」豈不是應與九年一貫的「能力指標」有所區隔？既然兩者相同，學習階段又為何從九年一貫課程國小調整為新課綱的國中階段？不禁令人質疑，新課綱所規劃的各階段學習主題與實質內涵之依據、劃分標準為何？與九年一貫課程的「能力指標」又有何差異？如果「實質內涵」其實大致是九年一貫課程「能力指標」所包含的學習目標與學習內容的綜合，那麼又會回到前述的基本問題：十二年課綱人權議題所標示的核心素養、學習目標及學習主題與實質內涵的對應關係、關聯性又是如何？更關鍵的是，各領域／科目課綱並沒有如人權議題所列的「實質內涵」，而是「學習重點」，兩者並不一致。由於各《領綱》標示的「學習重點」是此次課程改革所提出的新概念，包含「學習表現」與「學習內容」兩部分，以突顯知識、技能與態度三者兼重的學習，藉此標舉新課綱與九年一貫課程偏重「能力指標」有所區隔。[15]因此，這不僅只是人權議題與各《領綱》內容個別名稱、形式差異

---

[15] 初步檢視各《領綱》「學習重點」是由「學習表現」與「學習內容」兩個向度組成，「學習表現」強調以學習者為主體，故教材編選與教學設計，應緊扣「學習表現」，以培養學習者在特定領域／科目所應具備的認知、情意或技能之具體表現。然而，檢視各《領綱》內容卻可發現刻意區別兩者的缺失，大致綜合歸納為：抽離「學習內容」的「學習表現」只是抽象、空泛的表述，尤以自然科學領域為最。例如：自然領域國小高年級「學習表現」之「ai-Ⅲ-1透過科學探索瞭解現象發生的原因或機制，滿足好奇心」項目，此學習表現可適用於任何階段「學習內容」，因而，顯得空泛、無效。此種區分所造成的實質影響，值得進一步分析、研究，但非本文所處理範圍。

的問題，而是在不同的概念和意涵之下，如何將人權議題的「實質內涵」對應、轉化爲融入領域／科目的「學習重點」？實際關乎人權教育議題融入課程規劃與教學實施。

（三）融入課程規劃方式

人權教育不僅是人權知識、概念的理解，更是人權價值與文化的深植，無論正式、非正式或潛在課程，都是人權教育議題融入課程的範疇，因此，人權教育的實施不只是師生課堂的學習活動，更須全校教職員工營造校園的人權文化，防止人權侵害，建構人權保障的環境。在十二年國教課程架構下，人權教育議題融入正式課程，可採取融入式、主題式及特色課程等多元方式規劃，並可參考十二年國教課綱《議題手冊》示例進行教學設計與實施（如表7-2所示）。茲以人權議題融入正式課程的類型，說明如後。

表7-2　人權教育議題融入正式課程類型

課程類型	融入領域	課程實施時間	說明
融入式課程	相關領域	領域教學時間	參見示例篇 5.5拄柺杖的小男孩—國中 5.7生涯角色—高中
主題式課程	多領域	彈性學習課程／彈性學習時間、相關領域教學時間	參見示例篇 6.1創造美好公平的遊樂場—國小
特色課程	多領域	校訂課程（彈性學習課程／彈性學習時間）、校訂必修或選修科目時間	參見示例篇 7.2族群共好在富北—國中

資料來源：作者整理自《議題手冊》（國家教育研究院，2019：13）。

1. 融入式課程

是在既有的領域課程架構與內容中，將人權議題學習主題和實質內涵融入。也就是，以領域課程內容爲主體，將人權議題融入教學領域／科目內容，

進行教學的連結、延伸，成為課程內涵的一部分，並適切加深與加廣。教師可配合領域課程，考量各階段學生興趣、動機與概念發展，從生活周遭發生的人權議題著手。《議題手冊》提供二份參考示例，一是國中階段人權教育議題融入國語文領域的教案設計〈拄柺杖的小男孩〉（示例篇5.5）；另一則是高中階段人權教育議題融入綜合活動領域／生涯規劃〈生涯角色〉（示例篇5.7）。雖然，融入式課程設計與教學實施相對容易，也較為普遍，但由於領域／科目課程才是主體，議題可能淪為點綴式的零散、片段，不易保有議題架構的系統、完整性。

2. 主題式課程

是以人權教育議題的學習主題為主軸，發展主題式課程。議題主題式課程之實施，通常需要較長的教學時間，多以數週的微課程方式進行，可運用國中小彈性學習課程、高中彈性學習時間，或是相關的領域／科目課程時間。《議題手冊》示例篇6.1〈創造美好公平的遊樂場〉，提供國小階段人權教育議題主題式課程示例。由於並非以原領域／科目課程內容為主，必須以人權議題的學習主題另行設計與自編教材，而且可能涉及多個相關領域／科目課程之配合，需要跨領域課程教師的協作及學校資源的配合與支持，難度較高且耗費時間。

3. 特色課程

以人權教育議題或整合其他議題發展為學校特色課程，此為較有系統的單元課程，不僅有助於人權教育議題學習主題與實質內涵的落實，培養人權價值信念與實踐行動，亦可營造校園人權環境、形塑學校辦學特色。特色課程可實施於校訂課程，運用國中小彈性學習課程、高中彈性學習時間，或者規劃為校訂必修或選修科目。不論是以人權教育議題為主或是整合相關議題，學校特色課程通常需要全校形成共識、行政支持系統、跨領域課程教師的團隊合作，共同參與、發展跨領域的人權議題教材。《議題手冊》示例篇7.2〈族群共好在富北〉，提供國小階段議題特色課程示例。本示例是以原住民族、多元文化

及國際教育三項議題為主，發展融入多領域的學校特色課程。若以人權教育整合、發展議題特色課程，不僅能呈現示例單元所強調的文化理解與尊重的核心價值，更可進一步探究原住民族及多元文化發展等相關的權利議題，並接軌國際社會對人權的重視，學習世界人權宣言、公約等國際人權規準，培養學生人權意識、防止人權侵害及捍衛基本人權的行動力。

除上述正式課程外，人權教育議題融入非正式課程的實施方式相當多元，可以運用團體活動時間，藉由專題演講、班週會、慶祝活動等，進行人權教育議題教學。例如：利用兒童節、國際兒童人權日，設計人權教育相關活動；或將生活中發生的人權議題轉化為班會討論題綱，實施人權議題融入教學活動。此種方式可能仰賴教師隨機教學，也可能是教育行政機關及學校由上而下的推動，都屬於非正式課程，大多利用各種可能的時機、多元多樣的方式進行，類似游擊隊而非正規軍作戰，雖然極具彈性、隨機多元性，卻少有顧及人權教育議題的系統性及完備性。

在潛在課程方面，營造尊重多元、公平正義的人權校園環境，使人權文化自然開展，是人權教育融入的基本原則。在學校中，教師和行政人員應敏感覺知人權議題，並檢視學校各項制度及措施，結合學校組織規章、獎懲制度及相關活動，以形塑校園人權文化。例如，校規的制定與執行，是否保障學生表達意見、言論自由、人身自由及參與的權利。班級學習氣氛是否能尊重學生意見的表達，營造多傾聽、避免批評的開放討論氣氛。整個學校環境，包括教師、學生及相關行政人員之間應是平等、尊重的關係，而不是階層嚴明的威權管制，以共同營造尊重人性尊嚴、維護與保障基本人權的校園環境。然而，如何避免不當對待、侵犯人權，形塑整體的人權校園環境？除了必要的法令規範外，需要更明確、具體的措施以及持續檢核與改進的機制；雖然可能超出課程綱要的範疇，卻是推動人權教育以及落實人權議題融入課程的重要關鍵。

三、從重大議題到議題融入課程——更艱鉅的挑戰

早在九年一貫課程實施時期，人權教育雖納入重大議題之列，卻無固定

教學時數，而是採取融入各學習領域課程的方式實施，無可諱言，就是象徵性的政策宣示大於實質意義；另行公布重大議題課程綱要，雖然確立人權教育議題的重要性及獨立課程架構的主體性，卻也是各方勢力競逐的妥協結果。實際分析九年一貫各學習領域教科書，不難發現人權教育融入各學習領域多半僅具形式。例如，重大議題融入課程因欠缺教科書評鑑規準及審查規範，教科書編輯大多僅依審查形式要件，在教學計畫備註欄列出人權教育的能力指標，卻未能將人權教育能力指標意涵和核心主題，確實融入學習領域課程設計與教學活動實施。此外，黃嘉雄與黃永和（2011）針對九年一貫相關研究顯示，議題融入式課程實施常出現零散、缺漏或重複，欠缺完整性與系統性等缺失。其實，這項研究結果並不令人意外，不過是反映以學科教學為主，考試領導教學的壓力，時間及資源不足等教學現況下，實施議題融入課程的實際困難。

　　相對之下，十二年國教課綱標榜「議題融入」為重要特色，期待各領域／科目適切融入議題教育，發揮統整課程的功能，並加深加廣，豐富領域／科目之學習，促進素養導向課程落實。藉由議題「……可以彼此連結，俾利各教育階段間的連貫，以及各領域／科目間的統整，解決學習零碎與生活脫節等課程缺失」（國家教育研究院，2017：9）。如此強調議題融入的關鍵地位，似乎比九年一貫課程重大議題的論述更顯重要。然而，若以數量來看，從九年一貫課程七項重大議題到十二年國教增為十九項議題，已大量擠壓人權教育議題融入課程可運用的時間及資源，更何況人權議題並沒有固定教學時數的規範。其次，從課程架構來看，九年一貫課程人權教育重大議題列有完整、獨立的課綱內容，在新課綱中僅以各《領綱》的附錄方式呈現，以《議題手冊》為《領綱》附錄的補充文本，並無另設獨立的課程綱要，提供課程設計、教材編審與教學實施之參考。也就是說，十二年國教課綱所強調的議題融入課程，其實只有參考性質，並無實質規範、強制性。雖然，依據《議題手冊》，人權教育議題係延續九年一貫重大議題課程，配合十二年國教以素養導向規劃融入課程，可透過各種多元方式規劃實施；但在欠缺獨立的課程架構、議題數量暴增的限制下，時間及資源比九年一貫實施重大議題更容易遭到稀釋、限縮。十二年國

教課綱人權教育議題融入如何避免「消融不見」？實際上，面臨更艱鉅的挑戰。

　　綜合本節對於《議題手冊》所列議題融入課程之解析，以及檢視人權教育議題融入課程相關內涵，可知十二年國教課綱強調議題對於統整各學習領域、連貫各階段以及連結日常生活的關鍵地位。然而，《議題手冊》多係概念、原則性的說明與建議，所列人權議題核心素養、學習目標、學習主題與實質內涵之間，欠缺環環相扣的連結與對應，難以確保學習內容是否能達成學習目標及培育核心素養。況且，《議題手冊》僅說明人權教育議題概念與內涵，雖列舉融入課程類型及融入領域／科目建議，卻仍是原則性、抽象敘述，缺乏人權議題各階段學習內涵融入各領域／科目學習重點之連結，示例篇雖列舉三篇人權教育融入教學示例，也不足以作為適切教學的參考。整體而言，《議題手冊》所提供的資訊，無法清楚勾勒人權教育議題融入課程的架構，而難以指引融入課程設計與教學實踐。在無教學時數規範及強制性的侷限下，如何具體落實人權教育議題融入課程？絕非以「學校本位」發展或教師「專業自主」規劃為由，便宜行事即可達成。

肆、人權教育議題融入正式課程與教學 ── 教什麼？如何教？

　　依據筆者過去推動九年一貫課程人權教育的經驗，教學現場教師對於議題融入課程與教學往往視為畏途。除了面臨人權議題蘊含的價值體系可能帶來的衝擊與挑戰，以及學校制度、結構因素的限制外，[16]教師更要面對領域／科

---

[16] 有關教師實施人權教育影響因素的相關研究，可參考筆者（2005），人權教育師資培育工作之推動與困境。人權的普世價值常被簡化批評為西方中心、自由主義所主導的價值系統，受到所謂「亞洲價值」的挑戰；學校教師也常有：「只重學生的人權，那老師的人權呢？」的質疑。可想而知，教師如果欠缺權利意識、人權價值和信念，如何願意去教？何況人權教育並非僅止於知識的傳遞，更重要的是，態度和價值的培養以及維護、保障權利的行動力。

目既有的教學進度、時間壓縮，以及發展融入課程與教學所需要專業知能的挑戰，包括：從理念課程到實際的課程與教學設計，解讀、轉化概念與教學歷程等繁複的流程以及跨領域團隊合作的困難。相較於各領域／科目大多編有教科書及教學指引等套裝教材，教師大致「照本宣科」即可勝任；人權議題則多仰賴教師自編教材、延伸或補充領域／科目教科書內容。因此，教師既需要有清楚的權利意識，敏感覺察相關的人權議題，且能掌握人權議題與融入領域／科目的相互關聯，才可能將人權教育適切地融入課程與教學。可以想見，教師不僅須兼具人權與領域／科目的專業能力以及教學自主的空間，還須承擔在人權議題融入課程與教學實踐歷程中，可能遭遇的各種壓力及挑戰。

　　有鑑於此，本節針對人權議題融入課程轉化流程、確立融入課程整體架構及融入課程與教學示例等方面加以解析並提出建議，以供實際教學之參考。期望藉此減輕教師的教學壓力及負擔，提升教學意願，使得人權議題「融入」課程不致「消融不見」；更期待教師從理解「教什麼」、「如何教」為出發點，進一步突破一般教學所強調的明確流程、教學步驟和效率導向的技術層面，營造尊重人性尊嚴的教學環境，建立教學相長的學習社群，師生一同感受「增能賦權」的力量，堅定「為何而教」的信念。

一、人權議題融入課程轉化流程

　　國家課程綱要作為課程規劃及實施的最高指引係屬理念課程，《總綱》、《領綱》及《議題手冊》等文件內容，皆屬「應然」的理念層面，必須經由解讀、轉化過程，才可能發展為實際運作的課程與教學。如前所述，議題融入課程可在正式或非正式課程規劃，採取多元多樣的方式進行；以融入正式課程而言，則涉及議題「實質內涵」與領域／科目的「學習重點」，進行連結、延伸、統整與轉化的歷程。也就是說，在領域／科目「學習重點」與議題「實質內涵」之間找出相近的概念、內容，進行兩者之連結或意義之延伸，並進一步統整，促進更深度的學習。由此可知，議題融入課程較為複雜，發展人權議題融入課程與教學活動設計，不僅需要掌握人權教育議題的學習目標、學習主題

及實質內涵，還需探究可以融入領域／科目相對應的學習重點，並連結、統整領域／科目與議題兩者之間共通、相關的部分，才能設計適當的課程與教學活動。人權議題融入課程與教學活動設計之解析、轉化流程，如圖7-2所示。

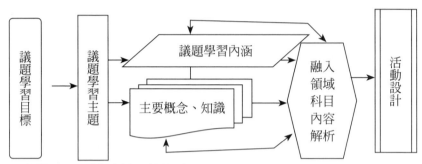

圖7-2　議題融入領域／科目轉化流程
資料來源：國家教育研究院（2017：20）。

　　由於學校正式課程領域／科目眾多，且升學考科往往主導教學內容，人權議題在無固定教學時數下，可說是處於「粥少僧多」、「無關升學」等不利條件，融入課程與教學實施的可能性微乎其微。具體而言，如果要落實人權教育，必須在國家課程的層級，確立人權教育議題融入各領域／科目課程的整體架構，以降低解讀、轉化流程的繁瑣與困難度，協助教師清楚掌握人權融入各領域／學科課程的學習內容，才有實際在課堂教學的可能性。

二、確立人權教育議題融入課程整體架構

　　有關《總綱》規範人權教育議題融入課程相關的參考文件，包括：《議題手冊》、各《領綱》附錄二以及《課程手冊》三份。茲分別評述如下：

（一）《議題手冊》

　　對於人權教育議題融入領域／科目的建議內容，包括：「生活課程、綜合活動、社會、健康與體育、語文、藝術及全民國防教育等人文社會領域，因涉及人際互動之相互對待面向，可直接連結領域之相關內容來融入。數學、

自然科學、科技等領域，雖然學科知識本身較無法直接有所連結，惟可在學科知識之生活應用等面向，亦可產生人權相關之議題……」（國家教育研究院，2019：42）。同時，列舉人權議題可融入各領域／科目的相關主題。例如，人權議題適合融入的社會領域，包括：國小階段「互動與關聯」主題的「權力、規則與人權」、「全球關聯」項目；「差異與多元」、「變遷與因果」、「選擇與責任」等主題。國中、高中階段歷史「日本帝國的統治」、「當代台灣」、「現代化的歷程」等主題；地理「地理視野」主題的「全球化」項目等；公民與社會「公民身分與組織與制度」主題的「憲法與人權保障」項目、「民主社會的理想與現實」主題的「公平正義」、「多元文化」、「全球關聯」等項目（國家教育研究院，2019：42-43）。乍看之下，不論直接相關或連結生活，所有領域／科目皆可融入，但是，《議題手冊》所列舉的都是抽象、籠統的主題，並未具體說明人權議題各教育階段的學習主題和實質內涵如何融入、對應各領域／科目的「學習重點」，更未檢視領域／科目課程是否適切融入人權議題，以及如何達成相關的學習目標及核心素養。

（二）各《領綱》附錄二

　　依《總綱》「實施要點」規定，各領域課程綱要融入議題列於附錄二，其內容除前言及重複《議題手冊》所列人權議題的學習目標、學習主題與實質內涵之外，並列舉融入領域課程綱要「學習重點」的對應示例；然而，實際檢視示例，可發現以下幾點疑慮，恐影響人權教育議題融入課程整體架構之確立：

1. 各領域／科目性質不同，所列舉示例雖不一定要完全涵蓋人權教育議題六項學習主題及37條實質內涵，但是，選取的標準為何？是否適切？例如，《議題手冊》建議可直接連結、融入的領域，包括：生活課程、綜合活動、社會、健康與體育、藝術及全民國防教育等，均列出人權教育議題六項學習主題，但是國語文僅列五項；而較無直接相關的領域，如自然科學列有三項，數學領域則僅列一項。無論直接相關與否，各領域課程綱要如何選取適切的人權議題學習主題及實質內涵？似乎只憑主觀認定，沒有任何依據、檢證的

標準可資說明。

2. 有些領域所列舉的「學習重點」與人權議題「實質內涵」之間的關聯性不高，似乎只是理所當然的「套入」而非「融入」；有些連結、對應也不是一目瞭然、清楚易懂，若無進一步解說及選取的理由，不僅難以釋疑，更令人無所適從，而影響示例作爲教材編選與教學實施之參考價值。例如：社會領域課程綱要之示例，小學階段選取人權議題實質內涵「人E1認識人權是與生俱有的、普遍的、不容剝奪的」，建議融入的學習重點則有「2b-III-2理解不同文化的特色，欣賞並尊重文化的多樣性」、「Ac-III-1憲法規範人民的基本權利與義務」及「Af-III-1爲了確保基本人權、維護生態環境的永續發展，全球須共同關心許多議題」。此三項社會領域「學習重點」與一項人權議題「實質內涵」之間的關聯性爲何？如何連結、對應？實有必要進一步說明及檢視其適切性。

3. 各《領綱》所列舉融入議題之示例，多以各領域課程規劃邏輯爲主，無法顧及《議題手冊》所列人權教育議題學習主題與實質內涵對照表的結構順序。其次，各《領綱》之間彼此獨立、各自發展，難以統整、確立人權議題融入各領域的整體架構。此外，有些領域課程在國、高中階段又可能分出不同科目，領域／科目「學習重點」與人權議題「實質內涵」之對應，則更顯混亂、龐雜。如何確認各領域融入議題之適切性？如何轉化爲課程設計與教學？都值得進一步思考。

（三）《課程手冊》

　　各領域《課程手冊》係因應教材編選、課程規劃與教學實施所需，列有領域「學習重點」解析及素養導向教學與教材編寫原則。《課程手冊》列出議題融入說明專章，以各領域課程綱要「附錄二」爲基礎，包括：融入議題之選擇、做法及示例，內容與《議題手冊》或有重疊或加以補充。然而，議題融入之示例說明僅擇取部分學習主題，未能呼應《議題手冊》及各《領綱》附錄二所列舉議題實質內涵融入領域學習重點的對應示例，而顯得支離破碎，難以勾

勒人權議題融入各領域課程的全貌。茲以人權議題融入社會領域爲例，提出以下列缺失：

1. 學習主題例舉不足：僅列舉人權議題「人權違反與救濟」一項學習主題，作爲各學習階段融入社會領域課程學習重點之示例說明，各《領綱》附錄二所列其他適合融入的學習主題與實質內涵皆未納入，似乎期待課程設計者、教學者可以「舉一反三」，卻忽視《課程手冊》作爲課程規劃與教學實施的指引、參考功能。若無法清楚掌握學習內涵，如何順利進行人權議題融入課程的解讀、轉化流程及實際教學？

2. 學習重點不一致：「人權違反與救濟」融入社會領域課程學習重點，國小階段分別列出相關的學習表現與學習內容，國、高中階段則僅列學習內容。然而，國小階段並未將「學習內容」與「學習表現」結合，如同領域／科目課程將兩者交織、對應組成「學習重點」的雙向矩陣。一方面，顯示人權議題的「實質內涵」與領域／科目課程「學習重點」名稱的不一致，可能導致人權議題與融入領域／科目課程對應的混亂與複雜度。另一方面，則突顯前節所述：新課綱特意將「學習重點」分爲「學習表現」與「學習內容」可能造成實際困擾，再加上人權議題融入課程的「實質內涵」，必然更增添課程與教學設計的困難度。

3. 學習階段劃分不當：「人權違反與救濟」學習主題在國小階段的實質內涵爲「E7認識生活中不公平、不合理、違反規則和健康受到傷害等經驗，並知道如何尋求救助的管道」一項；相對應融入社會領域課程學習重點，國小階段包括：（1）學習表現「結合實作及參與」的「a問題發現」與「d規劃執行」兩個項目，卻分屬第三學習階段（3a-III-1）及第二學習階段（3d-II-1）。（2）學習內容「互動與關聯」主題軸的「權力、規則與人權」項目，則屬於第二學習階段（Ac-II-2）。然而，「a問題發現」屬國小高年級（第三學習階段），「d規劃執行」則是中年級（第二學習階段）的學習表現，似乎有違一般經驗法則：先「問題發現」，再提出解決方案、「規劃執行」，並進一步檢視問題是否獲得解決。值得注意的是，學習表現必須結合

學習內容才得以具體展現與評估，而不同的學習表現可能具有相互關聯、交互作用及連續性，不應受到學習階段的區分而造成分割、斷裂。[17]此外，人權議題的學習階段僅劃分為國小、國中及高中三階段，不同於領域／科目課程的五階段，是否因學習階段劃分不一，而增添議題融入課程規劃與教學實施的難度？

由上述可知，無論《議題手冊》、各《領綱》附錄二或《課程手冊》，有關議題融入課程部分似乎都只是各自表述，內容以抽象原則為主，卻多所重複，缺乏層次清晰、環環相扣的連結與對應，以及條理分明的解說與實際可行的示例。由於議題融入仍以領域課程與教學為主，又因領域課程「學習重點」與人權議題「實質內涵」的不一致以及學習階段劃分的差異，議題「融入」往往遷就領域課程而淪為雜亂無章的「套入」，不僅打亂人權教育議題既有的架構，失去議題的主體性，更難以確立人權議題融入課程架構的系統性與完備性。如此一來，不僅增加人權教育議題融入課程解讀、轉化流程的困難與複雜度，影響教師實施人權議題融入課程與教學的意願；也無從檢證人權議題學習內涵是否已確實融入領域課程，達成所設定的學習目標及核心素養。

為彰顯國家課程綱要指引功能，落實人權教育議題融入各領域／科目課程與教學，筆者建議應確立一個具有系統性與整體性的人權議題融入各領域課程架構。首先，檢視並整合《議題手冊》、各《領綱》附錄二和《課程手冊》三份文件既有內容；全面審視各領域議題融入領域之適切性，以及實際解讀、轉化為課程設計與教學實踐的可行性，去蕪存菁，避免缺漏、零散或重複。其次，以直接相關領域課程為核心，尤其是社會領域；再擴展到連結生活應用的相關領域，以確認人權議題各階段學習主題與學習內涵，皆有適切對應、融入領域／科目課程的學習重點。此外，即使融入領域課程未必涵蓋所有人權議

---

[17] 依據杜威（John Dewey, 1859-1952）的觀點，具有教育意義和價值的經驗須符合連續性原則（the principle of continuity）和交互作用原則（the principle of interaction）（Dewey, 1997: 44-45）。

題學習內涵，也不因遷就所融入的領域課程而錯置紊亂，以確保人權教育各階段學習內涵的邏輯性及主體性，並顧及各學習階段循序漸進的邏輯順序及系統性，確立人權教育議題融入課程的整體架構。換言之，作爲國家層級課程最高指引，人權教育議題融入課程不僅需要議題本身的學習內涵，還必須確立融入各領域課程的完整架構，降低人權議題與各領域課程之間連結、對應的繁瑣，以利後續的解讀與轉化流程，以及發展人權議題融入課程與教學實際運作。

三、人權議題融入領域課程與教學活動示例之評析

　　依據《議題手冊》示例篇所述，[18] 議題融入式課程示例內容，分爲文字描述及表格呈現兩大部分。文字描述包括：設計構想、主要內容、實施與評量以及試教省思等四項；表格呈現教學示例內容，主要涵蓋：（一）主題／單元名稱；（二）實施年級；（三）節數；（四）課程類型；（五）課程實施時間；（六）總綱核心素養；（七）領域之核心素養與學習重點；（八）議題之核心素養與學習主題、實質內涵；（九）學習目標；（十）教學資源；（十一）學習活動設計等元素（國家教育研究院，2019：119）。示例篇提供人權教育議題融入正式課程三份教學設計，示例構想大致揭示相關的人權議題學習內涵，多以生活經驗出發，重視師生互動溝通，強調學生參與的學習過程及具體行動，注重「尊重」、「平等」、「公平」等概念的學習。然而，示例內容也反映出人權議題融入課程與教學設計的普遍缺失，茲提出五點具體建議，以供改進參考。

（一）適切列舉核心素養、學習重點及學習內涵項目，避免徒具形式

　　教學示例列出總綱核心素養、領域核心素養與學習重點及議題核心素養、學習主題、實質內涵等元素，卻呈現項目選取過多、欠缺對應與適切性、難以連結學習目標及學習活動設計等缺失。例如：國小階段〈創造美好公平的遊樂

---

[18] 本節討論以《議題手冊》示例篇所提供的文字說明及人權教育議題融入式課程示例爲主，有關議題融入式課程請參考《議題手冊》（國家教育研究院，2019：117-281）。

場〉係以人權議題融入健康與體育、生活課程兩個領域的主題式課程（國家教育研究院，2019：216-226）。教學示例表格列出總綱核心素養：A2系統思考與解決問題、B1符號運用與溝通表達及C1道德實踐與公民意識，多達三個項目；然而，所列的人權議題核心素養是「人A1、人B1及人C1」，「總綱A2」無法對應「人A1」；其次，雖列出生活課程領域核心素養，卻未列健康與體育領域核心素養。此外，教學示例雖規劃四單元八節課的「主題式」課程，實際僅呈現單元一「生活中的公平」兩節課的教學活動，只能稱為融入式課程示例，不應混淆為「主題式」課程。在有限的兩節課時間，議題部分選取「人權的基本概念」、「人權與責任」二個學習主題，以及學習內涵「人E1認識人權是與生俱有的、普遍的、不容剝奪的」、「人E2關心周遭不公平的事件，並提出改善的想法」；融入領域課程則列出生活課程學習內容「生E生活規範的實踐與省思」和學習表現「生6-I-3覺察生活中的規範與禮儀，探究其存在的意義，並願意遵守」，卻未列健體課程的學習內容，只列學習表現「健2c-I-1表現尊重的團體互動行為」。教學示例的文字描述部分，也沒有說明議題學習主題與內涵如何對應領域的學習表現和學習內容？又如何統整、轉化為示例所列的學習目標？

　　由此可知，若未能參照圖7-2議題融入課程與教學設計之解析、轉化流程，連結、統整領域與議題兩者之間共通的部分，即使列出核心素養、學習重點及學習內涵等項目，只不過徒具形式，沒有實質的意義；同時，也印證前述確立人權教育議題融入課程整體架構的必要性，以降低議題與各領域課程之間連結、對應的繁瑣，避免雜亂無章、選取偏失，有助於後續的解讀與轉化流程，發展適切的學習目標及學習活動。

（二）學習活動應具權利意識，以引導人權行動

　　《議題手冊》提供的三篇示例，雖分屬國小、國中及高中學習階段，教學內容卻一再重複「尊重」、「平等」、「公平」等概念，既無法涵蓋不同的學習主題，又未能考量學習階段不同的學生經驗，掌握縱向銜接及橫向課程統

整，發展加深加廣的學習活動。例如：國小階段〈創造美好公平的遊樂場〉學習目標列為「能透過校內遊戲器材使用認識公平的概念」、國中階段〈拄枴杖的小男孩〉學習目標為「能夠瞭解平等、正義的原則；學會尊重包容差異」、高中階段〈生涯角色〉亦強調「覺察生涯角色中的差異與偏見」、「自尊尊人，避免歧視行為」。

　　雖然「尊重」、「平等」等概念是培養人權價值的核心，但人權教育不僅是觀念、態度的學習，更重要的是「增能賦權」，啟迪學習者的權利意識，激發具有社會改革的行動力，捍衛基本人權。如果教學設計不具權利意識，則容易混淆為「好人好事」的良善德行，或偏重個人的責任，忽略社會、國家對人權保障應有的角色。況且，在有限的教學時間一再重複類似概念，不僅排擠其他重要的學習內涵，更無法彰顯人權教育對抗人權侵害、國家迫害的重要性，以及爭取、維護與保障人權的行動力。[19]例如：高中階段〈生涯角色〉示例的討論問題「發現周遭人的處境處於不利或被歧視的時候，你能做哪些事情改變或幫助他？」在國中及國小階段也有類似的提問，除未考量學習階段的差異之外，也多偏向個人的協助而忽視國家的義務和責任，欠缺具有權利意識的問題討論，不足以引導捍衛人權的行動力。

（三）重視人權侵害對理解人權的必要性

　　三篇教學示例雖以學生生活經驗引發學習動機，卻少有突顯社會問題或國家對人權保障的不足，例如：國中階段〈拄枴杖的小男孩〉運用閱讀理解策略，透過提問，引導學生覺察生活經驗中身心障礙者的不利處境，學習活動設計正如前述不斷重複「平等」、「尊重包容差異」的概念，卻未能以國中生的程度探究對身障者不利的社會結構因素、法律保障的基本權利以及政府的責任；僅以《世界人權宣言》勾選單的形式化活動，以及類似「身邊有哪些人的

19　相關討論請參考李仰桓（2018：54-55）或本書第八章，第132-133頁，他認為十二年國教的人權教育，較著重「正面」的概念，例如「尊重」、「包容」、「平等」、「公平」等，較少提供造成人權侵犯的國家暴力、各種型態的歧視以及道德排除等「負面」的概念或現象。

人權遭受侵害？我們可以採取什麼行動來幫助他們？」的空泛討論，何以改善身心障礙者的不利處境，落實基本人權的保障？

實際上，「人權」（human rights）往往必須由其對立面的「人害」（human wrongs）來定義，亦即，從反對「非人」對待、剝奪人性尊嚴的人權侵犯更能理解人權的重要性；這也是《議題手冊》將「人權違反與救濟」列入學習主題的理由（國家教育研究院，2019：38）。雖然，三篇教學示例均未選取該項學習主題及相關學習內涵，但實際涉及「人權侵害」的學習活動，卻往往「輕描淡寫」，忽視人權侵害對人權教育的重要性；或是「捨近求遠」，未能引導學生檢視生活周遭發生人權侵害的問題，反而以遠方的人權迫害事件為例。如此一來，反而塑造出人權問題只發生在遙遠、落後國度的偏誤、「事不關己」的漠視，不僅忽略生活中人權侵害的覺察與辨識，甚至引發「高人一等」的優越感，產生不自覺的偏見與歧視。例如，國小階段〈創造美好公平的遊樂場〉學習活動設計是以校內遊樂場和班級的不公平事件為主，原本可順勢引導學生理解基本需求被剝奪的不公平，卻以戰爭下的童兵、貧困地區的童工照片為例，不僅脫離學生的日常經驗，難以理解、同理那些地區兒童的困境，又要學生想像「可以做些什麼？讓世界重視這問題，讓世界更美好」；最終，則以小組完成宣傳小海報的活動作結，不免讓學生養成「完成作業」的心態，只是「虛晃一招」的行動。

自九年一貫課程以來，人權教學活動設計大多欠缺學生自發的人權行動，或許是文化因素使然，學習活動設計多強調良善德行、偏重個人責任，或是不具權利意識的「行動」。在既定的教學程序及時間限制下，學生自主空間受到限縮，自然難以引發維護基本人權的行動力，改變人權侵犯的不利處境。因此，教學設計應避免教師掌控教學流程的過度僵化、缺乏實質意義的形式化活動，以引導學生成為學習活動的主體；善用衝突情境培養學生覺察、分析與思辨的能力，檢視生活周遭涉及權利衝突、違反人性尊嚴與基本人權的問題，從而能採取行動，解決問題，避免「無論如何努力，都不可能改變世界」的消極想法，讓學習者理解個人、家庭、社會或國家，都有維護、保障人權的角色與

行動，採取「有所不同」積極改變的人權行動。

（四）彰顯國際人權標準對人權保障的意義

　　《世界人權宣言》與《兒童權利公約》等國際人權標準係國際社會遵循的規準，以檢視、評估人權問題及其嚴重性，不僅可超越國家既有法律的限制，防止國家暴力對人權的迫害，更可彰顯人權的普世價值以及對人權保障的意義。因此，在九年一貫課程規劃之初，即採取Betty Reardon（1995）對實施人權教育的建議，將國際人權規準納入人權教育的主要學習內容，包括：《世界人權宣言》及《兒童權利公約》等，希望藉由人權歷史及人物的介紹，理解人權是經人類爭取、奮鬥而不斷發展的概念，並瞭解人權與生活的關係，[20]而不是生硬冰冷的法律規章。基本上，十二年國教人權教育議題是延續九年一貫課程架構及內涵，《議題手冊》所列有關國際人權規準的學習內容，主要在「人權基本概念」及「人權重要主題」兩項學習主題，實質內涵在小學階段主要有「瞭解兒童權利宣言的內涵及兒童權利公約對兒童基本需求的維護與支持」、國中以「瞭解世界人權宣言對人權的維護與保障」為主，高中則以「認識聯合國的各種重要國際人權公約」為核心。

　　雖然，《世界人權宣言》及《兒童權利公約》等國際人權標準皆已列入各階段學習內涵，但是，從教學示例來看，卻有選用適切性、學習活動不足及評量失當等缺失，似乎只將國際人權規準視為附屬性質，難以彰顯其重要性。例如：國小階段〈創造美好公平的遊樂場〉教學設計偏重認識「公平」的概念，並沒有針對設計理念所提及的《兒童權利公約》發展學習活動，也無法對應所選取的實質內涵「人E1認識人權是與生俱有的、普遍的、不容剝奪的」；高中〈生涯角色〉也有類似的問題，學習活動設計重點僅是認識多元的生涯角色並尊重角色的選擇，卻未能引介生涯角色相關的「工作權」，也沒有連結教學示例所列實質內涵的「文化權」及學習目標的「選擇權」。此外，國中階段

---

[20] 詳細內容可參見《國民中小學九年一貫課程綱要重大議題（人權教育）》https://cirn.moe.edu.tw/Upload/file/863/67413.pdf。

〈拄柺杖的小男孩〉從標題即可看出文章涉及身心障礙者的處遇，由於這是人權議題融入國語文領域的教學示例，整個教學流程多半遵循閱讀理解策略的步驟，包括：擷取訊息、推論訊息、比較評估及詮釋整合；因此，雖有一節課的人權議題融入教學設計，卻只是配合提問討論，引導公平原則、尊重包容等概念學習及關懷弱勢的善行，多半是欠缺人權意識的學習活動。雖然，針對文章主角的基本權利保障，設計《世界人權宣言》勾選單，卻只是讓學生簡單勾選的形式化活動，未能設計相對應的學習活動及評量，並引介與文本最相關的《身心障礙者權利公約》。[21] 如此稀釋、忽略人權國際標準的教學示例，如何引導學生理解人權的普世價值、彰顯人權保障的意義？

（五）以學習者為中心，落實表達意見的權利

教學是教導與學習並重的互動歷程，教師是學習歷程的主要引導者，但是，學生才是學習的主體。以學習者為中心的學習活動，不僅只是教育理念的表述、活動設計的原則，更是落實《兒童權利公約》對兒童表達意見、被聆聽的權利以及學習權的保障。實際上，自1994年「四一○教改」以來，[22] 以「人民為教育權之主體」、保障「學習權」概念，已具體納入《教育基本法》內容，以「學習者為中心」的理念也逐漸影響課程與教學的改革，例如：近年倡議的翻轉學習、學習共同體、差異化教學、問題／專題導向式學習、探究式學習等，皆是以學生為主體的教學革新。以「學習者為中心」並非放任不管，讓學生「自生自滅」，而是翻轉過去「上命下從」充滿階級差異、權力不對等的

21　《身心障礙者權利公約》（The Convention on the Rights of Persons with Disabilities，縮寫為 CRPD）於2006年經由聯合國第61/106號決議通過，並在2008正式生效，希望能夠「促進、保護和確保實現身心障礙者所有人權和基本自由充分、平等享有，並促進對身心障礙者固有尊嚴的尊重。」2014年，立法院通過《身心障礙者權利公約施行法》，正式將CRPD內國法化。

22　「四一○教改」是指1994年4月10日民間教育改革團體發起大遊行活動，針對當時的教育問題提出四項訴求：落實小班小校、廣設高中大學、推動教育現代化及制定《教育基本法》。此次遊行活動被視為台灣民間教改的起點，影響政府部門近二十年多來的教育改革政策，包括：法令、師資、課程與教學、教科書等均產生重大的變革，並引發各界爭議及廣泛討論，至今仍有正反兩極不同的評價。

關係，強調「師生對話」和「專業介入」，建立平等互惠的夥伴關係，發展「師生共學」、教學相長的學習社群。然而，在教學效能、績效導向的學校教育運作下，多數教師仍在「學習者中心」與「學科知識」之間擺盪，實際教學與改革理念仍存有不少落差。

三篇教學示例所設計的學習活動，大致分為教師引言、引導思考以及討論與總結三部分，設計構想大多標舉「經驗、互動、參與、行動」的教學模式，採取溝通互動、分組合作及討論等多樣化的學習活動，鼓勵學生參與討論、表達意見並傾聽對方。整體來說，符合人權議題融入課程以學習者為中心、多元多樣的教學策略。然而，實際檢視示例內容發現，學習活動所列的提問與引導缺乏權利意識；大多針對文本訊息、生活經驗的討論，或僅就教師的提問作答，卻避開日常的衝突、爭議性問題，未能提供相關的學習活動，讓學生理解人權議題所涉及的價值衝突與選擇，學習如何透過民主程序解決問題，以保障基本人權。此外，學習活動在教師主導的成人價值、既定規範的框架下，多傾向尊重、包容等正向價值及「樂善好施」的德行教導，不僅難以培養權利意識運用到真實情境，更無從引發抗拒人權侵害、捍衛人權的行動力。尤其，活動結束前通常以一種給定的價值、知識權威似的陳述作結，既沒有回應學生的多元觀點，落實表達意見的權利，也難以開啓進一步的討論對話、批判反思與社會行動的可能性。如〈拄枴杖的小男孩〉總結所示：「從馬托的際遇和作者的反思，我們應該留意身邊的人是否被公平的對待，且能夠採取行動或倡議人權的保障。正義就是公平，沒有公平對待，往往侵犯他人的尊嚴及人權……」（國家教育研究院，2019：162）。在充滿知識權威、「應然」的教導下，「實然」遁形，不免壓制學生的「眾聲喧嘩」。

伍、結論與建議

自九年一貫課程實施到目前推動的十二年國教課綱，人權教育議題納入國家正式課程已有二十年之久，從初始「先求有」的心態、零散隨機的撒種工

作，發展到從中央到地方教育行政部門設置課程與教學輔導團、中心學校等組織，定期舉辦各項人權教育相關活動，而逐漸朝向建制化、系統化的推動。然而，在學校既定結構與規則，如時間、空間安排、知識分科，乃至於考試、評量等不易改變的教學運作模式，人權教育議題如何融入課程？如何落實在教學現場，而不致「消融不見」，或淪為「上有政策，下有對策」的敷衍、「等因奉此」的應卯？一直都是實施人權教育議題所要面對的難題。尤其，108學年開始實施十二年國教課綱，議題激增至十九項，人權教育議題融入課程所面臨的困難與挑戰更勝於前。

　　筆者認為十二年國教課綱既是國家課程綱領，本應面對課程規劃與教學實踐上的問題，進行滾動式調整與修正，而不是一逕高舉課程理念的正當性。因此，本文從協助學校、教師規劃課程與實施教學的角度出發，以《108課綱》有關人權教育議題融入課程為主要分析架構，並參照過去推動九年一貫人權教育課程的經驗，提出人權教育議題融入課程與教學的可行策略，以期落實十二年國教課綱所揭示人權教育議題的重要意涵。首先，從台灣民主化、國家重要政策或是國際社會的倡議，論述人權教育的重要性；又因其本身強調「人性尊嚴」的核心價值及保障「生而為人」的基本權利，促進人格健全與個人尊嚴的發展，其實就是教育基本目標的體現。換言之，筆者認為不論是否列入國家課程綱要，人權教育即是以維護「人性尊嚴」為主的教育，應是從事教育的工作者謹守「為何而教」的信念。其次，針對課程綱要議題融入相關內容加以檢視，討論課綱轉化為教學實踐可能面臨的問題與侷限。基本上，十二年國教課綱雖然強調議題對於統整各學習領域、連貫各階段以及連結日常生活的重要性，但是，《議題手冊》、各《領綱》附錄二及《課程手冊》三份文件所提供的資訊，難以確立人權教育議題融入課程的整體架構，恐無法達成人權教育目標及課綱所宣示的關鍵地位。為降低人權議題與各領域課程之間連結與對應的混亂、繁瑣，避免支離破碎、重複或缺漏，以發展適切的議題融入課程與學習活動，本文針對人權議題融入課程轉化流程、確立融入課程整體架構及教學示例等方面進行解析，並據以提出建議。尤其，對於三篇示例所反映人權教育教

學活動設計的普遍缺失，提出五點建議，包括：適切列舉核心素養、學習重點及學習內涵項目，避免徒具形式；教學活動應具權利意識引導人權行動；重視人權侵害對理解人權的必要性；彰顯國際人權標準對人權保障的意義；以學習者為中心，落實表達意見的權利。

　　實際上，從教學示例試教的省思可知，即便是試教教師，對於人權教育議題融入課程與教學仍感到專業知能的不足，自省「……本身需要對人權教育的內涵有一定程度的瞭解」，並認為「以協同教學的方式代替單一教師授課」，以免單打獨鬥進行教學的困難（國家教育研究院，2019：179）。以目前既無專責教師之設置，又無固定教學時數，若要求每位教師掌握人權教育融入課程重要內涵，進行課程規劃與教學活動設計，實屬不切實際的期待。如何落實人權議題融入課程與教學？在實務上，主要涉及國家課程指引、課程規劃與實際教學以及教師專業等面向，以下綜合本文對人權議題融入課程與教學的評述，歸納四點具體建議：

一、國家課程規劃單位應針對《議題手冊》、各《領綱》附錄二及《課程手冊》三份文件之間關聯不足之處，加以修正、補充，以確立人權教育議題融入各領域課程架構的系統性與完備性，俾利融入課程解讀、轉化流程及實際課程規劃與教學實施，並提供教科書編輯選材及教科書審查規範之參考，以發揮國家課綱最高指引功能。

二、中央與地方人權教育議題輔導團以及人權教育資源中心或中心學校，可依據人權教育議題融入課程的整體架構，發展各學習階段人權議題融入各領域／科目課程之教學示例、教科書補充教材及各種學習資源，並確保人權教育議題所有學習主題與實質內涵皆有適切的教學示例，避免「融入」淪為「消融不見」。

三、透過教師研習、工作坊等教師專業成長活動，引導學校教師熟悉人權教育議題融入課程架構、學習主題與實質內涵，以及實際轉化課程與教學的流程；並針對既有的教學示例及補充教材，結合學校資源、教師專長及學生需求等，經由備課、觀課及議課的教師協作，不斷精進、發展符合學生需

求、實際可行的教學活動，運用網站、社群媒體等管道共享教學資源，形成教師專業社群。重要的是，藉此培養教師的人權意識，敏感覺察生活周遭的人權議題，參照人權教育議題融入課程架構，選擇適當的學習主題或可行時機，把握隨機教學的原則，將人權議題適切融入學習活動。以「學習者為中心」，尊重學生的學習權、參與及意見表達的權利，採取師生共學、平等互惠、「教學相長」的教學模式，營造開放、支持性的學習環境，導引學生探討人權議題，不僅是知識、技能的學習，更能引發捍衛人權的行動力。

四、避免教學示例成為標準化、例行套裝的教學設計，或「懶人包」式的教學範本。教學示例提供人權議題融入課程與教學的實際範例，有一定的參考價值與推廣效應，但若只是「依樣畫葫蘆」地一再複製，不僅無法因地制宜，符應各校在地化需求；教師也可能「自廢武功」，喪失課程規劃與教學實踐的自主、主體性。實際上，許多網路或實體的教學資源，包括：各領域／科目教科書內容、學校既有的教學活動及各種相關的補充教材等，皆可作為人權議題融入教學的參考，加以適當調整修正、發展為適合學生需求的學習活動。

　　儘管，從九年一貫課程的「重大議題」到十二年國教課綱的「議題融入」的轉變，可能稀釋人權教育的重要性，卻仍是人權議題得以在學校課程實施的立基點。以目前既無人權教育相關立法，又無專門機構負責的困境下，如何在國家課程架構下，將既有資源極大化，以具體落實人權教育？即是本文論述的重點，卻也是限制所在。畢竟，人權教育並非窄化、限縮在學校課程與教學層面，而是關乎價值養成與文化深植的浩大工程。

　　「登高必自卑，行遠必自邇」，教育既是「百年樹人」的大業，自應一步一腳印地「務實」，不應追求「立竿見影」而虛應故事。對於人權教育而言，以「人性尊嚴」為核心的價值，可以超越各種意識形態的歧異與爭鬥，凝聚教育目標的共識基礎；而人權教育議題融入課程與教學是務實的基本工作，教師

則扮演人權教育實踐的重要關鍵角色。以「學習者為中心」，知道教什麼、如何教以及為何而教，形塑師生共學、「教學相長」的學習歷程，就是推動、落實人權教育的活水源頭，現在如此、未來亦如是。

參考文獻

Dewey, J. 1997. *Experience and education.* New York: Free Press.

Osler, A. and Starkey, H. 1996. *Teacher Education and Human Rights*. London: David.

Reardon, Betty A. 1995. *Educating for Human Dignity: Learning about Rights and Responsibilities.* PA: University of Pennsylvania Press.

United Nations. 2012. Human Rights Education in Primary and Secondary School Systems: A Self-assessment Guide for Governments. in https://www.ohchr.org/documents/publications/selfassessmentguideforgovernments.pdf.

李仰桓。2018。〈評論十二年國民基本教育課綱中的人權教育〉。《台灣人權學刊》，第4卷第3期，頁43-63。

國家教育研究院。2014。《十二年國民基本教育課程發展建議書》。https://www.naer.edu.tw/files/15-1000-5619,c1179-1.php?Lang=zh-tw。

──。2017。《十二年國民基本教育課程綱要議題融入說明手冊》。台北：國家教育研究院。

──。2019a。《十二年國民基本教育課程綱要議題融入說明手冊》。https://www.naer.edu.tw/ezfiles/0/1000/img/67/39258456.pdf。

──。2019b。《十二年國民基本教育課程綱要社會領域課程手冊》。https://www.naer.edu.tw/ezfiles/0/1000/img/67/230398888.pdf。

教育部。2014。《十二年國民基本教育課程綱要總綱》。台北：教育部。

──。2018。《十二年國民基本教育課程綱要社會領域》。https://cirn.moe.edu.tw/Upload/file/27799/68319.pdf。

湯梅英。2002。〈融入或消失？談九年一貫課程中人權教育的課程與教學〉。《師友月刊》，第420期，頁17-21。

──。2005。〈人權教育師資培育工作之推動與困境〉。《台北市立師範學院學報》，第36卷第1期，頁1-18。

　　　。2009。〈台灣人權教育發展的文化探究：從特殊性到普世價值的實踐〉。《教育學報》，第37卷第1-2期，頁29-56。

　　　。2010。〈九年一貫課程人權教育議題教學活動之發展歷程〉。《新竹縣教育研究集刊》，第10期，頁1-8。

　　　。2016。〈人權教育在台灣民主化歷程的發展與省思〉。《市北教育學刊》，第55期，頁1-22。

黃嘉雄、黃永和。2011。〈新興及重大議題課程發展方向之研究 ── 整合型計畫〉。教育部國家教育研究專題研究成果報告（編號：NAER-97-05-A-2-06-00-2-25），未出版。

蔡清田。2014。《國民核心素養：十二年國教課程改革的DNA》。台北：高等教育。

李仰桓

壹、前言

　　每個人都有權利知道自己擁有哪些基本人權。聯合國在《聯合國人權教育與培訓宣言》中強調，接受人權教育本身就是一項基本人權，[1]因此，推動人權教育是國家的義務，國家及政府相關部門對於人權教育與培訓的發展、實施負有主要的責任。[2]基於這樣的認識，檢視政府所規劃與實施的人權教育，實屬必要。本文寫作之時，台灣的國民教育正處於由九年一貫時期轉換到十二年國民基本教育（以下簡稱「十二年國教」）的過渡階段，關心教育的人士無不投注心力於十二年國教的觀察與評論。值此轉型階段，我也試圖就十二年國教中的人權教育提出一些評論，以期對台灣的教育改革略盡棉薄之力。

　　教育部於2014年11月28日發布《十二年國民基本教育課程綱要總綱》，其中規定領域課程設計應適切融入包括「人權」在內的十九項議題。[3]其後，負責研發十二年國教的國家教育研究院於2017年發表《議題融入說明手冊》（以下簡稱《議題手冊》），說明如何將包括人權教育在內的各項議題融入各領域的教學當中。欲評論十二年國教所規劃的人權教育，《議題手冊》應該是個適

---

*　本文原載於《台灣人權學刊》，第4卷第3期，2018年6月。

1　《聯合國人權教育與培訓宣言》（*United Nations Declaration on Human Rights Education and Training*, A/RES/66/137, 19 December 2011）第1條：「人人有權瞭解、尋求和得到所有人權和基本自由方面的資訊，並可獲得人權教育和培訓」。

2　《聯合國人權教育與培訓宣言》第7條：「國家以及適當情況下的政府相關主管部門負有促進和確保人權教育和培訓並本著參與、包容和負責的精神加以發展和實施的主要責任」。

3　這19項議題分別是：性別平等、人權、環境、海洋、品德、生命、法治、科技、資訊、能源、安全、防災、家庭教育、生涯規劃、多元文化、閱讀素養、戶外教育、國際教育、原住民族教育等（教育部，2014：31）。

切的起點。

　　本文的評論集中在十二年國教《議題手冊》中所規劃的人權教育，想要處理的問題是：十二年國教所設想的人權教育是什麼？這樣的人權教育能否教導學生確立人權的價值、辨識對人權的侵害，並培養捍衛人權所需的知識與能力？

　　而在評論之前，本文將先介紹評論時所參照的聯合國人權教育思想。自從《世界人權宣言》揭示人權教育的重要性後，[4]經過多年經營，人權教育在國際間已逐漸成為一個研究的領域（Parish, 2015）；而在性質與內容上，也愈見分歧與多元。[5]然而囿於能力，本文在評論時並不援引各家學說的理論，而是以聯合國這些年發展出來的人權教育思想作為依據。之所以選擇聯合國的思想，主要有幾點考量：

一、十二年國教所規劃的人權教育雖未直接援引聯合國的相關文件，但在精神　　上與聯合國的人權教育思想有若干契合之處。以聯合國思想為基礎評論　　十二年國教，較有可能奠基在共同的理念基礎。

二、如前所述，自從1948年公布《世界人權宣言》以來，聯合國便致力於推動　　人權教育，迄今已發展出完整的架構，在理念的說明上也趨於成熟，可協　　助我們關照人權教育不同的面向。

三、聯合國設定各國政府負有推動人權教育的義務，在規劃上也以政府為主要　　對象，符合本文評論的目的。

　　基於以上的想法，本文除前言外，包括以下幾個部分：一、聯合國人權教育思想簡介；二、十二年國教所規劃的人權教育；三、對十二年國教中人權教

---

[4]　《世界人權宣言》（1948）前言：「……大會發布這一世界人權宣言，作為所有人民和所有國家努力實現的共同標準，以期每一個人和社會機構經常銘念本宣言，努力通過教誨和教育促進對權利和自由的尊重」。

[5]　人權教育學者Monisha Bajaj（2011）認為，當前國際社會發展出來的人權教育，至少包括了三種模式：1. 以全球公民教育為目標的人權教育（human rights education for global citizenship）；2. 以和平共處為目標的人權教育（human rights education for coexistence）；3. 以帶動改造行動為目標的人權教育（human rights education for transformative action）。

育的評論；四、本文的結論。要說明的是，本文寫作之時，十二年國教的新課
綱尚未正式實施，《議題手冊》也還未定稿，因此這篇評論最主要的目的，是
希望在十二年國教課綱上路之前提出一些建議，以作爲修訂時參考。

貳、聯合國人權教育簡介

聯合國於1948年通過《世界人權宣言》之後，便積極推動人權教育，其
理念在多份重要的文件中做了完整的闡釋，包括與1994年通過的「聯合國人
權教育十年」（United Nations Decade for Human Rights Education, 1994-2005）
相關的諸多文件（United Nations, 1996）、2011年的《聯合國人權教育與培訓
宣言》，以及「人權教育十年」結束後，於2005年接續提出的三階段「世界
人權教育方案」（World Programme for Human Rights Education）之相關文件
（United Nations, 2005; 2012b; 2014）。在「世界人權教育方案」當中，聯合國
指出：

> 「我們可以將人權教育界定爲一種教育、培訓與資訊的傳達，其目的在於
> 建立普世的人權文化。完整的人權教育不僅提供有關人權及其保障機制的
> 相關知識，也需傳授在日常生活中推動、捍衛與適用人權所需的技能。」
> （United Nations, 2012b: 2）

由此可知，人權教育的精神在於個人權利的保障。爲了促進個人權利的
保障，人權教育不以知識的傳授爲滿足，還進一步要求將知識轉化成行動的
能力。因此，聯合國十分強調人權教育是一種「以權利爲取向」（rights-based
approach）的教育（United Nations, 2012b: 4）。所謂「以權利爲取向」的教
育包含兩個層面的教學與實踐：第一個層面是「以教育促進人權」（human
rights through education），確保教育中的所有內容與過程都有助於學習人權；
第二個層面則是「教育中的人權」（human rights in education），即確保教育
社群中所有成員的人權都獲得尊重（United Nations, 2012b: 20）。因此，人權

教育的目標不僅指向個人的價值與觀念，也帶有濃厚的社會改革企圖：「在長期上避免人權侵害與暴力衝突，推動平等與永續發展，以及在民主體制內強化決策過程中的參與等方面，人權教育將做出貢獻」（United Nations, 2012b: 12）。

在這樣的精神下，人權教育和培訓的具體內容，應包含以下三個方面：

一、開展人權方面的教育，包括介紹和講解人權規範和原則、其所依據的基本價值以及其保護機制。

二、借助人權開展教育，包括採用尊重施教者和學習者雙方權利的教學方法。

三、為人權而開展教育，包括使人們具備享受和行使自身權利並尊重和維護他人權利的能力（聯合國大會，2012：§2）。

從這三項內容可知，人權教育不僅是教育的一個部分，其本身更有助於教育的完善與發展：

> 「人權教育促使教育系統得以實現其基本目標，包括促進人格的發展與提升人性的尊嚴，加強對人權的尊重，並為所有人帶來優質的教育。所以，在學校系統中，人權教育是受教權的一個重要部分。在此意義上，人權教育有助於改善教育系統整體的效能；而教育效能的提升，又可促進國家在經濟、社會與政治方面的發展。」（United Nations, 2012a: 1）

根據這樣的願景，人權教育不僅僅是一項教學的議題或領域，更提供新的視野，引領教育改革的開展。台灣政府對人權教育的想像，顯然過於狹隘了。

參、十二年國教所規劃的人權教育

在進入評論之前，本文應先介紹並說明十二年國教中的人權教育包括了哪些內容，又以什麼樣的方式教導給學生。為了討論的方便起見，我想先介紹十二年國教實施人權教育的方法，然後再轉而說明實施架構中所涉及的內涵。

一、實施方法

　　十二年國教延續了九年一貫時期的觀點，將人權教育定位在「議題」，而不是「領域」。所謂的「領域」，比較接近以往「學科」的概念，但會容納好幾個學科。[6] 每個領域都有自己的課綱，說明從小學一年級到高中三年級各個學習階段的教學進度與課程綱要。「議題」則沒有課綱，而是要「融入」到各個領域的課綱以及老師的教學之中。也就是說，我們會在學校的課表上看到「國語」或「數學」課，有針對這些學科編寫的教科書，也會有「國語老師」或「數學老師」，但是，我們不會有「人權課」、「人權課本」、或者是「人權老師」。人權教育的實施必須依賴國語老師（或是數學老師）在上課時討論人權議題，抑或國語課本（或是數學課本）在教科書的內容當中帶進人權議題。

　　《議題手冊》中提到，議題教育是「學生統合各領域教育內容，以及應用各領域所學的重要樞紐」（國家教育研究院，2017a：2），顯然肩負著統整領域教學的功能，在十二年國教中應具有關鍵地位。然而，令人憂慮的是，議題雖融入到課本與教學當中，但是否融入高中與大學的入學測驗中，尚未可知。可以想見，在升學主義仍主導一切的台灣教育中，「議題」先天上就處於弱勢地位，難以在教學現場受到重視。[7]

　　十二年國教透過兩個途徑將人權教育融入各個領域的教學當中。第一個途徑是提出《議題手冊》。編輯《議題手冊》的目的，就在於說明十九項議題的內涵與學習主題。這份手冊的「5.2人權教育」一節，說明了人權教育的基本理念、學習目標、欲培養的核心素養、學習主題與實質內涵等；最後則提供三個教學示例，示範如何將學習主題與實質內涵轉化為具體的教案。

---

[6] 例如在國中及高中階段，社會領域就包括歷史、地理、公民與社會三個學科。提出「領域」的概念，原本是要解決各學科之間彼此不相聯繫，導致學習零碎化的現象，但因種種因素考量，十二年國教在「領域」之外，仍然維持了「學科」，請參見張茂桂等（2013：24、53-54）。

[7] 話雖如此，但我並不想主張在升學考試中加考「人權」。要鼓勵教學現場重視人權教育應該要用別的辦法。

《議題手冊》中的學習主題必須融入到每個領域的課綱當中，具體的方法是在每份課綱列出一個表，指出《議題手冊》中人權教育的各項學習主題與實質內涵，可以融入課綱中的哪些學習條目。課綱並未特別爲這個表命名，本文姑且稱之爲「議題融入表」。例如，社會領域課綱的「議題融入表」便建議：

「《議題手冊》中『認識人權是與生俱有的、普遍的、不容剝奪的』這一條，應該融入第三學習階段（即國小五、六年級）『憲法規範人民的基本權利與義務』以及『爲了確保人權、維護生態環境的永續發展，全球須共同關心許多議題』這兩個學習條目當中（國家教育研究院，2017b：65-68）。也就是說，當老師在上課時談到這兩個學習條目時，就可以引導學生『認識人權是與生俱有的、普遍的、不容剝奪的』。同樣地，國中地理老師在帶領學生進行『原住民族文化與生態保育政策』這個探究活動時，應該設計某些教學活動，使學生能夠『瞭解平等、正義的原則，並在生活中實踐』。」[8]

第二個途徑，是在各個領域的課綱當中，直接安排與人權相關的教學內容。例如，在國民小學的社會領域中，就有一個學習項目爲「權力、規則與人權」，在國中與高中的公民與社會課綱中，也分別有一個學習項目爲「人性尊嚴與普世人權」，或者在國中歷史課綱的「當代台灣」主題之下，有一個條目爲「二二八事件與白色恐怖」等。透過這樣的安排，即使老師不將《議題手冊》中的人權教育「融入」，也會教到相關的人權議題。

第一個途徑應該是議題融入的主要管道，但只有建議性質，沒有強制力，端視老師在教學時或者教科書作者在寫作時，是否有意願將人權議題融入，因此是課綱難以掌握的。第二個途徑將人權相關議題白紙黑字寫在課綱之中，反

---

8 事實上，依據課綱的說明，議題也可以融入課綱的「學習表現」當中（國家教育研究院，2017b：6-11）。例如，人權教育中「表達自己對一個美好世界的想法，並聆聽他人的想法」這個內涵，可融入社會領域的「省思個人的生活習慣與在群體的角色扮演，避免對他人產生偏見或歧視」這個學習表現的條目當中。不過，「學習表現」與「學習內容」的區隔爲何，並不容易釐清，爲了避免混淆，我在此暫時避開「學習表現」不談。

而能確保老師與教科書一定會談到這些內容。只是這些議題都是依各個領域課綱的設計而納入，必須搭配各個課綱本身設計的邏輯。除非課綱本身就是「人權取向」（human rights based）的課綱，否則就難以顧及人權教育的整體性和系統性，導致人權教學可能流於片段、零碎。

二、學習內容

根據《議題手冊》，十二年國教肯認人權教育爲一種「價值教育」，其定義是「尊重與包容、自由與平等、公平與正義等觀念的教導，進而促進個人權利與責任、社會責任、全球責任的理解與實踐」（34）。在教學上，則希望透過「由心動而行動」的方式加以展開（35）。我們或許可將「由心動而行動」這個過程，視爲人權教育的核心教學策略。但可惜的是，《議題手冊》並未針對這個策略做進一步的說明，我們只能揣測，「心動」指的是激發學習者保障人權的意識，而「行動」是鼓勵學習者在擁有人權意識後，進一步採取捍衛人權的行動。

十二年國教爲人權教育規劃了六個學習主題（國家教育研究院，2017a：35-39）。前三個主題爲「人權的基本概念」、「人權與責任」與「人權與民主法治」，是爲了提供人權相關知識，以激起學生對基本人權的「心動」。後三個主題爲「人權與生活實踐」、「人權違反與救濟」以及「人權重要主題」，是爲了提供「行動」的方法與方向。從《議題手冊》中，我們大體上可以看出這六個主題是在什麼樣的考量下組合成一個架構：

「讓學習者心動，第一須先對『人權的基本概念』有所認識，即人權係與生俱有的、普遍的且不容剝奪的人性尊嚴；第二『人權與責任』，即維護人權不僅是國家，更是每個人的責任；第三『人權與民主法治』，人權的保障必須建立民主與法治的體制。讓學習者心動，能導致進一步的行動，接續能第四『人權與生活實踐』，即人權須落實在生活中的人際互動；第五『人權違反與救濟』，即人權的違反，必須被導正與救濟。價值學習的

心動與行動，更可以結合不同的重要主題內容來促進，以加深與加廣有關人權的學習，因此，規劃第六『人權重要主題』，不同的教育階段，可以探討相關的人權主題。」（國家教育研究院，2017a：35）

進一步而言，六個主題包含的具體內容簡述如下：

（一）人權的基本概念：闡明人權的普遍性與不可剝奪的性質，並說明這樣的性質得到憲法及國際人權法的承認。

（二）人權與責任：培養學生承擔人權保障的責任，不僅關心國內議題，也顧及國際議題，肩負起全球公民的永續發展責任。

（三）人權與民主法治：連結人權、民主與法治這三個價值，並強調以民主法治來建立公共生活的秩序。為此必須瞭解如何運用民主審議方式及正當的程序，同時認識我國重要人權立法，理解保障人權之憲政原理與原則。

（四）人權與生活實踐：強調於生活之中落實人權價值，特別著重於尊重、包容差異，消除偏見與歧視。至高中階段，尤其需瞭解族群的歧視經驗和政治經濟不平等、種族主義等互為因果，並鼓勵學生提出相關的公民行動方案。

（五）人權違反與救濟：認識人權侵害，並提示除了司法上的救濟之外，抵抗人權侵害往往需訴諸社會運動的手段（如公民不服從）。

（六）人權重要主題：依學習階段介紹重要的人權主題，引導學生認識更具體的基本權利及人權議題。《議題手冊》中提示的主題包括：在小學階段，如兒童對遊戲權利的需求、認識生存權、身分權的剝奪與個人尊嚴的關係、認識隱私權與日常生活的關係、瞭解兒童權利宣言的內涵及《兒童權利公約》對兒童基本需求的維護與支持。在國中階段，如人身自由、教育權、工作權、人權的起源與歷史、人權的組織與活動、貧窮與階級剝削、戰爭與世界和平、《世界人權宣言》等。在高中階段，如言論與新聞自由、平權行動的意涵、聯合國及其相關的人權組織、大屠殺、國際人權公約體制等等（國家教育研究院，2017a：35-39）。

這六個主題在國小、國中及高中三個階段都會分別出現一次，只是隨著階段的提升，而深入或擴大，屬於一種螺旋式的設計。根據《議題手冊》，這個學習架構的目的在於為學生培養人權價值上的「核心素養」，亦即期待學生接受了人權教育後，所應培養出的基本價值及實踐能力。《議題手冊》列出了一個「人權教育核心素養」表，因篇幅所限，僅重點摘要如下：

（一）建立對人性尊嚴之尊重。

（二）能思考並分析人權侵害之結構性因素並提出解決方案。

（三）培養規劃與執行人權促進之計畫。

（四）能運用各種表達形式與他人溝通與分享人權價值之重要性。

（五）能有效利用資訊與媒體蒐集與宣傳人權相關訊息，並能覺察、思辨與批判媒體中的歧視與偏見。

（六）能欣賞與人權相關之藝文創作，或透過創作表達人性尊嚴之價值。

（七）主動關注人權議題並積極參與行動。

（八）覺察偏見並尊重差異，避免歧視的行為。

（九）理解世界上不同的國家、族群和文化，能關心全球人權議題，追求世界和平（國家教育研究院，2017a：34-35）。

從以上的介紹可看出，十二年國教的人權教育有幾個值得注意的特點。首先，承認人權的普世性，這點使台灣的人權教育與中國、新加坡等亞洲國家所宣傳的「亞洲價值論」區隔開來。第二，強調對多元與差異的尊重，這點不但抓到了人權教育的重要精神，也能夠呼應台灣社會當前發展的趨勢。第三，鼓勵學生關心國際事務，帶有世界公民教育（global citizenship education）的色彩，與謹守主權國家界限的狹義公民教育有所不同。第四，範圍擴及生活中的各個面向，因此也向各種領域的議題開放，不再侷限於法學、政治學與哲學議題的討論。整體而言，十二年國教受到全球化的影響，在目標與方向上趨近於聯合國的人權教育理念；但若論及精神與內涵，則與聯合國的理念仍有一段差距。

肆、對十二年國教人權教育的評論

　　十二年國教願意承認人權的普世性，強調應包容多元與差異，且鼓勵學生關心國際議題，基本上是往一個好的方向邁進。然而，在內容的規劃與實施的方式上，還是有不少值得商榷之處。以下就我認為較為關鍵之處，提出幾點評論，希望可供改善台灣人權教育所參考。

一、「被馴化」的人權教育？針對內容的評論

　　Meyer等人（2010）曾蒐集1970年至2008年之間，於69個國家出版，共465本的中學社會科學教科書（social science textbooks），並且檢視這些教科書當中所提供的人權教育。他們觀察到一個重要現象，世界上多數教科書所呈現的是一種「被馴化的」（tamed）人權教育。其「馴化」的結果是，甚少有教科書藉由批判國家來說明人權原則，或是以突出社會問題的方式來解釋人權機制。而且在多數國家，人權原則被描述成一種自然而然就會演進出來，而且已真實存在的規範。人權運動的領袖不被視為革命家，而只是別國的歷史人物，侵害人權的機制也只存在於其他國家。即便提到本國的案例，教科書中的人權論述也傾向於定型化（stylized）及抽象化（abstract）。教科書極少透過具體的國內法、國際法，乃至於國際機制來說明人權的原則；人權似乎是自然發展而成的產物，而毋需有法律上的基礎（Meyer et al., 2010: 129-130）。

　　觀察十二年國教的人權教育，我們竟也看到類似「被馴化」的情形。以下四點，應是值得注意的關鍵問題。

（一）缺少國際人權標準的人權教育

　　在台灣社會，否定人權普世性的論點依然常見，這些論點認為接受人權價值便是屈服於西方在思想與文化方面的霸權。在這樣的社會脈絡下，《議題手冊》的第一個主題就教導人權普世性，值得肯定。然而，《議題手冊》在國際人權標準的教學上分量不足，只怕很難有效地帶領學生瞭解人權普世性的基礎。

國際人權標準的教學至少需仰賴兩個途徑，一是歷史的途徑，二是制度的途徑。從聯合國建立的經過以及《世界人權宣言》起草的歷程，可以說明國際人權標準普世性的基礎所在。經由反思兩次世界大戰帶給所有人類的浩劫，殖民地人民所受的剝削，以及婦女、勞工、有色人種等族群面對的迫害，終究促使國際社會集合了一股難以忽視的力量，強力要求美、英、蘇等強權將人權理念納入聯合國憲章之中，而這也是《世界人權宣言》得以面世的重要原因。[9]從這段歷史來看，弱小族群所受到的迫害，正是人權理念的普世性以及正當性得以確立的關鍵。

其次，在《世界人權宣言》生效之後，聯合國所建立的國際人權體系逐步成形，並透過宣言或公約的方式，獲得國際社會多數國家的承認與落實。《世界人權宣言》本身的起草便結合了不同區域、國家、宗教與文化的代表，經過二年的協商，提出三十條各方都能接受的人權標準。聯合國教科文組織在制訂宣言時，也同步向各國重要的知識分子徵詢意見，最後肯定人權確實是能被普遍接受的概念。[10]而藉由各國政府加入國際人權機制的運作，也促成人權標準與世界各地的道德觀念、文化標準進行充分的對話，從而更強化了人權的普世性基礎。

根據美國知名的人權教育學者Betty Reardon的看法：「對於人權教育而言，最有效的進路之一應該是從國際的人權規準中來學習」。她認為：

> 「這些規準指出了主要的世界性問題，這些問題不僅彰顯出許多對人權的侵害，更強調了在全球社會之中，世界秩序與各國存續的重要性。即使眼前沒有這些人權規準，國際間所發生的各種狀況，仍然會成為世界性的重大問題。然而，國際人權規準針對問題進行各種界定、推估與評斷，以決定問題的嚴重性程度，此方式可以為我們提供一些可供遵循的規範。此

---

[9] 有關國際人權標準的建立，請參見Lauren（2008）。

[10] 各國知識分子回覆教科文組織的文件，後集結成冊（United Nations Educational, Scientific and Cultural Organization, 1948）。另外，有關《世界人權宣言》起草的經過，請參見Lauren（2008）以及Glendon（2001）。

外，這個取向也可以讓我們反省和評估自身：究竟我們是朝著地球村與全球整合的趨勢前進，還是我們正在背道而行？因此，從各代的人權規準演進中，不但可以看出全球的進步的程度，並且，其中的各個規範中還增強了所有社會系統共享全球價值的可能性，這些正是使我們朝向地球村邁進的基本要求。」（Reardon, 2002: 17）

以十二年國教涉及的教育階段而言，要教導國際人權標準，《世界人權宣言》與《兒童權利公約》是最基礎的文件。[11]然而，觀察六大主題的學習內容，十二年國教的人權教育似乎僅限於憲法與國內法的脈絡；雖也提到這兩份文件，但所占的分量太少，只是將之視為點綴性質的補充材料，與這兩份文件的核心精神與實質內涵沒有實質的關聯。

（二）也應該面對「人權侵害」

十二年國教的人權教育，似乎比較著重在「正面」的概念，例如「尊重」、「包容」、「平等」、「公平」等等，但關於造成人權侵犯的國家暴力、各種型態的歧視以及道德排除等「負面」的概念或現象，提供的空間卻不多。事實上，無論是《議題手冊》對人權教育的說明，或是觀察過去多年來在國中小當中實施的人權教育，都不免得到台灣的人權教育只教「尊重」與「包容」這兩個態度的印象。然而，「人權」（human rights）往往從「人害」（human wrongs）開始；不認識人權侵害，無由理解人權的重要性。Reardon曾經指出，「必須在發生了『社會錯誤』的情況下，人權才會被定義出來，也就是說，這些社會錯誤違反了一般我們所能接受的人類關係，並已經超過了人性尊嚴的最低限度，因此，才會產生確切的人權定義。」（Reardon, 2002: 17）。如果無法有效地培養學生對人權侵害的敏銳度與辨識能力，就難以說是完整的人權教育。

---

[11] 聯合國發行的人權教育手冊就明確指出，《世界人權宣言》與《兒童權利公約》應為人權教育的核心內容（United Nations, 2004: 19）。

因此，「尊重」與「包容」固然是建構人權文化重要的態度，但只是重複地訴求「尊重」與「包容」這兩個概念，是否足以支撐起一整套的人權教育，實是不無疑問。仔細來看，我們之所以需要培養「尊重」的態度，就是因為社會上存在著弱勢或少數的族群。這些族群因其出身背景、生理特徵、所處的社會位置等種種因素，而處於脆弱的、難以捍衛自己的處境；他們是最易受到人權侵害的一群，而人權理念提供了保障他們尊嚴的思想武器。Reardon提醒我們：「一如暴力為和平教育的重點，脆弱性（vulnerability）為人權教育與人權學習（human rights learning）的核心問題」（Reardon, 2015: 154），因此人權教育不能避開對少數族群與弱勢族群處境的分析。理解了他們的處境與脆弱，才有足夠的認知基礎來尊重他們的權利。而之所以需要「包容」，則因在民主化及全球化的趨勢之下，多數的社會（當然包括台灣社會）已不可避免地表現出多元分歧的價值觀與世界觀。我們必須堅持對基本人權的尊重，才能避免霸權的主宰，從而平等對待各種價值觀與世界觀。因此，在教導「尊重」與「包容」時，不可避免地必須分析可能侵犯人性尊嚴的國家暴力，以及主流社會或優勢的意識形態所遂行的道德排除。如果對人權侵害的來源、現象、結構等，沒有較完整、系統的分析，欲帶領學生「從心動而行動」地去「尊重」與「包容」，就會缺乏堅實的認知基礎。

（三）國家袖手旁觀？

《議題手冊》說，「維護人權，不僅是國家，更是每個人的責任」（36）。從語意上來看，這句話並不否定國家應負保障人權之責。然而，在整個架構中，卻只通篇鼓勵「個人」（其實就是學生）尊重他人、包容異己，似乎忘了提示人權行動中最關鍵的面向，應該在於監督政府，要求政府尊重人民的基本自由，並打造尊重多元、包容差異的社會。「個人」當然也應該尊重他人的權利，但「政府」才是重點。從人權概念的發展史來看，人權訴求一直是針對國家的權力而來。古典的人權思想（或謂第一代人權）旨在抗拒國家權力對人民自由的侵犯；而近代的人權思想（或謂第二代人權）則要求國家肩負起

保障人民經濟、社會權利的義務。當代的國際人權法體系，亦課予締約國政府保障人權的義務。如果不談國家的角色，人權概念就成為失根的浮萍，飄飄然無所著力。

　　所以，在人權教育中討論「責任」時，重點當然在於國家的責任。很明顯地，如果人權教育不討論國家保障人權的義務，學生就不會認知到監督國家權力的必要性，政府便容易從人權義務之中卸責。然而，綜觀十二年國教的人權教育，似乎看不到國家的影子。所有的「尊重」與「包容」都只是個人的任務（例如要求學生察覺自己的偏見，避免產生歧視行為，或者尊重與欣賞不同群體、文化的差異等），既未指出國家暴力是人權侵犯最重大的來源，也未適切說明基本人權事實上以國家為主要的訴求對象。這實在是一種讓國家袖手旁觀的人權教育，難以反映人權發展的真實歷程。

（四）混淆了行善與人權行動

　　與上述「去國家化」傾向有關的一個問題是，十二年國教的人權教育似乎將「行善」與「人權行動」混淆了。人權教育是「以權利為基礎」（right-based）的教育，強調啟發學生的人權意識，及培養學生捍衛基本人權的能力。易言之，人權教育的核心是權利，而非慈善。聯合國〈世界人權教育方案〉指出：「在長期上避免人權侵害與暴力衝突，推動平等與永續發展，以及在民主體制內強化決策過程中的參與等方面，人權教育將做出貢獻」（United Nations, 2012b: 12），可見人權教育不僅指向個人的價值與觀念，其激發的行動，會帶有社會改革的企圖；善行是人權行動中自然會浮出的面向，但推動人權教育與培養慈善家卻是不同的事情。然而，十二年國教的人權教育，卻有將人權行動與慈善行為混淆的傾向。事實上，在九年一貫時期所發展出來的諸多人權教案中，就存在這種情形，規劃十二年國教的學者專家，似乎於此未有覺察。

　　《議題手冊》所提供的一個教學示例，恰可用來說明這個問題。在「人權教育議題融入國語文教學示例」中有一個教案──〈拄枴杖的小男孩〉（國家

教育研究院，2017a：108-119）。這個教案從簡媜的著作《老師的十二樣見面禮：一個小男孩的美國遊學日誌》當中選出一篇文章，作爲閱讀的文本。文章記述作者旅美期間，陪著在美國小學念書的兒子等校車。她們發現，有一位拄著枴杖，名叫馬托的小男孩，也與大家一起排隊。馬托雖身有殘疾，卻開朗自信，在能力所及的範圍，都盡可能地自主行動，不依賴他人。而他的母親和其他一起等校車的孩子，則自然、愉悅地與馬托互動，同時默默地在必要時提供協助。後來，簡媜母子更發現，校車司機與隨車老師爲了協助馬托，而做了相應的安排；學校所有的教室、廁所，也都是無障礙設施。因此，馬托除了行走不方便無法跑跳，其餘作息都很方便。這些景況，讓簡媜感慨：「這些跟我所來自的那個社會同樣遭遇者的處境不同，天與地般地不同」。

　　這篇文章談到身障者的處境，是討論身障者權利的絕佳題材；而簡媜的文字明快、溫暖，教案設計者以此爲閱讀文本，確實是一個明智的選擇。然而，我們關心的是這份教案如何帶領學生討論身障者的權利。在教案的「引導提問」中，提出幾個問題，其中包括：「馬托在學校能過著正常方便的生活，受到哪些友善的協助？」、「爲什麼馬托需要這些友善的環境，這對馬托有哪些影響或有什麼意義？」這幾個問題，強調的是馬托所受到的「友善」協助，以及他身處的「友善」環境，其背後的目的，顯然要鼓勵學生效法該所學校師生的善行。然而，這些提問似乎缺乏權利意識，以致無法引導學生思考其中的權利問題。我們當然應該透過教育，教導學生友善對待身心障礙者，但人權教育的中心旨趣並不在此，其重點應該聚焦於引導學生思考一系列指向權利保障的問題，例如，馬托可以主張哪些權利？誰有義務回應他的主張？人權教育要傳達的是，當他的權利主張得到尊重，也就能享受有尊嚴的生活。事實上，簡媜感慨的是台灣的身障者難以享有這些友善的對待，所以應該將討論的焦點拉回台灣：對比馬托相對較佳的處境，台灣身障學生的哪些基本權利未能得到保障？政府或學校未盡到哪些義務，致使身障學生無法享有應得的權利？透過類似的問題，才能引領學生思考身障者應享有的基本權利。附帶一提，這份教案未藉此機會介紹聯合國的《身心障礙者權利公約》（*The Convention on the*

Rights of Persons with Disabilities），是令人遺憾的一點，這個情形再次反映出十二年國教忽視國際人權標準的問題。

二、方法：融入或消失？

湯梅英（2002）於九年一貫課程綱要尚在暫行階段之時，就質疑人權教育採「融入」的方式，會不會到最終「消融」不見？不幸的是，十五、十六年過去，到了十二年國教的階段，我們似乎仍不能免於同樣的疑慮。人權教育有濃厚的跨領域性質，所以在教學或課程設計上，確實很容易傾向於採取融入的方法。事實上，聯合國的人權手冊也是如此建議（United Nations, 2004: 18）。只是，融入必須有一個完整的教學架構加以統整，而非零碎地將某些片段塞到不同的學科當中。同時，課綱的執行者——至少包括在教學現場的老師以及編寫教科書的作者——也要有清楚的人權意識，甚至對人權議題有一定的熟悉程度，才能將人權教育有意義地融入不同課程當中。當然，最理想的狀況，就是依聯合國的建議，推出「以人權為取向」的課綱（社會領域課綱最適合採用這個取向了），以確保人權教育的系統性與完整性。不過，「以人權為取向」的課綱應如何設計，需開啟新的研究加以探討，不在本文的討論範圍。

回到《議題手冊》中的架構。由於人權教育要融入到各個領域當中，因此這個架構遭遇到不同領域的課綱時，就會被打散了。以社會領域課綱（草案）為例，課綱的「附錄二」提供了「議題融入表」（請見前文介紹），說明人權相關議題應該在什麼時候融入課綱當中。以第二與第三學習階段為例，人權教育的第一個學習主題是「人權的基本概念」。這個主題的實質內涵是「認識人權是與生俱有的、普遍的、不容剝奪的」，介紹的是人權的普世性。課綱建議在引導學生表現出「理解不同文化的特色，欣賞並尊重文化的多樣性」（國小五、六年級）這項學習表現時加以融入。同時，也在講授「憲法規範人民的基本權利與義務」以及「為了確保基本人權、維護生態環境的永續發展，全球須共同關心許多議題」（均為國小五、六年級）兩個課程主題時加以融入。又如第二個學習主題：「人權與責任」，其實質內涵是「關心周遭不公平的事件，

並提出改善的想法」，談的是保障人權的責任。建議在引導學生表現出「澄清及珍視自己的角色與權利，並具備責任感」（國小三、四年級）及「反省自己或社會的價值觀、偏見與歧視，並探究其緣由」（國小五、六年級）兩個學習表現時融入。同時，也在講授「權力不平等與資源分配不均，會造成個人或群體間的差別待遇」（國小五、六年級）這個課程主題時融入。其他的主題也是類似方式規劃（國家教育研究院，2017b：65-68）。

初步看來，社會領域課綱似乎對六個人權學習主題，做了完整的規劃。然而，我們懷疑這樣的規劃可能難以符合教學上的實況，因為社會老師是依照社會領域課綱的主題和進度上課的，而不是依照《議題手冊》中人權議題的綱要，所以上述六個人權學習主題的內容在教學時勢必要被打散。依據第二學習階段（國小三、四年級）的課綱，老師會先教到「兒童在生活中擁有許多權利與責任」這個條目，依「議題融入表」的建議融入「人權重要主題」這個人權議題；接著會教到「遇到違反人權的事件，可尋求適當的救助管道」，融入「人權違反與救濟」；最後教到「人們對事物的認識、感受與意見有相同之處，亦有差異性」時，融入「人權生活與實踐」。也就是說，國小三、四年級的學生在上社會課時，還沒學習第一個主題：「人權的基本概念」，就會先碰到最後一個主題：「人權重要主題」。然後，依序要學「人權違反與救濟」，以及「人權與生活實踐」；兩年中，在人權教育部分就學了這三個主題。其他學習階段也是類似的情形，例如國小五、六年級時學習的順序是：第一主題「人權的基本概念」，接著第三主題「人權與民主法治」，再回到第一主題「人權的基本概念」，跳到第六主題「人權重要主題」，最後回到第二主題「人權與責任」。

人權教育是否依照六個主題的順序來教學，是另一個問題。但以上述的整理來看，國小社會領域中的人權教育顯得紊亂而缺乏教學上的邏輯，很難看出這樣的教學要如何培養小學生的人權價值。國小社會課綱的結構已經相對比較單純，尚且出現這種混亂的現象，至國中、高中階段，社會領域還分出歷史、地理、公民與社會三科，混亂的程度只怕更加嚴重。如果再進一步考慮到，人

權議題被期待融入其他各個學習領域，整體的人權教育就顯得十分雜亂了。這樣的結果，顯然是為了將人權教育融入社會課綱，而必須依附於社會課綱的設計邏輯所造成的，人權教育在議題手冊中的結構，完全不復存在。

伍、結論

本文的目的在於檢視十二年國教中所規劃的人權教育，並以《議題手冊》中所規劃的人權教育內容與實施方式作為評論的對象。十二年國教的人權教育彰顯人權的普世性，且教導學生尊重多元與差異，是值得肯定的方向。然而，從學習的內容來看，仍有一些基本的問題極待補強，包括對《世界人權宣言》與《兒童權利公約》的教學不足，不重視對人權侵害的認識，忽略國家在人權保障上應負擔的義務，在引領學生採取行動時缺乏權利意識的指導等。我建議應該加強對人權發展史的介紹，並參照《世界人權宣言》和《兒童權利公約》做課程規劃，同時不能不討論國家在人權保障上的義務。我認為如此，當可逐漸確立學生的權利意識，進而採取以權利訴求為基礎的人權行動。在實施的方法上，以融入的方式進行人權教育，雖然在理論上沒有問題，但在實踐上卻必須先行建構人權教育的主體性，否則在融入各個學科領域的過程當中，就會因為破碎而終至無以培養人權教育所追求的價值。

如果仍要維持融入的方式不變，則十二年國教要如何調整，才比較可能建立起有效的人權教育？我初步的想法是採取以「權利為基礎」的途徑，重新設計社會領域課綱，因為社會領域可以容納最多的面向，來探討人權相關議題。如此，我們至少可以透過社會領域，建構一套完整的人權教育，奠定學生的人權價值。在這樣的基礎上，其他領域就可以維持當前融入的方式不變。

不過，若要更明確地建立台灣的人權教育，恐怕不能不推出一套完整的人權教育政策。這套政策不僅要說明如何設計人權教育的課程，更重要的是，要能改造教育體制的運作、學校的治理，以及班級的經營，使整個教育環境能支

持人權文化的發展，並保障教育過程中所有成員的基本人權。在當前，既無人權教育的相關立法，中央政府也未建立起專責的機構，人權教育只能依賴少數有心的學者及第一線的老師們打游擊般地奮鬥。十二年國教的規劃中，也談到整體教育環境的改造。但改造的策略為何？相關配套政策是什麼？卻仍舊模糊不清。若無更具體的規劃與實踐，終究難逃紙上談兵的批評。

參考文獻

Bajaj, Monisha. 2011. "Human Rights Education: Ideology, Location and Approaches." *Human Rights Quarterly* 33, 2: 481-508.

Glendon, Mary Ann. 2001. *A Word Made New: Eleanor Roosevelt and the Universal Declaration of Human Rights.* New York: Random House.

Meyer, John W., Patricia Bromley and Francisco O. Ramirez. 2010. "Human Rights in Social Science Textbooks: Cross-national Analysis, 1970-2008." *Sociology of Education* 83, 2: 111-134.

Parish, Karen. 2015. "Studying Global Human Rights Education: Theoretical and Empirical Approaches." *Opuscula Sociologica* 1: 23-35.

Reardon, Betty. 2015. "Human Rights Learning: Pedagogies and Politics of Peace." in Betty A. Reardon and Dale T. Snauwaert eds. *Betty A. Reardon: A Pioneer in Education for Peace and Human Rights* 145-164. Switzerland: Springer International Publishing.

United Nations Educational, Scientific and Cultural Organization. 1948. *Human Rights, Comments and Interpretations*. 25 July. 1948 UNESCO/PHS/3(rev.). in http://unesdoc.unesco.org/ images/0015/001550/155042eb.pdf.

United Nations. 2004. "Teaching Human Rights: Practical Activities for Primary and Secondary Schools." in http://www.ohchr.org/Documents/Publications/ABCChapter1en.pdf.

United Nations, General Assembly. 1996. "Plan of Action for the United Nations Decade for Human Rights Education, 1995-2004: Human Rights Education-Lessons for Life." 12 December. A/51/506/Add.1. in http://undocs.org/A/51/506/Add.1.

_____. 2005. "Revised Draft Plan of Action for the First Phase (2005–2007) of the World Programme for Human Rights Education." 2 March. A/59/525/Rev.1. in http://undocs.org/ A/59/525/Rev.1.

_____. 2014. "Plan of Action for the Third Phase (2015–2019) of the World Programme for Human Rights Education." 4 August. A/HRC/27/28. in http://undocs.org/A/ HRC/27/28.

United Nations, Human Rights Office of the High Commissioner and UNESCO. 2012a. Human Rights Education in Primary and Secondary School Systems: A Self-assessment Guide for Governments. HR/PUB/12/8. in shttp://www.ohchr.org/Documents/ Publications/SelfAssessment GuideforGovernments.pdf.

_____. 2012b. World Programme for Human Rights Education: 2nd Phase: Plan of Action. New York and Geneva: UN. HR/PUB/12/3. in http://www.ohchr.org/Documents/Publications/ WPHRE_Phase_2_en.pdf.

Lauren, Paul Gordon。2008。徐子婷、楊雅婷、司馬學文譯。《國際人權的進展》。台北：韋伯。

Reardon, Betty。2002。蔣興儀、簡瑞容譯。《人權教育：權利與責任的學習》。台北：高等教育。

國家教育研究院。2017a。《議題融入說明手冊（初稿）》。https://www.naer.edu.tw/ ezfiles/0/1000/img/67/444852436.pdf。

_____。2017b。《社會領域課綱（草案）》。https://www.naer.edu.tw/ezfiles/0/1000/img/67/196020910.pdf。

張茂桂等。2013。〈十二年國民基本教育社會領域和生活課程綱要內容之前導研究〉。http://www.naer.edu.tw/ezfiles/0/1000/img/49/NAER-102-06-A-1-02-04-1-13.pdf。

教育部。2014。《十二年國民基本教育課程綱要總綱》。http://12cur.naer.edu.tw/ upload/files/ 十二年國民基本教育課程綱要總綱發布版%20(1).pdf。

湯梅英。2002。〈融入或消失？談九年一貫課程中人權議題的課程與教學〉。《師友月刊》，第420期，頁17-21。

聯合國大會。2012。〈聯合國人權教育與培訓宣言〉2012/02/16。A/RES/66/137。http://undocs.org/zh/A/RES/66/137。

林佳範、李立旻

壹、前言

　　台灣正式在課綱中明列人權教育，應該始自2003年3月21日所公布之《九年一貫課程——人權教育議題課程綱要》，此外社會領域的公民和歷史領域亦會提及與人權的相關內容。然而，如此的人權教育正式課程並未如領域課程，有明確的每週授課時數，而係採「議題融入式」，即由領域課程在人權相關的融入點，由教授領域課程之教師進行之。如此的課程模式，實需仰賴領域之授課教師具有人權的素養，[1]且有敏銳的融入意識，適時地在其領域的課程中，融入人權的知識與價值，並能引導學生進行人權的行動，才能真正的落實人權教育。

　　在沒有明確的授課時數規範，亦沒有正式的教學資料下，教師是否在其領域課程進行人權教育融入？其所融入的人權教育課程，是否符合人權的價值？[2]一直是令人好奇的一件事，特別是在2019年正式要實施「十二年國民基本教育課程」，其《總綱》更將九年一貫課程原本的六大議題，擴充為十九項議題之際，如此的「議題融入式」課程模式，在全國高中以下的學校，其實施的現況如何，是否如湯梅英教授（2002）所擔心，所謂「融入」會不會「消失」？然而，先不論其是否以融入或其他方式進行，至少就教師上傳人權教育

---

[1]　瑞士學者S. Rinaldi（2017）分享調查高中老師的結果，甚至老師們也認為人權常引發政治上的爭議，並覺得自身專業不足。

[2]　我國第一次國際人權公約之人權報告審查，國際人權專家在結論性意見第19點特別提醒，我國的人權教育課程大多介紹國際人權法體系的歷史與結構，而有關其原則與價值之介紹仍不足（IGIE, 2013: 4）。

教學資料的比例，我們或許即可粗略地掌握台灣的校園是否有在實施人權教育教學；且至少就教師上傳其所教授的人權教育教學資料，其是否符合人權的價值，亦頗值得探究。

　　本文以2017年教育部國前署所委託之「高級中等以下學校人權教育自我評估實施計畫」為依據，[3] 該計畫在2018年針對校園之重要關係人：學校行政、教師、學生、家長等，進行線上的問卷調查。在調查過程中，亦請教師上傳教授人權教育過程中使用之教學資料，並聘請人權專家，針對這些教學資料，分析其是否符合人權價值。

　　本研究的量化分析，聚焦於兩個面向：首先，針對整體的人權教育教學資料之上傳和其符合人權價值的比例進行分析。而在整體人權教育教學資料之分析上，進一步進行：一、各教育階段人權教育整體教學資料上傳狀況分析；二、各教育階段教師上傳整體教學資料符合人權價值狀況分析；三、公私立不同類型學校人權教育整體教學資料之上傳與符合人權價值狀況分析；四、不同縣市人權教育整體教學資料上傳狀況分析；五、不同縣市人權教育整體教學資料符合人權價值之狀況分析。其次，針對不同類型的教學資料其符合人權價值的比例進行分析：一、各教育階段不同類型人權教育教學資料上傳狀況分析；二、各教育階段不同類型教學資料符合人權價值的狀況分析。此外，六位審查者亦提供其審查人權教育教學資料後，對於整體的質性意見，本文將歸納與分析這些意見，供大家對於這些人權教育教學資料，就其整體的質性面向能有所參考。

　　本文將先就「研究的設計與實施」進行說明，進而針對「研究資料之分析」，最後提出「結論」。

3　本計畫參考聯合國人權高級專員辦公室（United Nations Human Rights Office of High Commissioner）（2012）所頒布 Human Rights Education in Primary and Secondary School Systems: A Self-assessment Guide for Governments，乃針對高中以下學校所實施的人權教育之評估。

貳、研究的設計與實施

一、問卷資料蒐集的對象與教學資料上傳

依據教育部106學年度所公告的各級學校清冊，本案普查對象為國民小學2,806校、國民中學968校、高中548校；填答身分分別為行政教師、專任教師、學生、家長，除行政教師為每校擇派一名外，其餘身分（專任教師、學生、家長）依各校班級總數區分，班級數20班以下各擇派1名、班級數21班至40班各擇派3名、班級數41班以上各擇派5名。有關本文所關注之教師端填答，以學校為比較單位，國民小學階段填答比率最高（如表9-1）70.7%，而整體的填答比達66.6%，共獲得4,918份問卷資料。

表9-1　專任教師填寫狀況

身分別	教育階段	有填答比（校）	完成問卷份數
專任教師	國民小學	70.7%	3,040
	國民中學（含特教）	59.4%	1,052
	高中	69.6%	826
	小計	66.6%	4,918

如前所述，本文擷取2018年「高級中等以下學校人權教育自我評估實施計畫」所蒐集各教育階段教學資料作為分析主體，前述專案參考聯合國《國中小人權教育：政府自評指南》（*Human Rights Education in Primary and Secondary School Systems: A Self-assessment Guide for Governments*），經八次專案會議討論，確定自我評估項目、核心議題與待答問題。其中為回應項目4：「教學與學習過程和工具」，針對核心議題4-1：「人權教育的學習目標和成果清楚的被界定且能一致地反映在教學與教學資料」與待答問題4-1-1：「人權教育的學習目標，是否明確的定義應獲得的基本人權知識、技能和態度？」，於教師版題目第5題：「請上傳一份您於貴校實施人權教育的教學教案或教學資料」，共蒐集1,262份教學資料。

二、教學資料之審查原則與審查機制

　　2018年「高級中等以下學校人權教育自我評估實施計畫」專案共蒐集1,262份教學教案、教學資料與參考資料。針對所蒐集到的人權教育教學資料，審查其是否符合人權價值；為確實進行審查，每一份教學資料均有兩位審查委員分別評估是否符合人權價值；若有不一致結果，則由計畫主持人與研究助理再次評估。本次審查之結果，在1,262筆審查資料中僅有2筆審查委員之結果有不一致；換言之，審查委員之審查標準相當地一致。

　　專案於2018年12月27日假台師大召開六位審查委員之共識會議，所有審查委員均長期關注人權教育議題，且有實際投入人權教育之經驗（如：台灣少年權益與福利促進聯盟、台灣人權促進會、台灣廢除死刑推動聯盟、財團法人民間司法改革基金會、人本教育基金會與民間公民與法治教育基金會之代表）；共識會議針對本案調查目的、教學資料上傳狀況與檢核之審查原則進行討論。審查之原則，經審查委員之討論，以最基本的人權價值為核心：教學資料之內容若符合人權價值，即打符合，若否則不符合，並未及於教學資料本身之適齡性或其他面向。換言之，本次審查在量化部分僅追求最基本的，即所上傳的人權教育教學資料，是否符合人權價值；而在內容上是否妥適，則請審查委員提供質性的整體性審查意見，在量化後一併分析。

　　本案1,262份教學資料中，有633份教案、577份課外教材以及52份課本資料，每份資料均有2位審查委員協助檢核，由六位審查委員分擔審查作業，每位審查委員約審查250份至300份教學資料。教學資料審查之實施步驟，如下：

（一）彙整教師所上傳之教學資料。

（二）針對教學資料進行分類（分為：教學教案、教學資料與參考資料）與編碼。

（三）召開審查委員共識會議。

（四）審查委員進行實質審查、爭議處釐清。

（五）審查結果彙整與統計。

參、研究資料的分析

一、人權教育教學資料之上傳與符合人權價值狀況分析

　　因為我國的課綱針對人權教育，採「議題融入之方式」，在沒有明文規範授課時數下，且亦未有正式的教學資料被規範應實行下，學校若能上傳有關人權教育教學資料，實為探究人權教育在校園現場實施現況之重要參考指標。換言之，能上傳人權教育教學資料者，至少意味著其有在施行人權教育，可以拿得出其所教授之人權教育內容，且不論其人權教育是否妥適。相反地，若沒有上傳者，其是否有進行人權教育，則完全無從探知，或許有或許沒有，沒有確切的資料可參考。

（一）各教育階段人權教育整體教學資料上傳狀況分析

　　參考表9-2，人權教育整體教學資料的上傳狀況並不佳，全國國小、國中、高中總校數4,322校，上傳教學資料1,262份，因此比例僅有27.9%，即約四分之一的學校有具體的實施人權教育教學資料可上傳。換言之，我們有資料來支持其有進行人權教育者，以學校數來看，全國竟然僅約有四分之一。依據不同教育階段，繳交狀況詳如表9-2，其中國民小學繳交狀況最佳，未上傳檔案之校數的比例最低僅達69%，其次為高中71.4%，最後則為國民中學81.5%。若以此為是否施行或重視人權教育之指標，那整體上人權教育實施狀況非常有問題，普遍偏低，而國中階段又是最不重視者，教育部實應重視此現象與問題。

表9-2　各教育階段人權教育整體教學資料上傳狀況分析表

以校為單位	國民小學 （n=2,806）	國民中學 （n=968）	高中 （n=548）
有上傳教學資料	869 （31%）	179 （18.5%）	157 （28.6%）
未上傳檔案	1937 （69%）	789 （81.5%）	391 （71.4%）

（二）各教育階段教師上傳整體教學資料符合人權價值狀況分析

　　參考表9-3，實務人權專家分別審查教師所上傳之人權教育教學資料，每一種教學資料均有兩位具實務經驗專家審查是否符合人權的價值。共有1,262件上傳的教學資料，符合人權價值相關內容者有1,038件，符合的比例達82.2%。以學校階段來區分，審查狀況詳如表9-3。在各教育階段中，國民小學階段所繳交的教學資料符合人權的價值比例最高，比例達85.2%，其次為高中階段75.5%；不符合者比例最高階段則為國民中學，有25%教學資料不符合人權的價值。比較需要注意者，仍有不到兩成的教學資料，專家認為其所上傳者並不符合人權價值，突顯上傳這些資料之教師本身對於人權價值的不清楚。此外，就學習階段而言，國中階段不僅上傳教學資料的比例最低，其所上傳的教學資料不符人權價值的比例亦最高，突顯國中端的人權教育，需要更被提升與重視。

表9-3　各教育階段教師整體教學資料符合人權價值之審查狀況分析

	國民小學		國民中學		高中	
	符合	不符合	符合	不符合	符合	不符合
教學資料	781 (85.2%)	136 (14.8%)	134 (75%)	48 (25%)	123 (75.5%)	40 (24.5%)

（三）公私立不同類型學校人權教育整體教學資料之上傳與符合人權價值狀況分析

　　參考表9-4，以公私立學校分類，公立學校上傳教學資料比例較私立學校略高，分別為28.7%與25.4%；而經過檢核，可發現公立學校的教學資料符合人權教育價值比例較私立學校高了11%。換言之，私立學校在人權教育之實行上，和其所施行之人權教育符合人權價值上，皆輸給公立學校，其中私立的國中，未上傳資料和其所上傳資料未符合人權價值最高。

表9-4　不同學校類型整體教學資料上傳與符合人權價值狀況分析

學校類型	教育階段	有上傳教學資料	未上傳教學資料	教學資料符合人權教育原則
公立	國小	31.3%	68.7%	92.8%
	國中	19.0%	81.0%	71.9%
	高中	31.8%	68.2%	78.8%
私立	國小	14.8%	85.2%	75.0%
	國中	14.8%	85.2%	84.2%
	高中	24.0%	76.0%	75.5%
總體	公立	28.7%	71.3%	88.5%
	私立	25.4%	74.6%	77.5%

（四）不同縣市人權教育整體教學資料上傳狀況分析

　　參考表9-5，分析不同縣市教學資料上傳狀況，以新竹市上傳比率最高，達43.8%，其餘二到五排序依序為：台北市、雲林縣、嘉義市、新北市；未上傳比率最高縣市為桃園市，未上傳比例達80.4%，往後依序為苗栗縣、嘉義縣、高雄市、新竹縣。若我們以人權教育資料之上傳狀況，來比較各縣市在人權教育實行的現況，那最後幾名的縣市，則應該拿出具體的對策來落實人權教育在校園的施行。

表9-5　各縣市整體教學資料上傳狀況

縣市	有上傳教學資料	未上傳教學資料	未上傳教學資料排序
基隆市	28.0%	72.0%	13
新北市	32.6%	67.4%	18
台北市	38.7%	61.3%	21
宜蘭縣	23.9%	76.1%	6
桃園市	19.6%	80.4%	1
新竹縣	23.7%	76.3%	5

表9-5　各縣市整體教學資料上傳狀況（續）

縣市	有上傳教學資料	未上傳教學資料	未上傳教學資料排序
新竹市	43.8%	56.2%	22
苗栗縣	20.3%	79.7%	2
台中市	30.8%	69.2%	17
彰化縣	25.1%	74.9%	10
南投縣	24.4%	75.6%	7
雲林縣	33.3%	66.7%	20
嘉義縣	22.3%	77.7%	3
嘉義市	32.7%	67.3%	19
台南市	29.5%	70.5%	16
高雄市	22.3%	77.7%	4
屏東縣	28.0%	72.0%	14
台東縣	24.6%	75.4%	8
花蓮縣	27.8%	72.2%	12
澎湖縣	26.4%	73.6%	11
金門縣	25.0%	75.0%	9
連江縣	28.6%	71.4%	15
整體	27%	73%	

（五）不同縣市人權教育整體教學資料符合人權價值之狀況分析

　　參考表9-6，分析不同縣市教學資料審查狀況，以花蓮縣符合人權教育原則比例最高，達100%，其餘二到五排序依序為：嘉義縣、屏東縣、台東縣、南投縣；不符合人權教育原則比率最高縣市為連江縣，其餘二到五排序依序為：金門縣、新竹縣、桃園市、高雄市。另由表9-6可發現，上傳教學資料的比例與是否符合人權價值之高低無關。

表9-6　各縣市整體教學資料審查符合人權價值之狀況

縣市	有上傳教學資料	符合人權原則	不符合人權原則
基隆市	28.0%	90.5%	9.5%
新北市	32.6%	85.4%	14.6%
台北市	38.7%	80.3%	19.7%
宜蘭縣	23.9%	89.3%	10.7%
桃園市	19.6%	78.7%	21.3%
新竹縣	23.7%	75.0%	25.0%
新竹市	43.8%	87.5%	12.5%
苗栗縣	20.3%	91.4%	8.6%
台中市	30.8%	93.2%	6.8%
彰化縣	25.1%	90.3%	9.7%
南投縣	24.4%	93.6%	6.4%
雲林縣	33.3%	93.2%	6.8%
嘉義縣	22.3%	97.9%	2.1%
嘉義市	32.7%	81.3%	18.8%
台南市	29.5%	83.8%	16.2%
高雄市	22.3%	80.2%	19.8%
屏東縣	28.0%	97.0%	3.0%
台東縣	24.6%	96.8%	3.2%
花蓮縣	27.8%	100.0%	0.0%
澎湖縣	26.4%	92.9%	7.1%
金門縣	25.0%	71.4%	28.6%
連江縣	28.6%	50.0%	50.0%
平均	27.0%	86.3%	13.7%

二、人權教育不同類型教學資料符合人權價值狀況分析

(一) 各教育階段不同類型人權教育教學資料上傳狀況分析

由表9-7可知，在各教育階段所有繳交的教學資料中，國小階段以「教案」為最多（54.8%），其次為「課外教學資料」（40.2%），最少的則為「課本」（5%）；國民中學階段則以「課外教學資料」為最多（56%），其次為「教案」（44%）；高中階段則同樣以「課外教學資料」為最多（65%），其次為「教案」（31.3%），最少的則為「課本」（3.7%）。很明顯「課本」是上傳的人權教育資料中最少者，除了少數領域的課程如公民或歷史外，其他的教師要在課程中融入人權教育，很少是仰賴既有的領域課本。此亦突顯所謂的「議題融入式」人權教育要有可行性，或許更應在各領域的教科書中提供人權教育有關的教學資料。

表9-7　各教育階段不同類型人權教育教學資料上傳狀況分析

	國民小學	國民中學	高中
教案	502（54.8%）	80（44%）	51（31.3%）
課外教學資料	369（40.2%）	102（56%）	106（65%）
課本	46（5%）	0（0%）	6（3.7%）

(二) 各教育階段不同類型教學資料符合人權價值的狀況分析

仔細檢核各項教學資料是否符合人權價值，據表9-8可發現，國小階段教學資料符合人權價值比例均達八成以上，以「課外教學資料」比例最高（為92.6%）；國民中學教學資料符合人權價值比例為各階段最低，為75%，尤其「課外教學資料」不符合人權價值占27.2%；高中階段教學資料符合人權價值比例達75.5%，其中「課外教學資料」符合人權原則比例為此階段最高者，占83%，惟此階段教師所上傳「課本」資料，經專家審查「均」不符合人權價值。

表9-8　各教育階段不同類型教學資料審查分析

	國民小學		國民中學		高中	
	符合	不符合	符合	不符合	符合	不符合
教案	80.9%	19.1%	77.2%	22.8%	76.5%	23.5%
課外教學資料	92.6%	7.4%	73.8%	27.2%	83%	17%
課本	82.1%	17.9%	0%	0%	0%	100%

　　簡言之，國民小學階段所繳交的資料以「教案」為主，且符合比例高；國民中學與高中階段均以「課外教學資料」占較高比例，惟國民中學階段之教學資料相較其他教育階段，不符合人權價值的比例較高；此外高中階段所上傳的6份課本資料，經專家審查100%不符合人權價值，有可能是上傳教師對於人權價值的認知不清，或是教科書的編撰本身即不符合人權。

三、人權教育教學資料之整體性質性意見分析

　　本案之六位人權實務專家分別審查教師上傳之「教案」、「課外教學資料」與「課本」等資料，除審查教學資料是否符合人權價值外，亦就其審查資料之內容，提供整體性意見。以下彙整並分析這些意見：

（一）教學資料的提供多仰賴官方輔導團或民間團體，教師自製的教學資料偏少

■ 經審查，有高比例的教案，推測是直接使用教科書商或人權教育輔導團提供的教案，因評估過程中發現不同區域、不同學校的教師，會使用完全一模一樣的教案。

■ 學校提供的教學資料中，課本教學資料只占少部分；課外教學資料部分是民間團體出版的教學資料和簡報資料，而官方人權教育輔導團或國教署網路上可取得的簡報檔占多數，而各個學校自己所產出教學資料，分量其實並不多，所以實際上教學的時數有多少，值得進一步討論。

（二）從提供的資料，無法評估是否真正進行人權教學

■ 許多學校的人權教育教學資料擷取自網路資料，甚至是主管機關、人權教育輔導團或民間團體製作的宣傳海報、故事繪本或簡報資料。光從學校提供的簡報資料，無法檢核、評估學校是否實際安排教學活動。

■ 從各校提供的教學資料來看，多數學校能夠依照學生的認知發展階段，專門講授或在相關課程中安排、融入人權教育；但仍有不少學校是以機關或民間團體製作的宣傳海報、簡報資料充當教學資料。而這些機關或民間團體製作的教學資料，並未適合每個階段的學齡兒童，卻同時成為國小、國中階段的人權教育教學資料，甚至有不少學校直接引用法務部製作的兩公約簡報資料。這些教學資料固然符合人權價值，但學校施教時學生是否能夠有效學習，仍有待進一步追蹤考核。

■ 人權教育的範圍，若以廣義來看，可以涵蓋非常多的議題，進行方式也很多種；在強調融入課程中時，各科或是各個時段，都可以進行。由各學校提出自己認為從事人權教育的資料，可以看到這個現象，議題包含法治教育、性別平等、霸凌防制、反歧視、認識隱私、兩公約等。但教師所上傳的教學資料，多數無法看出真實教學現場的狀況，有不少是提供演講活動的照片和資料；提供教案簡報者，也無法知道用了幾節課來教、學生學習狀況等。願意提供資料的學校，至少某程度上可認定為有意識到需要做人權教育，也確實有做一些活動或課程。

（三）有部分的教學資料的引導方向錯誤、不足或甚至誤解人權教育

■ 人權教案與教學資料中，有不少教案是有關人權議題的認識，但教師引導的方向比較不是人權理念中重要的各項價值，而是導引到學生應該要守秩序、責任義務比權利重要等等的方向，但人權教育更重要的目的在於引導學生練習批判性思考，學習去發現法律、制度、秩序的限制，尤其部分體制上問題形成對人權的壓迫時，學生更應該具有批判思考的精神。

■ 許多教案將人權、法治、反毒、反霸凌並列。但實際教案內容，則僅論及後三者，並沒有從人權價值出發的觀點。誠然，若能有效減少違法、減少施用非法藥物或降低霸凌在校園中的發生率，都有助於各種權利的保障，但是這些內容與人權教育依然有別。

■ 各校所繳交的「自認是人權教育的教學資料」中，有資料內容沒有實質的人權內涵，只是空泛地將與人權不相干的教學資料的標題、教學內容加上「人權教育」或「融合人權教育」的字樣；也有將課綱中的人權相關的核心素養照抄到欄位中。但實際教學的內容，看不出要透過授課培養人權核心素養或實踐人權教育的目標。

■ 人權教育相關教學資料大多數由出版商提供制式內容，故未能反映實際教學現況，或按學生的需求及社會時事脈動調整，容易讓學生以為「人權」是離我的生活很遙遠的事情。或是停留於發展歷史與相關架構，鮮少實質運用，無法讓學生體會人權的價值與內涵。

■ 有部分的教案與教學資料是希望學生體驗弱勢者的處境，尤其是體驗身心障礙者，這樣的弱勢經驗的同理心建立與理解，固然是好的人權教育始點；但正因為教師建立了這樣的始點，所以教師引導與深化學生去認識弱勢與身心障礙者也同樣是權利的主體，以及去深刻認識弱勢與障礙者的處境，就會變得非常重要。但部分教案在操作上並沒有做足這一步，反而只是停留在愛心、幫助弱勢，這樣不但無法滿足人權教育所需要達到的目的，反而有可能會加深學生對弱勢族群的歧視。

（四）部分教學資料的內容違反人權價值或與人權教育無關

■ 有一兩份教案，老師所引用的是特定宗教團體的道德教育，不符合人權教育的目的。

■ 為了應付課綱及教育部政策，部分教師上傳「有機會與人權相關的教案」修改標題或若干欄位湊數。但實際生活中的各種行為、人際互動或是政府政策，都直接或間接地與自己或他人的權利相關，以至於教學無法聚焦或

不是爲人權教育而設計。

■ 從教學資料中，可以看到法治、反毒、反霸凌教育，主要都在討論守法、守規矩，或者介紹違反規範時的處罰，而不是從人權的觀點出發。既沒有認知權利的來由，也沒有說明爲何這些權利不容他人侵犯。現場教師需認知：人權教育終究是，要實際以教育手段促成學生對於人權的理解以及實踐。總的來說，大部分這類型教學資料，與其說是要進行人權教育，不如說是要培養服從的規訓教育。

■ 教案是否能符合所謂的人權教案，是有所保留的，老師所上傳的書商教案，其實是在教法治教育、品德教育、多元文化的教育、生命教育、人際關係、兩性教育，但無法檢核這些內容是否探討人權理念中的自由、平等、消除歧視、尊重、人性尊嚴等等的價值。

（五）符合人權價值之資料有適當結合近代社會議題

■ 部分人權教育教學內容涉及國際童工、性別歧視與破除性別偏見與刻板印象的議題、透過歷史學習殖民壓迫與反抗的議題、有老師透過民主審議的方式讓學生練習公民思辨、學習身心障礙者的議題、新移民的議題、跨國企業污染的議題、二二八與轉型正義的議題、國際人權公約的議題、隱私權的議題、國際難民的議題、遊民的議題、工人的議題、反霸凌與暴力的議題等等。

■ 在教師提供的教學資料中，有涉及個人隱私、性別、自我認同的教育，有班級經營、兩性平權、友善校園的教育人權事務，也有攸關兒童權利、司法審判、移工與難民的人權議題，充分顯示多數學校已掌握同理關懷、文化多元性的人權核心精神。

（六）對人權教育改善的具體建議

■ 以最廣義的角度來看人權教育，部分教師所提供教學資料有碰觸到人權議題的教學資料，都算成有進行人權教育課程或活動，但就目前呈現的資料

來看，教學的深度、廣度、時數其實都堪慮。或許由這些學校所提供的資料，可以得到一個粗略的印象，也就是如果有既成的教學資料或是簡報，尤其是官方提供的資源，會有助於學校提高人權教育的意願、幫助落實人權教育。而由學校會將校外專業人士演講照片當作學校人權教育進行的證明，也可以看出，專業人士或團體或可以幫助學校進行相關活動，讓學校進行人權教育更容易上手。

■ 教師缺乏人權教育與人權標準的專業知能，建議深入檢討教育部及各級主管機關、學校所開設的人權教育教師研習課程之成效。教師研習時，只要參與即可獲取研習時數的這種落於形式主義的人權教育進修方式，需要有所調整，而研習的教學方法以至於內容，更須改革。

■ 若出版社書商是老師願意使用教學資料的重要來源，建議邀出版社與一線教師和人權工作者共同合作，提供更貼近生活與人權內涵的教學資料教法。包括運用我國國際審查對於人權公約的結論性建議和各公約一般性意見書作為重要補充材料，且與國內時事結合。

肆、結論

　　針對教師所上傳的人權教育教學資料，從上面的量化的數據分析或質化的意見反映，本研究可以獲得下列之結論：

一、整體提供人權教學資料比例偏低且是否進行人權教學堪慮

　　受調查之國小、國中、高中總校數4,322所，上傳教學資料者有1,205校，僅27.9%（約四分之一）的學校願意提供具體實施人權教育的教學資料。根據審查者的整體質性意見，因為這些上傳之資料仍含有人權公約教師研習之資料、學務工作有關如法治教育、反毒、反霸凌等之宣導資料，或書商所提供法治教育、品德教育、多元文化的教育、生命教育、人際關係、兩性教育等教

案，並非人權教育之教學資料，因此若以上傳之比例來評估實際人權教學，真實的數字恐怕更低。在十二年國教課綱實施之際，所謂的「議題融入式」課程模式，將九年一貫課程中之六大議題，擴增為十九項議題，亦即近三倍以上之議題要學校在領域課程中融入。九年一貫課程已實行十六年，人權教育輔導團亦成立十年，但現在仍僅有如此少的學校能提供人權教學資料，在新課綱增加更多議題的情況下，教育部若未能額外提供資源，增強人權教育之施行，人權教學恐被進一步排擠，是否能真正在教室內施行，實在令人堪慮。

二、國中和高中教育階段的人權教育最需要加強

就上傳人權教學資料之比例而言，其中國民小學繳交狀況最佳，未上傳檔案之校數的比例最低，僅達69%，其次為高中71.4%，最後則為國民中學81.5%。甚者，就所上傳的人權教學資料，其符合人權價值之比例，國中也是最低者，僅有75%，雖與高中75.5%差不多，但遠低於國小階段的85.2%。國小是所有三階段表現最好者，此現象或可歸因於升學壓力，因為升學壓力小，人權教育以「議題融入之方式」進行，較不會被教師認為是「外加」的課程而被忽略。

三、私立學校比公立學校更要加強人權教育

若以公私立學校分類，公立學校上傳教學資料比例較私立學校略高，分別為28.7%與25.4%；而檢核這些教學資料可發現，公立學校所上傳教學資料符合人權價值比例較私立學校高，分別為88.5%與77.5%。此現象之差別，或許有許多的原因，如私立學校更重視升學，而忽略人權教育；或許可以歸因於私立學校教師在人權教育資源如研習上更缺乏等，真正的原因需要進一步去探究。

四、縣市在上傳人權教學資料之比例懸殊，但與內容是否符合人權價值無關且無城鄉差距

　　上傳人權教學資料校數比例最高之新竹市達43.8%，而最低的桃園市僅有19.6%。然而，各縣市學校上傳之資料是否符合人權價值，與上傳資料之校數比例，並無任何關聯。另外，上傳校數最多的前五名為新竹市、台北市、雲林縣、嘉義市、新北市，最差的後五名為連江縣、金門縣、新竹縣、桃園市、高雄市，其中無顯著的城鄉差距，蓋不論前五名或後五名皆有六都成員。比較值得注意者是連江縣、金門縣被列為上傳倒數之第一與第二名，或許可歸因於這兩縣並未成立人權教育輔導團，特別是與同樣離島的澎湖，其在上傳人權教學資料並未顯著的差距。

五、課本是上傳人權教學資料類型最少者，突顯在教科書中融入人權教育之必要性

　　就上傳的人權教學資料類型而言，課本之比例大概是所有類型中最低者，不管是國小的5%或高中的3.7%，甚至國中0%。然而，以我國教科書使用之普遍性而言，若要提高人權教學融入領域之課程，或許最直接與最有效之方式，應該是在各領域之教科書中，即明確的將人權教育之相關內容寫入。鑑於在十二年國教各領綱之附錄二，議題（包括人權）已規劃其應講授之實質內涵，亦舉出可融入領域教學重點之示例，若在教科書審查中明確要求應有議題融入之規劃與安排，教師在領域中實施人權教學，比較可以期待。

六、人權教學仍仰賴人權教育輔導團或書商所提供教案，或其他課外教學資料

　　參考前面的資料分析，教師所上傳的人權教學資料仍以教案、課外教學資料占絕大多數，而使用課本的比例非常少。此現象很明顯，既有的領域課程之教科書，鮮少會主動融入人權教育議題有關之內容，蓋並沒有規定時數且無正

式的教材下，對於一般之授課教師而言，若無現成的教案或教材，大多數教師既無能力又無時間來發展融入式的教案，其當然需要仰賴人權教育輔導團或書商或其他團體所發展之教材或教案。

七、上傳的人權教學資料中，仍有近兩成不符人權價值，突顯教師的人權素養仍待提升

雖然整體上，教師所上傳的人權教學資料，高達82.2%符合人權價值，惟從這些資料來看，仍有教師不清楚人權教育或人權價值，或將人權教育與其他的品德、生命、法治教育等混為一談。雖然這些教育有些面向可以和人權連結，但明顯地未能清楚地帶出人權的價值；甚至雖掛名人權教育，但卻剛好淪為人權教育所要對抗的歧視。這些都突顯教師的人權素養仍有待加強。雖然師資之在職教育部分有人權輔導團可以協助增能，但在師資之職前教育部分，若無相關之課程，除非他自身對人權有興趣，實在很難期待除公民教師外，其他領域之教師會在自己的領域課程融入人權教學。

聯合國兒童基金會（UNICEF）和教科文組織（UNESCO）（2007），更在其共同撰寫的書*A Human Rights-Based Approach to Education for All: A Framework for the Realization of Children's Right to Education And Rights within Education*中主張，要實踐兒童的教育權利，應採取「全方位」（wholistic）實施方式，在三個面向上皆要保障兒童的權利：近用教育的權利（the right of access to education）、接受有品質教育的權利（the right to quality education）、學習環境中受尊重的權利（the right to respect within the learning environment）。可見人權的價值應在教育領域的各個面向落實，可是要達到如此的境界，教師的人權素養必須足夠為前提，本文單就2018年教師所上傳的人權教學資料所進行的研究分析，很明顯地，人權教育要如此廣泛地以議題融入之方式進行，我們仍有很長的路要走。

參考文獻

Hodgson, Douglas. 1998. *The human Right to Education*. United States: Dartmouth Publishing Company Limited.

IGIE. 2013. "Review of the Initial Reports of the Government of Taiwan on the Implementation of the International Human Rights Covenants Concluding Observations and Recommendations Adopted by the International Group of Independent Experts." in http://www.humanrights.moj.gov.tw/cp-468-3148875b0f-200.html.

Rinaldi, S. 2017. "Challenges for Human Rights Education in Swiss Secondary Schools from a Teacher Perspective." *Prospects* 47, 1-2: 87-100.

UNICEF and UNESCO. 2007. *A Human Rights-Based Approach to Education for All: A Framework for the Realization of Children's Right to Education and Rights within Education.* New York, NY: UN Children's Fund.

United Nations, Human Rights Office of the High Commissioner and UNESCO. 2012. "Human Rights Education in Primary and Secondary School Systems: A Self-Assessment Guide for Governments." HR/PUB/12/8. in http://www.ohchr.org/Documents/Publications/SelfAssessment GuideforGovernments.pdf

林佳範。2018。「高級中等以下學校人權教育自我評估實施計畫」。台北：教育部國教署委託專案計畫。

湯梅英。2002。〈融入或消失？談九年一貫課程中人權議題的課程與教學〉。《師友月刊》，第420期，頁17-21。

雷敦龢

壹、前言

　　本文介紹了作者在輔仁大學及東吳大學大學部及研究所的人權教育經驗。首先提出西方教育界的兩種教育傳統，然後介紹學生如何經由創造自己的作品來表達人權理念。文章指出，以藝術創作表達人權乃屬西方次要傳統，因此與大學的主流傳統發生衝突；雖然有這些實際的困難，但也帶來不少益處。

貳、第一部分：西方的兩個教育傳統

一、亞里斯多德教育傳統

　　美國耶穌會歷史專家若望・噢麻利（John O'Malley）神父指出，以知識為基礎的教育傳統可回溯至亞里斯多德，尤其是中世紀的大學（O'Malley, 2015: 1-2）。大學提供法律、醫學及神學的專業培育，以及解決問題所需要的知識與能力。噢麻利認為，自大學肇始以來，這樣的模式就未有任何根本的變動，因此大學教育包含：「固定課程、固定課本、考試、學院分類、正式畢業證書，即公共承認的專業能力文憑」（*Ibid.*: 4）。噢麻利發現，大學追求兩種世俗的目標：「第一，解決知識面的問題或產生知識；第二，經由得到專業能力增進自己的職涯發展」（*Ibid.*: 9）。這就是人權教育的內容。反省本人的教育模式，我覺察自己跟隨此模式教書。

---

* 本文的英文版本發表於《台灣人權學刊》，第5卷第1期，頁127-146。

　　1988年，輔仁大學成功地舉辦一場國際學術研討會，討論亞洲價值與人權。[1]會議後我請幾位老師一起討論如何在法律系教授人權。由於沒有老師願意開始，我便自己發展課程，以原來人生哲學課的幾個單元爲出發點。由於本人的學術背景偏向哲學，因此課程注重於人權思想，以西方哲學及清末民初的中國思想爲參考資料。當時，輔大和平研究中心剛好在編輯中國學者的人權著作，後來出版《前輩談人權》四冊。[2]除此之外，我加上《世界人權宣言》的研究，以及其他本人原來比較熟悉的題目——如原住民族權利。由於當時的環境，我特別強調人權的普世性；同時，由於我後來也舉辦研討會討論廢除死刑的議題，因此我特別強調這個議題，一方面因爲是普世人權的例子，一方面因爲天主教的官方意見，與本地社會——甚至本地天主教教友——的看法非常不同。[3]

　　之後，我將課程做更細緻的規劃。原來一學期的課程變成兩學期，前學期注重人權思想史，後學期以聯合國人權公約爲核心。東吳大學人權學程也請我上人權思想史。在東吳與輔大的兩所碩士班，我設計一個課討論清末民初的中國人權文獻，並討論當時中國學者所引用的的西方原始文件。因此，我特別研究伊耶陵（Rudolph Jhering）與斯賓賽（Herbert Spencer），因爲這兩位對中國知識分子產生了不當的影響。還有，由於東吳大學不少政治系的老師在美國讀書，我又加上了羅爾斯（John Rawls）的思想。

　　這些哲學課程的目標與中世紀大學的文學院相當吻合，即傳輸正確的知識。在西方脈絡中，我感到最突兀的，就是英國的輝格史觀，由古典羅馬直接跳到休謨的愛丁堡，在此歷史過程，人權突然於17世紀像神一樣從天空掉下來。也許「人權」這個名詞是那個時候誕生，但從歷史的脈絡來看，這種歷史觀缺乏說服力。很明顯，羅馬的司法傳統在中世紀歐洲的發展中，常思考權利的議題，包括人與動物的權利。由於歐洲社會發現美洲的原住民族，且西班牙

[1]　請參考雷敦龢編（1998）。
[2]　朱榮貴主編（2001-2002）。
[3]　請參考雷敦龢編（2002）。

的神學家爲原住民族辯護，才強調人的權利，不那麼重視動物權。

　　同時，在華語界有非常特殊的人權背景。當時的中國面臨現代化與革命，人權論壇出現在各種新的期刊──其中不少壽命很短。而且，華人特別喜歡感情故事，使得羅蘭夫人的死亡變成整個法國大革命最有代表性的事件。或者華人文化無法理解歷史背景，也缺乏全文的譯本，使得《英格蘭大憲章》被封爲人權基礎的重要文獻──《大憲章》本身不是人權文獻。

　　在東吳大學，一批老師與研究生開始讀鄂蘭的《耶路撒冷大審紀實》，在討論中我意識到台灣社會對尤太教的理解有點弱，因此我投入浩劫的研究，開始專門開浩劫的課程，之後也加上其他種族滅絕罪的案件，特別是波士尼亞及盧安達。種族滅絕罪的課程比較實際，要求學生多瞭解某些歷史的細節。

　　在研究所，我的課程慢慢發展提到《世界人權宣言》的編輯工作，昆爾·葛瑞悌（Conor Gearty）與邁可·桑德爾（Michael Sandel）的思想，自然法及婦女權利。這些課程背後有一個問題：人權如何發展？人權是否突然就以各種零碎的議題出現？或是否過去與現在的人權論辯有某種連貫性？在本國內，大家好像認爲人權議題非常清楚，一把人權標誌貼上去，那件事情必須落實。如何與其他權利聯合，或爲何重要，這類的問題比較不受重視。

二、伊索克拉底教育傳統

　　噢麻利也談第二種教育傳統，認爲此傳統源於伊索克拉底（Isocrates）。本傳統強調修辭學，也用文學作品改變聽眾的意見。在大學未發展前，本傳統爲主流教育模式。大學的創辦把伊索克拉底傳統移到邊緣。對此，義大利有名的文學家彼特拉克（Petrarch）提出兩個批評，一方面批評大學未教文學與歷史，另一方面批評大學不在乎「學生的倫理、靈修、宗教、情緒管理及體育的發展」（*Ibid.*: 10）。文藝復興時代，人文學校出現，尤其新興的耶穌會接受人文學校的目標，使得伊索克拉底教育傳統恢復某種地位，而且17世紀、18世紀歐洲中學教育以耶穌會學校爲主。

噢痲利提出本傳統的七個原則，[4]其中第二個原則把人文學擺在課程的核心位置。拉丁文的「人文」（*studia humanitatis*）意義就是「研究我們的人性」或「研究做人的意義」；第三種原則為「感覺到人生經驗的廣度」；第四乃：學生的培育為「公共福利服務」。因此，學校的設計使得校園必有劇場，表演、舞蹈及音樂會成為教育常有的一部分。

作者編按：

　　發現伊索克拉底教育傳統之後，我才瞭解本人開始用藝術談人權的意義。不過，我以台灣反對死刑的議題，來作為新教育方法的基礎。我意識到，大部分人不會因為理性而改變自己的意見。美國學者已經做非常多必要的研究，證明死刑無法遏制犯罪行為，而且死刑非常昂貴，浪費資源，在種族與貧富差異方面不公平。統計數字很明確，但是人們仍然固守信念，借用不適當的藉口 —— 如中國五千年的文化擁有死刑，因此必須保留。為什麼死刑是文化的重要特色，而不是皇帝或纏小腳？—— 這兩者則在今日沒有人要恢復。為了籌辦廢除死刑的研討會，我選擇了Dierck Bouts的一幅畫的一部分，且寫一篇明的短文。之後，一位朋友請我當她碩士論文口試委員。她的論文討論雨果的短文《死刑犯的最後一日》。我再次讀這篇文章，也開始找其他有關的文學作品。所發現的書籍很多，我的人生哲學課程因此多加一堂課。由於本人原來研究法國文化，我更注重於繪畫與法國大革命、音樂及戲劇。在戲劇方面，易卜生的《傀儡家庭》特別吸引我，因為在中國的新文化運動中，《傀儡家庭》有非常大的影響。討論民初人權思想的時候，學生常在課堂上讀這個劇本的最後一幕。另外兩種藝術 —— 舞蹈與建築 —— 是我很

---

[4]　七個原則為：1.培育學生的個人發展；2.以研究人性為核心；3.以感覺到人生經驗的廣度；4.個人發展為公共福利服務；5.雄詞；6.語言方面的表達作為思考的主要部分；7.體育。見O'Malley（2015: 12-14）。

有興趣的領域，但沒有專門研究。有一個領域我故意未納入：電影。我從小沒有電視，對電影也缺乏足夠的經驗，我寧願承認自己的不足，保持靜默。

　　為了教授「藝術與人權」，我先寫一本課本，提供知識，並在期中考以知識為基礎，期末考試則以產生作品為主；因此這個課程包含兩種教育傳統，期中考試以亞里斯多德教育傳統為主，期末考試以伊索克拉底教育傳統為主。

　　愛爾蘭人權專家昆爾・葛瑞悌強調，推動人權者不該抱持那麼驕傲的態度，認為貼上人權的標籤就能確認自己的看法是對，類似某種王牌。有名的芬蘭國際人權專家馬悌・科斯肯尼米（Martti Koskenniemi）曾寫道：「人權一旦制度化，便失去推動變動的能力，成為無生命的法條而已」（Koskenniemi, 1999，轉引自Geardy, 2004: 29）。葛瑞悌否定人權的絕對性，引用邊沁批評法國大革命的《人類與公民權利宣言》：宣言是錯誤的，最好是在具體案件出現時引用適當的法律處理。葛瑞悌自己比較喜歡談國會通過法律的公民權利，認為應該以民主為遵循的原則，而非人權。

　　也許在英國，葛瑞悌的看法是正確的，不過不一定能適用於其他地區，但是他的看法是對的：在民主社會，權利必須要讓民眾接受。為人權提出論證對民主制度是件好事，對權利的辯護者也是好事。我們應該知道自己為何主張某項意見，而不是因為該意見貼有人權的標誌就覺得自己是對的。

　　噢麻利指出的伊索克拉底教育傳統第五個原則為雄辯，即提出具有說服力的論點；這當中包含參與公共論述，但亦包含其他媒介的表達方式，如劇本、繪畫、音樂等藝術。這些也許可以說是某種行銷。葛瑞悌證明公民權或人權需要透過一個別人能接受的方式表達出來，不可用人權議題當作棍棒打倒無知的人。也許死刑，譬如說，應該完全廢除，但是我們不可以認為大家都瞭解，也不應該期待大家都應該瞭解。我們必須學會表達看法，得到大眾的同意。

　　最後，我想說明，用藝術談人權有其特殊的作用。藝術平常不是直接的媒

體，也許電影比較容易有直接的影響，但讀一本小說、看一幅畫，不一定會馬上改變人的看法，反而藝術作品也許能引起思考，挑戰固定想法，以保羅・利科Paul Ricoeur的說法：「可讓人思考」。

參、第二部分：學生的作品

我沒有保留過去五年中，學生作品的整體紀錄；除了一些照片，作品本身留下來的也不多，但是仍能做一些分析。不少作品，也許大多數，以違背人權為基礎：指出問題就等於指出哪個權利被忽略。其他作品比較積極說明人權。消極或積極，使用的媒介大部分為視覺作品及戲劇；偶爾學生會唱歌，甚至自己寫首歌，不過音樂不是最容易使用的媒介，因為期末考試時間很短。同樣，建築和舞蹈基本上不出現，雖然有一次無聲的表演。某些學生難以逃脫大學傳統的報告模式，因此以簡報的方式進行，其中算得上藝術的部分只有照片。

> 作者編按：
>
> 本文原來為第九屆國際人權教育學術研討會所寫的，舉辦單位特別邀請我說明本文與國內新通過的反歧視法案之間的關係。其實，即便我大部分的學生屬於法律系，立法院通過的法律對他們沒有特別明顯的影響。新法律通過前，學生早提出同性婚姻為應有的權利。面對考試時一般性的問題如「在今日國內哪些人權應最受重視呢？」，答案通常包括婦女、兒童與同性戀者的權利，而同性戀者的權利常僅限於同性婚姻的範圍。

一、輔仁大學學士學位課程

除了創作自己的作品，學生也可以選擇戲劇作為期末報告。一開始，我選擇的是貝爾托・布萊希特（Bertolt Brecht）《第三帝國的恐懼與苦難》（*Fear and Misery of the Third Reich*）的幾個短幕。最適當的場景爲第十三幕〈工人休息時〉及第七幕〈事業病〉，因爲可以由四、五位同學加入演出。不過，由於本課是全英文課程而學生英文能力常不足，無法表達布萊希特的諷刺語氣，聽衆在理解上也有困難；因此，我決定自己寫劇本，以學生懂的社會背景寫故事，例如談氣候變化、性別歧視，及移民女工受法庭不公平的判決（後者爲眞實案例：本地雇主強暴印尼女工，但法庭判決無罪）。這些戲劇需要較佳的英文能力，並能表達諷刺語氣，有幾次非常成功。

通常同學不會自己寫劇本（2018年則有一次例外），但有一位拍出很動人的默片。這位同學蹲下來，全裸並用雙手抱住膝蓋，用透明膠帶綁著身體，試著用嘴巴吃桌上的蘋果，同時拿掉膠帶，仍保持原狀。全劇說明婦女無法充分行使權利。

另外一篇作品是何明昉同學的《無家過冬》，這是一本十幾頁的黑白照片集，內含中英文說明，記錄作者訪問台北市街上睡覺的人民，瞭解爲何他們在外面。照片的品質非常高，小冊眞有價值。

某些畫積極表示人權的美好，如美國自由女神的型模或拼圖；有學生畫地球，前面放天平表示人人平等；方婉瑄畫阿富汗的馬拉拉女士。同時，也有負面的畫作，如曾羽薇的家庭暴力、蕭崇宇的斷頭台模型、林致遠白色恐怖時代的暴力行爲，以及一位同學的綠島監獄的照片等。李佳興花整個學期畫蔡英文總統，周邊圍繞著各種人權標誌，如性別平等的彩虹。

課堂上有幾位國外來的學生，大部分來自中國。其中兩位的創作主題爲北韓的壓迫，也有一組同學用PPT及海報談《陰道獨白》（*Vagina Monologues*）；法國同學Louise Longle畫幾幅畫談恐怖分子攻擊法國週刊的事件，德國的Rebecca Meier批評歐洲對尋求庇護者的態度。

女權及性別權利是最受重視的議題。從藝術品質來看，黃馨慧的「胖」美女十分出色，她想挑戰傳統苗條淑女的刻板現象。其他同學（如何嘉穎）的畫作說明傳統婚姻違背人權，賴慶瑋的畫反對各種歧視，如性別、年齡與地位的歧視。

不過，學生很少提到原住民族、新移民或移民勞工所面臨的歧視。而且，幾乎不會提到死刑、囚犯或身障者的人權，也許是大部分同學缺乏與這些族群接觸的經驗。這樣的族群隱藏在社會之中，而死刑犯及囚犯的的確確是隱形人物。輔仁大學原住民族學生人數達500人，在非原住民地區的綜合大學中算是很高的比例；法律系有一些原住民族學生，但已逐漸漢化，甚至會隱藏他們的原住民族身分。雖然輔仁大學特別歡迎盲人，法律系並不特別歡迎身障者，也許這種實際的歧視不是故意的，但仍然很可惜。

更嚴重的是東南亞移民的社會地位。目前台灣移工人數歷史上最高，來自越南、泰國、印尼與菲律賓。除了移工外，也有新移民，大部分是來自中國與越南的婦女。在今日，台灣幾乎無法發現任何地方完全沒有印尼或越南人，但本地人民與新移民來往仍不夠。因此，上述的議題未出現在學生的作品中。

二、東吳大學研究所

在東吳大學研究所，兩門課以戲劇為期末報告：第一是人權與藝術課程，以莎士比亞的《奧賽羅》（中文版）為劇本；第二為清末民初人權課，以易卜生的《傀儡家庭》（*A Doll's House*）為劇本。其實，我們沒有演出全本的《傀儡家庭》，只選擇最後一幕的末尾，然後加上學生自己編的四個版本，討論娜拉離開家之後的狀況。這些劇本最有價值之處，在於如何在短時間內以極少的資源進行表演。我想，非政府組織大概會面臨類似的情況。我們的經驗證明演戲的方式是可行的，可促進彼此之間的溝通，建議非政府組織使用這個方式來表達他們的議題。

作者編按：

關於表演技術方面，應該稍微說明。在表演《奧賽羅》前，需要一段時間確定該用哪個中文版。之後，我們錄下每個人的台詞，因此便不必依靠記憶；有位同學知道如何錄音後放入電腦，並在需要的時間點播出。練習的時間實在太少，而且練習後才知道必須刪掉幾個部分。其中

一個問題是本人讀中文的速度太慢。舞台非常簡陋，一位演員常需分飾好幾個角色。

　　從人權角度來看，《奧賽羅》表達出莎士比亞對人性尊嚴的看法。故事情節開始時，奧賽羅的社會身分最高——與貴族女兒結婚、是位有名的將軍等——但在劇末卻成了殺人犯。從社會地位來看，奧賽羅明顯下滑，身上的衣著逐漸簡陋。不過，從做人的尊嚴來看，卻是往上提升：因為在最後一場，奧賽羅是一位軟弱但可期待得救的人。

　　演《傀儡家庭》的時候，班上有一位同學的專業就是舞台劇。她不僅選擇及重編原始劇本，也帶領我們排演。雖然有幾位可以將大部分台詞背起來，但我們決定唸劇本。這經驗讓我知道排演與準備需要很多時間。

　　我們從《傀儡家庭》的第三幕開始演出，即娜拉與丈夫的討論部分，並以娜拉離家做結。兩位演員繼續演他們撰寫的劇本作為結局，故事設定在幾年之後：娜拉回家，完全服從丈夫，發現兒子犯罪——開車撞人但未停車——求丈夫救兒子。

　　第二種結局是那位學生撰寫的第三個版本，他演丈夫的角色。丈夫已不在銀行工作，開始在美容公司當推銷人員，因此給娜拉打電話，請她來看孩子，但實際上他想賣化妝品給娜拉。娜拉看透丈夫的詭計，並生氣地走了。

　　第三種結局有丈夫與第二位妻子羅拉。羅拉也離開丈夫，搭火車到小鎮，找到一個小民宿並過了一個晚上。民宿的老闆剛好是娜拉（雖然她不露出她的身分，但羅拉與聽眾都能猜到事實）。娜拉說，離開丈夫後她做幾種工作，包括娼妓，現在負責民宿。演出的時候，娜拉未上台，只有錄好的聲音（實際上，是演員生病住院，所以無法上台，聽她的聲音真讓人深刻地感動）。

　　第四個結局是唯一雙方能正向發展的版本。在第一與第二個結局，丈夫是強勢的。娜拉在第一個結局完全失敗，在第二結局的經濟狀況不怎麼樣，但人格較丈夫成熟許多。在第三個結局，娜拉的社會地位不高，但維持了她的尊

嚴，丈夫與第二個妻子間反而持續發生同樣的毛病，完全未改善。

作者編按：

　　第四個結局是本人寫的。由於《傀儡家庭》於1920年代進入中國，此劇本選擇二十年後的1940年代國民黨與共產黨合作的時期。娜拉是大學畢業的英文老師，在共產黨領導的山西省教英文；她丈夫是國民政府的經濟部部長。他們討論如何復興中國，抵抗日本的勢力，也談孩子的事業：大兒子在紐約市貿易公司老闆，也結婚有孩子；女兒在國外成了工程師，回國準備在鐵路局工作；小兒子在上海演奏喇叭。看起來娜拉與丈夫恢復了婚姻關係，也就是「奇蹟中的奇蹟」發生了。但是，大家都知道國民黨與共產黨的合作時間很短，因此奇蹟是否能出現很難說。

　　戲劇演出及討論我們自己寫的版本非常有意義。學生用自己有關家庭破裂的經驗來寫劇本。不過整體來說，我覺得他們沒有意識到易卜生的娜拉不是那麼軟弱的婦女，因此總是從丈夫負面的態度來看娜拉。也許我們沒有花足夠時間看完全部的劇本。

三、兩個傳統的彼此衝突：評分

　　大學教育的目標是提供教育，鼓勵學生思考，但不能避免給分數。國內大學教育與中學教育非常類似，因此重視出席上課。在大學部，我曾將出席分數降低到10%，但學生抗議，所以我平常選25%。當然，學生在課堂內，不代表他們真的在上課，也許在上網、睡覺、發呆等。期中考有30%，期末藝術作品45%。因此，大學傳統教育分數為55%，伊索克拉底教育傳統分數為45%。

　　評分制度與藝術創作有一些衝突。評分必須與課程內容有關係，而輔大課程是全英語授課，因此評分時必須考慮藝術創意、人權表達、英語能力等。有的同學的藝術創意性低，但也許英文很好、人權意識高；有的則相反，甚至完

全沒有英文程度。在東吳的碩士班，最後表演的分數為100%。但如何給分是不容易回答的問題。例如，某同學花很多時間錄音、編輯與廣播劇本的話，為了公平不可不給高分數，但這些技術性的成果不表示對人權的理解。

評分問題說明了伊索克拉底教育傳統與亞里斯多德傳統的衝突。作為大學課程，藝術與人權課必須有某些標準審核學生的成績，且不可能與其他課程的評審方式相差太遠，但也不能忽略對人權意識（甚至英文能力）的評價。藝術技巧是表達人權的有力工具，但不可能代替人權意識本身，因此評分這件事情就變成兩種傳統的衝突點。

四、學生學到什麼？

在大學部的課程，學生學習到三種能力：首先，由於參與創意活動，他們發掘自己隱藏的能力且得到更多的自我肯定。有時會發現同學本來想追求藝術路線，但由於家庭或經濟的壓力，使得他們必須放棄。第二，投入藝術品的創作活動幫助學生專注於一個特定的題目，也創造一個難忘的經驗。第三，除了演講外，學生學到用不同的方式傳播訊息。

在碩士班，合作與討論非常重要；同樣地，劇本的準備工作、技術能力等都非常寶貴。由於學生缺乏寫劇本的經驗，所以最大的錯誤是把一個人物當作唯一的，其餘為刻板性的陪伴角色而已。

肆、結論

本文所提的各種藝術形式都能表達人權的議題，無論是積極或消極的方式。不過，我們仍需要直接的、理論性的人權論述，否則人權議題易落於個案及個人熟悉的範圍。進一步的發現是，表達違背人權的案件比正面表達人權更加容易。從教育角度來看，最大的問題是大學的考試、評分、以知識為主的價值取向，與透過創意模式促進社會變遷的修辭傳統，兩者間的衝突。

　　葛瑞悌提醒人權工作者，必須注意那種認為自己一定對、別人很笨的驕傲態度。我們要學習如何讓大眾瞭解人權、接受人權，因此在民主市場中，要為自己的產品──即人權──打廣告；我們需要適當的修辭工具推廣人權。傳統大學教育是必要的，因為我們必須瞭解人權；但同時，我們也應該學習新的表達方式。

參考文獻

Gearty, Conor. 2004. *Principles of Human Rights Adjudication*. Oxford: Oxford University Press.

O'Malley, John W. 2015. "Jesuit Schools of Humanities Yesterday and Today." *Studies in the Spirituality of Jesuits* 47, 1: 1-34.

Ryden, E. 2013. *Human Rights seen from the Arts*. New Taipei City: E. Ryden.

朱榮貴主編。2001-2002。《前輩談人權》。新莊：輔仁大學出版社。

雷敦龢編。1998。《東亞文化與人權》。新莊：輔仁大學出版社。

雷敦龢編。2002。《台灣反對死刑》。新莊：輔仁大學出版社。

劉麗媛

壹、課程之外

一、什麼是轉型正義

體制的教學中，在有限的資源和時間，以及進度的壓力下，除多元選修與特殊課程得以享受自主外，能夠自由運作的課程並不多。然而，公民老師的日常，除了面對環境、性別、人權等重要議題之外，就最重要的是「自己的內心」，什麼課題能夠觸動著自己，值得引領孩子深入探討，而轉型正義正是心中存放已久的課題。而那一份觸動是來自許多堆疊與累積，推動著你去實踐。

那樣的感動是遠自十年前在國家人權博物館尚未成立、還是景美人權園區的時候，帶著本校高一學生參觀園區之後，政治受難者蔡焜霖先生對著孩子講述政治受難的生命故事，他在艱辛的遭遇中仍保有的開朗及堅定身影，始終深植心中；還有閱讀《無法送達的遺書》中的感人篇章，以及許多政治受難者家屬的隱傷，最不捨的，是看著政治受難前輩們陸續離開，那些隱沒而悲傷的故事逐漸被淡忘，然而這些故事需要被記載而非遺忘，需要被傳承而非遺棄。這些悸動提醒著自己傳遞感動與行動給學生，一起為台灣跨出歷史的一大步。

二、還沒準備好的轉型正義

初步探討轉型正義是在自己與富邦電影學校開設的電影課程——跟著電影去旅行，研討法國影片《雨季不再來》：一個查德少年為父親復仇，看似簡單卻意涵複雜的故事，除了電影語言的學習外，主題圍繞著轉型正義的提問。雖然此次課程反應不差，但課後的自我省思中，覺得自己對於轉型正義的課題認

識有限，資料的梳理與準備不足，如何在有限的時間以適切的角度切入，仍須磨練與學習。其次教學策略仍須有所調整與修正，不能直球對決談轉型正義，直接告訴學生什麼是轉型正義，而是繞道而行，迂迴前進，讓孩子有所連結，有所感受，才能真正理解轉型正義的核心概念與價值。

很幸運地，知識或策略的貧乏，在2018年參與國家人權博物館舉辦人權教案設計工作坊後得以增能補強，有所啟發。為期六週的課程，首先由葉虹靈講師講述「轉型正義視角下的白色恐怖歷史」，由釐清轉型正義的相關基本概念出發，帶著這個視角回望台灣近四十年的白色恐怖歷史。而楊凱麟講師則從文學面向，探討「施明正小說中的『蔣公難題』」，透過為人所知的作品〈喝尿者〉與〈渴死者〉，其特異的小說技巧、諷刺美學，彰顯白色恐怖的控訴。陳平浩講師則以紀錄片《錢江衍派》裡的「再政治化」為題，探討紀錄片以及戲劇重演紀實與虛構，透過現實裡的製作而逼近歷史裡的真實，並分享景美女中實施的微課程。張維修講師則帶領成員實際探查北部不義遺址，進行人權景點小旅行，循著受難者的受難（受害）之路，從「六張犁戒嚴時期政治受難者墓園（埋葬）」→「馬場町紀念公園（槍決）」→「喜來登飯店（審判）」→「西門町獅子林（偵訊）」，踩踏著不當司法審判下的惡路。一邊上課，一邊帶領成員討論。在增能涵養的歷程，成員之間討論與對話，到後來的教案分享發表，慢慢地化成後來自己課程的規劃與行動，深切認知運用多元的型態和方式，從文學、電影、歷史、藝術不同的領域與角度，讓學生對議題有更深的感受與理解，才能進入轉型正義的探索。

貳、課程的開始──課堂上的小轉型

一、學生看轉型正義

教案設計工作坊之後，打開對於轉型正義的多元理解，我帶著能量，轉化為課堂上的行動，隨即應用在任教的六個高三班級，即使學生有著學測的

壓力，仍在「防止政府權力濫用的行政法」的單元，次章節「國家賠償與補償」，先行建立賠償與補償的基本概念，讓學生思考：為何《二二八事件處理及補償條例》改稱《二二八事件處理及賠償條例》？而《戒嚴時期不當叛亂暨匪諜審判案件補償條例》仍是使用補償而非賠償？為了回答並探索這樣的提問，規劃一百分鐘的微課程。課程開啟之前，先讓學生填寫問卷，以瞭解學生的起點行為和動機，除了讓學生覺察自己與轉型正義的關聯，並能瞭解學生對轉型正義的認識及看法，以作為教學發展的方針。我從四大面向來探詢學生的想法，他們的意見整理如下：

（一）談到白色恐怖，你會聯想到什麼？你對二二八事件與白色恐怖的瞭解程度如何？你對二二八事件與白色恐怖的認識，資訊的主要來源為何？

多數的學生談到白色恐怖，會聯想到：

「二二八事件、戒嚴、威權、極權政府、匪諜、冤獄、蔣中正、蔣氏父子，不自由、政治迫害、刑法第100條、許多人無辜被抓。」

對二二八事件與白色恐怖的瞭解程度「非常瞭解（3%）、普通瞭解（46%）、一知半解（36%）、不瞭解（14%）、非常陌生（1%）。」

對二二八事件與白色恐怖認識的資訊主要來源主要為「歷史課本（96%）、媒體報導（2%）、長輩（1%）、電影（1%）。」

（二）你認為「二二八事件」與「白色恐怖」與你的關聯性是什麼？對你的影響是什麼？

「歷史課有上到、基本上無關，考試會考、國定假日會放假、沒有深刻的影響。」

「沒有什麼關聯，只是發生在我出生的土地，但是不同的時空，影響是二二八放假。」

「我不是受害者家屬，可能無關聯性。」

「我沒經歷過，好像沒什麼影響。」

「是我們台灣的歷史，但說真的對我自己來說感覺很遠，沒有太大的感觸。」

「前人的不幸，造就今日的民主。」

「影響到我現在的言論自由，言論自由在現在較為開放，不再受到限制。」

「需要瞭解國家的這段歷史。避免自己成為像這樣的加害者。」

（三）就你所知，什麼是轉型正義？為什麼需要轉型正義？

「不知道、不知道。」

「東廠、迫害異己。」

「是國家對於受害者的彌補，為了還原歷史的真相，也不希望歷史重演。」

「現在的政府對於過去的獨裁政府所做的違法的事去彌補。」

「以免再犯下像是白色恐怖一樣的悲劇。」

（四）對於轉型正義的提問或疑惑，學生的提問大概分四大類：

1. 轉型正義有用嗎？能為人民帶來什麼？

「轉型正義有用嗎？現在做的補償真的能彌補以前造成的創傷嗎？」

「這真的有用嗎？只是政府為了求心安的呢？還是只是政治操作？」

「轉型正義是對歷史的彌補，但很多的傷痕都已存在，轉型正義有用嗎？」

「是否有還給人民真正的正義？」「轉型正義最後能為人民帶來什麼？」

「真的能夠預防政府未來能夠不再做出不法和不正義行為嗎？」

2. 政府做了什麼？如何做？做法適當嗎？

「轉型正義實際做了什麼？」

「民進黨大動作清查黨產是不是真的為了轉型正義而做的？」

「政府是否有揭開歷史真相與過去所有檔案？」

「白色恐怖時代，逮捕政治犯的軍人、警察、負責審判的法官，以及執行國民黨政策和兩蔣周圍的人士至今仍健在，有的甚至還有權勢。他們面對轉型正義，總是不願配合，也不願說出當年的實況，以至於無法追究真相，國民黨真的有真心懺悔嗎？真的有打算要做轉型正義嗎？」

「若追尋到以前犯下罪行的政府單位，該誰來負責？該單位的總長嗎？由他來道歉嗎？那賠償的錢是用現在人民的納稅錢嗎？」

3. 能真正彌補受難者及其家屬嗎？

「真的有辦法補償到所有被害者嗎？能澈底彌補被害者的心靈嗎？」

「這樣遲來的正義到底能不能撫慰受難者家屬心中永遠的痛？」

「過去受難者及其家屬對於現今轉型正義能否接受？」

4. 我想認識轉型正義

「身為社會的一分子，除了主動瞭解，我們還有什麼辦法能夠替轉型正義做出微小的貢獻？」

「其他國家政府所做的轉型正義是如何呢？」

二、學生與轉型正義的距離

從學生課前的問卷分析，可以發現學生對於二二八事件與白色恐怖的認識，極為淺薄與單一，資訊的主要來源為歷史課本與老師，透過其他媒介瞭解的情況少之又少，少有延伸的探尋與理解，顯現消極被動的一面。面對「二二八事件」與「白色恐怖」，僅是從歷史課建構，為考試而學習的知識，淪為國定假日的認知，所以有著局外人的冷漠與疏離，因而無感，沒有產生深刻的影響。有感地，多數聚焦在要珍惜人權與自由，避免重蹈覆轍。整體而言，學生與轉型正義的距離遙遠，多數學生聽過轉型正義但不知道什麼是轉型正義，或者依媒體所言的「東廠、迫害異己」，對於轉型正義的認識著重在國家對於受害者的彌補，避免歷史悲劇重演。「轉型正義有用嗎？能為人民帶來

什麼？」是多數學生對轉型正義的疑惑和質疑。

　　儘管學生的想法和態度消極，但部分人的提問則露出微光，仍然對於轉型正義有著學習的動機。依循學生的起點行為和疑惑，兩節課程的規劃，著重在拉近他們與轉型正義的距離，破除疏離的無感，因此「如何讓孩子對轉型正義有感」、「為何要做轉型正義」、「他國是如何進行轉型正義」，就成為課程與教學重點。

三、從影像出發認識轉型正義

　　我以「轉型正義，從你腳下的這片土地說起」破題，由遠而近，柔性地訴說著故事。首先以「二二八事件」、「白色恐怖」為時空背景的電視劇《燦爛時光》預告片為開端，繼之播放《超級大國民》，兩種不同調性的音樂背景，讓學生靜默下來，之後敘說故事並提問學生，為何兩部片中「受難者被槍斃之前高舉雙手，都比出『21』」，它代表著什麼？」，學生無言地望著我。接著以全聯中元普渡廣告引發討論的隱喻角色，講述白色恐怖遇難者丁窈窕以及台南女中「人權樹」，監察院對於新北市石碇「鹿窟事件」事件的調查報告。最後，講述離學校最近的蘆洲李宅古蹟故事——李友邦將軍以「判亂罪」被捕並在1952年判處死刑。故事從影像出發，那些看似虛擬卻是真實發生的事件，從地理位置逐步貼近，由遠而近，台南、新北石碇以及在地的蘆洲，一步一步進入學生的生活領域以及學校所在的區域。學生非常驚訝白色恐怖的故事就在我們最近的身邊，為何他們不知曉，那些含冤的故事遍及島上，為何他們不知情，如此遙遠又這麼接近。

　　回應對學生最初的提問，「二條一」，即是《懲治叛亂條例》第2條第1項，觸犯此法，唯一死刑。閱讀我提供給他們的人博館導覽小手冊《臺灣威權統治時期相關法源及事件》之後，學生方能分辨威權統治時期、白色恐怖時期、戒嚴時期、《刑法》第100條實施期間之差異，進而探求故事的真相，即政治受難者是如何產生？首先引導學生梳理惡法的產生，1949年，陸續發布的《臺灣省戒嚴令》、《懲治叛亂條例》、《戡亂時期檢肅匪諜條例》，並配合

《刑法》第100條內亂罪實施。《懲治叛亂條例》，名為針對中國共產黨叛亂的特殊狀況而實施，實際上則透過此「特別刑法」剷除異己、鞏固政權，再加上不當的司法審判造成許多冤、假、錯案。我一邊講述，一邊配合著不義遺址圖像和照片，最後讓學生再度思考，為何需要轉型正義？轉型正義的核心概念是什麼？在介紹認識轉型正義之後結束第一節的課程。第二節課則播放美國電影《穿著條紋衣的男孩》、《辛德勒的名單》、《我只是個計程車司機》片花，提問「是不是只有台灣需要轉型正義？」；繼之，再介紹其他國家的轉型正義做法，例如西班牙、南非、韓國。最後以德國為例，播放公共電視獨立特派員的專題——轉型正義之都——柏林，讓學生瞭解德國的具體做法，再進行小組討論。

四、課程後的新學習與理解

學生對於兩堂課程的反應，有別於課前的認識，一知半解人數減少許多，也加深自己與轉型正義的連結，激發了內在的想法，這些想法如下：

「白色恐怖不等於二二八事件，轉型正義不是一個遙不可及的事，與你我都有關，不只是制度上的賠償，還要闡明歷史，回復正義。」

「轉型正義並非復仇而是理解，不是只給予被害者金錢補償，而是讓整個社會都有機會去理解過去發生的事。」

「以前連轉型正義這個詞都沒聽過，上完課後，覺得有轉型正義在實在是太好了。雖然我認為我們國家並沒有做到其他國家一樣好，但是至少我們正在向前邁進，為那些歷史悲劇，做出我們應有的態度。」

「正義不只是當下的事，不是過了就無所謂，正因有正義尚未伸張，於是轉型正義更顯得格外重要，即使事情已過，若仍有正義被掩蓋，仍有人無故受到的傷害未被看見，未被撫平，那就有義務去揭開它，治療它。」

「理解人性尊嚴的必要性，原本只覺得過去的慘痛悲傷事件不需要向大家公開分享，然而透過此次課程，讓我理解到其中受害者的尊嚴考量，公開真相讓大家深刻體會到歷史事件的過失。」

「轉型正義方式不侷限於幾種而已，而是以各種方式去促進溝通、交流，受害者勇敢面對傷害，去做調適；加害者直接面對過錯，承認錯誤並且彌補。」

「其實之前不太瞭解到底什麼是轉型正義，但經過課程的講解和一些影片才發現，原來曾經的白色恐怖和二二八對現代的人民還是有相當大的影響，而德國的轉型正義也讓我瞭解，所謂的補償或賠償，絕對不是光用金錢就能解決的，更需要的是心靈層面的補償。」

「轉型正義的案例有很多種，解決的方法也必然多種方式。轉型正義典範的南非藉由真相的取得來換取受害者的原諒，這樣使社會在未來仍有和諧共存性。」

五、對於德國轉型正義的看法

「首先他們開放檔案，讓人民有知道真相的權利，同時配合司法追訴，及進行對加害體制、加害者的研究，釐清真相，說服人民，同時也承認自己過去的錯誤，避免歷史重蹈覆轍。從理念到行動，從法律面到編列預算，把不能遺忘的歷史記憶之地，一個一個保留下來。這些紀念地、紀念園區或紀念碑，錯落在柏林市區中，從公車站、德國國鐵、百貨公司，甚至腳下的紀念石、絆腳石，不著痕跡地成為人們生活的一部分。」

「我看見他們永不遺忘那些可怕的地點，以警醒世人。透過對生命個體的反思，找出真相維護正義，不忘記，不再犯，並還給受害者正義。」

「德國所做的不只是司法清算這方面上，而是已經進入到了整個社會的價值觀以及教育，並且在這個基礎上，追求整個社會的心靈修補與和解。」

「不少國家都在以不同的方式在轉型正義上，而其中最重要的為政府積極與否的態度，以及受害者是否願意接受如此的補償，還有其他民眾是否關心相關歷史，而我覺得德國在這方面做得很成功，不僅政府為此事有不少作為，人民更願意主動瞭解過去的歷史，相較之下，我認為台灣在此方面仍需再努力。」

學生的回應不同於上課的靜默，因爲有感，因爲有所連結，因爲拓展視野，瞭解他國的做法，所以能夠反思轉型正義的深層意涵，對於下一階段的課程更樂於參與和討論。

參、課程的開展 —— 人權教育週的規劃與執行

有了微課程的成效，進而推廣在全校實施，而2019年國家人權博物館爲推廣大眾認識、瞭解人權議題，拓展人權教育之範疇及廣度，以「人權故事行動展」爲題，提供四種人權主題特展，經過申請，獲得「獄外之囚」的特展。我爲全校高中學生規劃了一系列的人權教育課程，協調本校圖書館與同科教師在4月中旬依序登場。活動包括國家人權博物館所提供的人權故事行動展 —— 獄外之囚，人權故事分享講座，邀請藍芸若女士分享受難者女性家屬的心聲，以及高一人權議題的辯論比賽，探討「中正紀念堂的轉型是否有利於台灣民主政治的發展」。希望透過這些人權教育活動，延伸師生學習的視野，理解轉型正義的相關議題，關注並參與台灣民主政治的深化與發展。

一、展覽之外 —— 導讀文章增補背景知識

除了自己任教的班級有過轉型正義的課程經驗，其餘高一、高二學生缺乏對於轉型正義的背景知識。爲避免大家只能浮光掠影、走馬看花地經過展覽，能夠從展覽看出更多的感受，我自己化身爲導覽員，爲全校寫了4,000多字的導讀文章〈展覽之外〉。在展覽之前，學生藉由導覽文章梳理白色恐怖的緣由及對民主政治的影響；展覽之後各年級則以不同學習單來統整相關議題的反思，以深化人權議題的學習。導讀以柔性開端，首先引導學生思考「一場展覽，與它背後的那些人」，讓孩子聽聽「比悲傷更悲傷的故事」，由綠島的人權紀念公園，柏楊所題的碑文：「在那個時代，有多少母親，爲她們被囚禁在這個島上的孩子，長夜哭泣」；而在《在無法送達的遺書》一書〈妻子漫長的

等待〉這一章節，描繪政治受難者劉耀廷的太太施月霞生命的片段，步步愛痛交織，承擔政治創傷的重負；劉耀廷的女兒，孤獨而不安的成長，烙印無數的傷。再到蘆洲李氏古宅的白色恐怖故事，這樣的故事，離我們遠嗎？多少的政治受難者的父母、妻子、兒女在暗黑歲月幽微地生存著。多少的家族在風中哭泣，政治的隱傷者在哪裡療傷？如何療傷？詢問政治受難者是如何產生呢？

　　其次，述說國家暴力與創傷，惡法下的整肅行動，不當審判的司法迫害，軍、警、特三大統系統都可任意逮捕，台灣警備總司令部等情治單位利用非常的手段，寬鬆的法律論證，在沒有客觀的證據下，違背罪刑法定主義，更有將再審判決未完成的嫌疑犯於上訴階段就先行槍決，「寧可錯殺，不可放過」。處置政治犯的流程及處所，遍布全島的「不義遺址」，歷經長達三十八年白色恐怖戒嚴時期的威權統治後，各地遍布著當年逮捕、審訊、刑求、起訴審判、羈押監禁及槍決埋葬的場所。**再者，探討威權統治對台灣民主政治的影響**，國家體制的系統性監控如何滲透到人民的生活、心理層面，這些陰影如何落在生活與心中，像鬼魅般久久無法散去，產生恐懼下的冷漠，反思父母告誡「小孩子有耳無嘴」的現象。最後談論轉型正義與民主的深化，**而參與是改變的起點**。

二、觀看展覽

　　展覽前學生先行閱讀〈展覽之外〉的導讀，於公民課時，由老師帶領進入展場觀看。展板中簡述白色恐怖20位女性受難家屬的幽微故事，包括不同的族群及年齡層的受難者之妻、女兒和受難當事人，而展場也播放著他們訪談影像紀錄。學生或坐或站，圍著小小的畫面，聽著這些女性家屬娓娓道出那段不為人知的艱苦歲月，透過影像，聲音、展板、文件、書籍、畫作，進入女性受難者的世界，展場備有便利貼提供學生留言，也有留言卡向受難者家屬致意，可以寫下自己的想法心得。看完展覽再回到教室討論，完成學習單，而場內可觀的留言連儂牆，也成另一種觀看的展板。

　　展場中的留言卡中寫著：

「從女性受難家屬去看待此議題，和單純從歷史上瞭解差異很大，從展覽上的故事體會更能瞭解家屬的傷痛。」

「希望大家看過展覽後，可以對這段歷史更有所感觸，從歷史產生溫度，讓白色恐怖不只是歷史。」

「希望真相能夠被如實還原，給受難者家庭一個交代，人死了不能復活，只求真相被揭露，給予彌補。」

「謝謝妳們的勇敢，沒有就此倒下，帶給我們自己的故事，或許我們不能做到什麼，但我們會更注重這段歷史，銘記教訓。」

學習單寫著：

「我覺得比悲傷更悲傷的故事就很能讓我體會展覽的氛圍。尤其是『這樣的故事，離我們遠嗎？』這句話，深深地撼動我的心，事實上白色恐怖離我們不遠也不近，在看展覽之前真的很難想像我站在的土地上，曾有這麼一段血腥的歷史，這是在歷史課本上白紙黑字無法感受到的。這也讓我明白，轉型正義的重要性，我很希望政府能給這些受難家屬一個公道，以及給人民一個真相。」

「導讀中提到蘆洲的李氏古宅，因為與三民高中距離相近的原因，我們對它並不陌生。但沒有想到的是，這間古宅裡居然也有我們耳熟能詳的政治受難者，這讓我瞭解到人權議題這件事並沒有我們想像中的遙遠，反而還離我們更近，甚至就在我們身邊。看完了『白色恐怖下的李氏古宅守護者』這段文字後，我不僅瞭解了二二八事件帶來的影響，也更瞭解這次的展覽主題就是以女性為主題且在恐怖統治下的政治受難者家屬們。在參觀展覽以前，有了基本的相關知識，我認為這有助於我對人權與展覽的理解。」

「導讀的內容，讓我更加確信一個國家的民主絕不是憑空而來，其中在美國波士頓猶太人屠殺紀念碑上，馬丁・尼莫拉所寫的文字讓我感觸良多。」

「我對整個導讀印象最深的應該是第二項的國家暴力與傷痕。裡面提到造成白色恐怖的兩大利器，一個是刑法第100條內亂罪，另一個是二條一唯一死刑。老實說這兩項的判斷基準都很模糊，導致所謂冤、假、錯案一堆。或許是我想太多，但我在看這些案例時，我腦中浮現的是西方的女巫狩獵。野蠻，或許這是最適切的形容。所謂意圖云云不都是隨意杜撰，只要看誰不順眼，用語言和莫須有的證據，人命就這麼簡單地帶走了。不得不說光是想像就令人惶恐顫慄，像我這樣有話直說的人，應該是最早被開刀的。」

「印象最深刻的是電視上的訪談，用看的不如直接聽他們講是最有用的，讓我們直接感受到她們內心深處最深沉的感受，言語間流露出滿滿的痛苦與無奈，這是非常震撼人心的。」

「展覽中我最印象深刻的是由影片形式播出的受難者家屬的口述，影片中家屬在敘述過去的情形時聲淚俱下的畫面和展場中寫著許多故事的看板，完全是兩種不同的感受，看著看板中的文字我們只能夠自己想像當時的畫面，而影片中由當事者說出自己在事件發生下的害怕恐懼與徬徨，與當時的情緒疊加在一起，帶給我們的是一種無法形容的力量。」

三、藍芸若女士分享人權故事

藍女士的父親藍明谷因基隆中學光明報事件被槍決，媽媽因「知匪不報」被送至綠島監禁，那時哥哥3歲、自己才1歲。學生看到在展板中人物來到真實的世界，傾聽每個故事時，當事人的現實說法，讓學生特別感動。

「看見藍芸若女士即使身為受難者家屬人，不懼白色恐怖留下的傷害，勇敢堅毅地站在這裡對新一代訴說現代民主的可貴與當時的真相，我想藍女士最想傳遞的理念是『錯誤的歷史可以被寬恕，但不能被遺忘』，即使現在看似理所當然的民主自由是當時的血淚的代價，繼續追求民主，正視傷痛這是我們新公民所背負的義務。」

「藍女士分享劉曉波先生的一句名言讓我有所頓悟，眞正有資格去談寬恕
的只有受難（害）者，一直以來我都以爲白色恐怖的痛可以隨時間逝去，
隨民主的進步而逝去，但直到認識這句話，我才知道唯有加害者眞誠地對
受難者道歉並實際地作爲，台灣才算是眞正實質的民主，若加害者至今仍
一味地掩蓋事實，不正視錯誤，所有的自由、人權都將是違背民主的的眞
諦，畢竟，受難者與其家屬的痛並沒有隨白色恐怖時期的結束而消逝。」

　　藍女士分享的生命故事，除了讓政治受難者及其家屬有紓解的出口，探問
世代對話以及共存的可能性，這些倖存者所發出的跨世代之聲，我們有聆聽的
責任，記憶應該被代代傳承下去。

四、展覽之後 —— 理解後的反思與創作

　　展覽之後，統整學生在人權教育的學習，要求學生創作人權明信片。引導
著學生：從高一的人與人權課程爲起點，在不同階段不同領域，學習不同的人
權議題，也深知人權影響著你我的日常，高三時則透過轉型正義的小專題，以
及本次「獄外之囚」的展覽，政治受難者女性家屬實際的交流與互動，見證白
色恐怖時期國家暴力造成的集體創傷。此次的學習，希望將所學的人權理念、
價值、體認、感受轉化爲創作。以人權爲主題，融入藝術創作，讓創作成果成
爲社會大衆認識此段歷史的媒介，進入公共的記憶之中。

　　每位學生創作一張人權明信片，自行訂定主題，說明畫作的創作理念並配
合詩文呈現，學生創作讓人驚豔，不管是畫作或詩作，有人以受難者女性家屬
的角色發聲，有人以威權統治的殘暴創作，有人以受難者的隱傷隱喻，明信片
的畫作看見學生不同的才華與亮點。眞正感動的是，透過課程，開啓學生對於
複雜歷史面貌、個人處境的認識，打破因自身生命經驗所限制的無知或恐懼，
更爲開展自己的視野。因爲理解乃是社會對話的第一步。

　　其他轉化課程的創作，如部分學生在展覽期間製作公民新聞，也榮獲公
共電視PeoPo公民新聞的播放。部分學生則製作人權特刊，以「三民誌」爲刊

名，內容主要報導此次展覽以及現代的人權議題——兒童人權。特刊以「你所不知道白色恐怖」為前言，專訪我策展的目的和想法，並且訪談學生對於白色恐怖的接觸經驗、轉型正義的看法以及對此次展覽的特別想法，並呈現人權明信片的優良作品及其創作理念。創作理念表達：「男人與女人，一個在監獄內受刑，一個在獄外受苦，時代一直在變，一直往前，而他們的人生就此停留在那可悲的1950年。明信片的畫也相當富有寓意，圖中央的心分別由男人及女人結合而成，他們卻都在哭泣，背景皆分布在1950年代、1960年代，由此可知他們都被困在那白色恐怖的巨輪裡」。

肆、結論

在系列的課程之後，當時已考取大學廣告系的學生跟我討論展覽後的公民新聞，談論她的理解和新聞重點，對著我說「在高中歷史學過的白色恐怖，我以為過去都過去了，沒想到它一直都在」，說著說著她就哭了，那無法預料，無法控制的眼淚就汩汩地流出。我回應：「如果我們沒有處理過去、面對過去，那過去就不會過去！」她正在經歷我過去的觸動，她許諾自己會關注轉型正義的議題並創作相關的作品。這次的教學旅程，學生的回饋，像是在黑暗中一道微光，邁向天明的光亮，儘管容易遺忘，但學生並非全然無感，帶領他們進入某種情境，當他們的感知被啟動，便能反思，學生並非無法感同身受，當他們的生命經驗被連結，便能理解，進而探索和追尋的歷程，世代之間的對話就容易開啟。

在某個層面，校園仍存在著威權體制下的陰影，看似自由開放，實則封閉保守，轉型正義議題雖不是禁忌問題，但也絕不是討喜的主題。正因為學校的框架，更需要延伸至校園外，拓展視野。感謝人權博物館提供的課程和資源，主動走向校園，推廣人權教育極為用心，以文化的力量，運用多元的方式，讓老師、學生更加正視人權的議題。一個人進行轉型正義教學是孤單而辛苦的，

但一群人一起前進，思辨的力量興起，轉型正義就不會是敏感性議題，逐步增加的轉型正義資料和資源，年輕世代逐漸投入。希望未來有個轉型正義教學地圖，整合官方與民間在民主、人權、法治教育以及文化藝術、電影、文學不同方面的資源，引發更多的教與學。

　　每個人都是個體生命史的書寫者，同時也是國家歷史的共筆者。透過展覽、講座、辯論不同形態的人權活動，除了希望學生能連結課堂所學，延伸與擴展人權教育的深度與廣度，關注人權議題，明白國家暴力對於人民的傷害，對於民主政治的箝制，瞭解真誠地面對過去才可能真正彌補社會裂痕，人們的漠視與順從才是恐怖統治的真正恐怖之處，惡勢力的形成與蔓延來自共犯結構的縱容。若不能抗衡惡的勢力，便會被反撲的力量吞噬，而每個人應有做出不同選擇的勇氣與責任。

第十二章 人權教育與兒童權利——以兒少參與公共事務為例[*]

林沛君

壹、前言

　　自2014年《兒童權利公約》國內法化後，除大幅提升我國對於兒童權利之保障外，其肯認兒童為權利主體之理念，對於諸多兒少議題之探究亦開啓新的思考與契機。就人權教育的領域而言，兒童權利本身即為人權的一環，故人權教育應涵蓋「兒童權利教育」（child rights education），自不待言（UNICEF, 2014: 143）。兒童權利的教育係人權教育中一項特別的子議題，係於人權教育的基礎上建構「以兒童權利為視角」（child-rights perspective）的教育模式，培養兒少及成人各自行使權利及履行義務的能力，[1]進而達到權利實踐之目的。依國外兒童權利學者所提出「人權拱門」（the arch of human rights）之概念，人權的實踐有賴於「義務履行者」（duty-bearer）與「權利主體」（rights-holder）兩者分別具備尊重、保護及實踐權利的能力與行使權利的能力，藉由雙方相互支撐與連結，方能建構出一道象徵著家庭、學校及社會且強而有力的人權拱門。[2]

　　然而，國家究應如何培養「權利主體」（即兒童及少年）對自身權利之意識進而具備行使權利的能力？由兒童權利教育的角度觀之，兒少除應透過教育學習人權規範的知識外，讓兒少在生活中實際感受到權利獲得落實，由其個

---

[*] 本文部分內容係科技部補助計畫（MOST 108-2410-H-031-050-）之研究成果。

[1] 依據《兒童權利公約》之定義，兒童為未滿18歲之人。國內習慣將兒童區分為兒童及少年，以下論述除特別註明外，本文所稱兒童、兒少、兒童及少年皆係指未滿18歲之人。

[2] 「人權拱門」（the arch of human rights）的概念係由Marie Wernham所提出。本文對此概念之說明係引用自UNICEF（2014: 23-24）。

人經歷體認到權利在家庭、學校及社會中獲得保障,亦是兒少在成長過程中學習人權的方式之一。[3] 而此理念與《聯合國人權教育與培訓宣言》(*United Nations Declaration on Human Rights Education and Training*)(以下簡稱《人權教育宣言》)中強調「學習人權」(learning about human rights)、「體驗人權」(learning through human rights)及「實踐人權」(learning for human rights)的原則相一致。[4]

誠然,《兒童權利公約》第29條第1項(有關教育的目的)(the aims of education)[5] 一直以來皆被視爲是1993年於維也納世界人權會議(World Conference on Human Rights)所提出之各項人權教育方案的基礎,[6] 對人權教育之推展具備根本之重要性。而兒童權利委員會認爲在實踐前述「教育的目的」及兒少發展權的基礎上,「兒少參與」則是促進「兒少發展其完整人格的工具」。[7] 依此,國家應透過兒少參與權之保障,達成兒童權利教育的目的。換言之,肯認兒童及少年爲社會之一員,協助其於探索生命及學習的歷程中,藉由親身參與及體驗而對人權的價值有所省思,係國家實施人權教育的重要課題。惟誠如兒童權利委員會於其2001年公布之第1號一般性意見所言,兒童權利在這些人權教育的方案及活動中,卻始終未獲得應有的重視。[8] 另一方面,於我國2017年所舉行之《兒童權利公約》首次國家報告審查中,國際審查委員亦由國家在公民教育中培力兒少的角度切入,建議政府相關部門針對支持公民

---

[3] United Nations Committee on the Rights of the Child (UN CRC Committee), General comment No. 1 (2001) on the aims of education (art. 29, para.1)("CRC/GC/2001/1"), para. 15.

[4] 《聯合國人權教育與培訓宣言》第2條第2項。

[5] 依據該條條文內容,兒童教育的目標爲:「1. 使兒童之人格、才能以及精神、身體之潛能獲得最大程度之發展;2. 培養對人權、基本自由以及聯合國憲章所揭櫫各項原則之尊重;3. 培養對兒童之父母、兒童自身的文化認同、語言與價值觀,兒童所居住國家之民族價值觀、其原籍國以及不同於其本國文明之尊重;4. 培養兒童本著理解、和平、寬容、性別平等與所有人民、種族、民族、宗教及原住民間友好的精神,於自由社會中,過負責任之生活;5. 培養對自然環境的尊重。」

[6] UN CRC Committee, *supra* note 1.

[7] UN CRC Committee, General Comment No. 12 (2009) on the right of the child to be heard ("CRC/C/GC/12"), para. 79.

[8] 同前註。

教育中培力兒少的相關活動中有更多投入。[9]

　　觀察國際相關之經驗，有愈來愈多的國家採行青少年議會、兒童市政委員會或諮詢委員會等方式讓兒少參與決策並表達觀點，[10]藉此引導兒少掌握其自身的角色與定位，學習如何表達其想法並參與公共事務。在國內，回應上述兒童權利公約國家報告結論性意見，政府近年來不論是在相關結論性意見的落實工作、抑或各種委託民間團體進行之兒少培力上，皆有諸多提供兒少參與公共議題討論的機會，惟該等兒少參與的機制及方案與國家實施人權教育及／或兒童權利教育的關聯性究竟爲何？政府是否確實將人權及兒童權利的理念帶入其政策設計、機制規劃及檢討內容，讓兒少表達觀點、參與社會事務的能力眞正獲得培養，進而達到人權教育及／或兒童權利教育的目的？在《兒童權利公約》實施至今即將滿六年之際，實有進一步探究及檢討之必要。

　　準此，本文以兒少參與權爲例，具體檢視在涉及兒少之公共事務中相關機制在國內實施之現況，並探討該等機制於兒童權利教育應扮演的功能及角色。爲能深入剖析上述議題，本文首先擬就「兒童權利教育」之概念及內涵予以介紹及釐清（第貳部分），接著回到我國實務現場，檢視兒少參與公共事務的現況及相關機制，並就該等機制是否足以達成人權教育及／或兒童教育的目的進行思考（第參部分），以期能爲國內兒童權利教育之取向提供論述基礎並針對未來發展方向提供思考建議（第肆部分）。

貳、「兒童權利教育」之意涵與目標

　　相較於聯合國其他較早期制訂之人權公約（如《公民與政治權利國際公約》、《經濟社會文化權利國際公約》、《消除對婦女一切形式歧視公約》）並未強制要求締約國針對公約規範向社會大眾進行教育及訓練，《兒童權利公

9　《中華民國（臺灣）兒童權利公約首次國家報告國際審查結論性意見》第75點。
10　CRC/C/GC/12，前註7，第128點。

約》第42條則規定「締約國承諾以適當及積極的方法，使成人與兒童都能普遍知曉本公約之原則及規定」，展現出《兒童權利公約》制定者對於人權教育／兒童權利教育必須藉由課予國家積極義務方能達成之規範精神。[11] 此外，《兒童權利公約》第29條也載明兒童教育的目標之一係為「培養對人權、基本自由以及聯合國憲章所揭櫫各項原則之尊重」。[12] 除應實施人權教育外，在解釋上，該項條文亦應包含以兒少為對象之各項兒童權利之培養，自無疑義。故就履行公約的義務而言，實施兒童權利教育係國家實踐《兒童權利公約》之必要義務。

一、「兒童權利教育」概念簡介

正所謂「除非人們對權利有所認識，否則這些權利對他們並沒有什麼用處」（Hodgkin and Newell, 2007: 627），兒童權利委員會曾多次提醒各國要讓兒少「知道他們的權利」，[13] 做法上並非僅是將人權公約的內容納入教材，而是要廣泛地讓兒少知曉公約內容，如此才能幫助兒少「在自身的生活中擔任兒童權利促進者及捍衛者的角色」。[14] 從與兒少最切身相關的校園及網路虛擬世界中常見之侵害，例如霸凌、校園性侵、網路性剝削等事件即不難看出，兒少保護自己及身旁同伴的能力或許就是當下能讓孩子免於遭受傷害的關鍵。另一方面，亦有國外研究顯示，未曾在權利受到尊重的環境下接受兒童權利教育的孩子，容易只在意自身、較無法對他人的權利感同身受（Dye, 1991; Covell and Howe, citied in Howe and Covell, 2005: 15）；也更容易將享有權利的意涵誤解

---

[11] 惟更晚近制訂之人權公約，例如《身心障礙者權利公約》（*Convention on the Rights of Persons with Disabilities*）則對人權教育之宣導有所規範。例如該公約第8條即要求締約國採取包括「發起與持續進行有效之宣傳活動、提高公眾認識；於各級教育體系，包括學齡前教育，培養尊重身心障礙者權利之態度；鼓勵所有媒體機構以符合本公約宗旨之方式報導身心障礙者」等具體作為以促進公約之落實。

[12] 《兒童權利公約》第29(1)(c)條。

[13] UN CRC Committee, General Comment No. 5, General measures of implementation of the Convention on the rights on the child (arts. 4, 42 and 44, para. 6), CRC/GC/2003/5, 27 November 2003, para. 66.

[14] UN CRC Committee, CRC/C/GC/1, *supra* note 4, para. 20.

為意味著「做任何想做的事」（Howe and Covell, 2005）。

　　但兒童權利教育並非僅僅學習人權公約的條文。依據聯合國兒童基金會（United Nations Children's Fund, UNICEF）[15] 於其2014年出版之兒童權利教育工具書所提出之定義（UNICEF, 2014），兒童權利教育（child rights education, CRE）係指：

> 「藉由教導及學習《兒童權利公約》的條文規範、原則及『兒童權利模式』（child rights approach），讓成人及兒少雙方獲得充權，使其有能力在家庭、學校、社區暨國內及國際的層面上適用這些權利並採取倡議行動。」[16]

　　具體而言，兒童權利教育的形式包含：（一）在正式及非正式的課程中納入《兒童權利公約》的規範及原則，並提供兒少專業工作者相關訓練；（二）利用媒體及其他非正式管道讓社會大眾知悉《兒童權利公約》的規範及「兒童權利模式」；及（三）對兒少及成人進行兒童權利之培力（*Ibid.*: 20）。而落實兒童權利教育的目標則在於培養兒少作為權利持有者行使其權利以及成人履行其義務的能力，在成人及兒少雙方共同合作下提供鼓勵兒少「有意義的參與及持續的公民參與」（meaningful participation and sustained civic engagement）的空間（*Ibid.*）。也就是說，透過廣泛及多元（正式及非正式課程）的方式，讓成人及兒少對於兒童權利有所理解，進而創造出兒少能實質且持續性參與的空間，正是兒童權利教育之目的所在。而在這段學習及體驗的過程中，兒少不僅對自身享有權利且每個人具有同等尊嚴的理念有所理解、開啟他們對於在社會中應擔負責任的認知外，也將學習尊重他人權利、社會正義及平等的價值，進而培養其公共參與的能力（Howe and Covell, 2005）。

---

[15] 《人權教育宣言》及《兒童權利公約》皆未就「兒童權利教育」有所規範及闡釋。

[16] UNICEF（2014: 20）。原文為：「teaching and learning about the provision and principles of the Convention on the Rights of the Child (CRC) and the 'child rights approach' in order to empower both adults and children to take action to advocate for and apply these at the family, community, national and global levels.」

　　因此，兒童權利教育雖然是更廣泛人權教育及人權模式（human rights approach）的一環，但兩者對照之下，兒童權利教育有兩點意義格外重要：（一）兒童權利教育更系統性地運用《兒童權利公約》的規範，並聚焦於學習與兒少直接相關，甚至是專屬兒少的權利，因此較能讓兒少感受到與其生活之連結，也更容易理解其所學內容；（二）兒童權利教育的基礎是肯認兒少當下即為社會公民的一分子，而非僅僅是未來公民；於此理念下，兒少不僅學習自身的權利，也同時被教導身為社會公民對他人權利應有之尊重。另一方面，兒童權利的保障意味著兒少雖非成人但也具備參與及表達意見的能力，因此兒童權利的教育應將該等參與及意見表達納入課程設計之中。

二、以兒少「參與的權利」為核心之「兒童權利模式」（child rights approach）

　　在聯合國人權理事會於2016年舉行「聯合國人權教育與培訓宣言實踐之專家與談：好的實踐與挑戰」（Panel discussion on the implementation of the United Nations Declaration on Human Rights Education and Training: Good practices and challenges）大會上，部分與會代表由其內國經驗強調人權教育應著重「參與性、以學習者為中心、由行動出發並考量不同文化」。[17]此觀點與兒童權利教育所採行以兒少視角為中心之「兒童權利模式」十分契合。依據兒童權利委員會之闡釋，兒童權利模式所要求的是一「典範移轉」（paradigm shift），也就是說過去將兒童視為需要協助及被保護的客體而非權利主體的模式必須要有所改變。[18]而國家如何在政策及規範中翻轉對兒少主體性的認知與態度，確實將兒少由「被保護的客體」提升為「權利主體」，正是兒童權利模式以及兒童

---

[17] United Nations Human Rights Council, Panel discussion on the implementation of the United Nations Declaration on Human Rights Education and Training: Good practices and challenges – summary report of the Office of the United Nations Hugh Commissioner for Human Rights, A/HRC/35/6, 27 March 2017, para. 27.

[18] Committee on the Rights of the Child, General Comment No. 13, the right of the child to freedom from all forms of violence, CRC/C/GC13, 18 April 2011, para. 59.

權利教育之核心所在。

《兒童權利公約》第12條兒少被傾聽的權利──兒童權利委員會所指稱之「廣義的參與權」（participation）（下稱「兒少參與權」）──即爲協助兒少蛻變爲「權利主體」之關鍵。[19]兒少「參與」的概念強調提供一促進資訊分享及兒童與成人相互尊重並進行對話的過程，[20]對於採取「兒童權利模式」之兒童權利教育具有相當啓發性。以校園爲例，兒童權利委員會認爲創造讓學生充分表達意見的環境，對於消弭歧視及預防霸凌十分重要，並應鼓勵兒少透過班會、學生會及學校委員會等機制持續參與學校政策與校規之規劃。兒童權利委員會也特別指出此等參與的權利應透過法律明文保障，而非僅仰賴個別學校或教師的主動善意（林沛君編，2015：65）。

不可諱言，「小孩有耳無嘴」的傳統觀念深植於華人文化中，兒少不論在家庭抑或學校經常被期待聽從父母和老師的教導，其意見表達的機會及此一能力的培養長期以來並未受到重視。參與權基本的要素即在於前述公約第12條「傾聽」兒少的想法以及成人認知並進一步尊重「兒少逐漸發展的能力」（the evolving capacity of the child）──小孩並非一夕之間長大，在逐步邁入成年的過程中，兒少會逐漸吸收知識、養成能力並對各方面事務獲得更多的理解。成人也應該學習肯定孩子隨年紀增長而更具備的「成熟度」，[21]並提供孩子參與的空間，同時也確保其自身對於兒童此等能力增長的尊重。惟由國外相關研究可得知，傾聽孩子的聲音並不如想像中容易（Johnson and West, 2018: 119）──不同狀況、環境因素之參與模式皆會關係到兒少是否確實能發聲、兒少的想法對後續決策能否發揮作用。也因此，爲孩子建構一個更能鼓勵兒少參與及表達意見之友善環境，當屬採取「兒童權利模式」人權教育的方向及努

---

[19] 該條與其他三項一般性原則（第2條不歧視、第3條第1項之兒少最佳利益及第6條生存及發展權）爲兒童權利公約之四項一般性原則，爲落實兒童權利所必須考量之原則性規範；UN CRC Committee, *supra* note 13, para. 12。

[20] UN CRC Committee, *supra* note 101, para. 3.

[21] 「成熟度」泛指「對於該等事項瞭解及評估其影響的能力」，儘管此概念難以被具體定義，但於公約第12條之範疇中，應係指兒童「合理及獨立表示其意見的能力」，且年齡並非判定兒童意見是否獲得重視之唯一標準。UN CRC Committee, *supra* note 7, para. 30.

力目標；但需要國家細緻之機制設計，讓兒少有參與的興趣及動力，並感受到其參與係受到鼓勵，同時也期待藉由過程中的體驗及學習將人權內化至兒少的生活及行為中。

參、我國兒少參與之實務運用——以縣市兒少諮詢代表為例

實則，有愈來愈多的國家採取青少年議會、兒童市政委員會或諮詢委員會等方式讓兒少參與決策並表達觀點，已如前述，[22] 抑或藉由「與兒少一起決策」（with children）而非「為兒少決定」（for children）的方式鼓勵兒少在更廣泛的社會、政治及文化等領域有所參與（Hartung, 2017: 24）。而這除了顯示出以兒少為對象之公民教育已走出教室外，也突顯透過兒童權利之「參與」與「公民」（citizenship）相互結合、藉由課堂以外的學習方式培養兒少公民意識及民主價值的趨勢。[23]

而何謂兒少參與公共事務則並無明確定義，由單純的「參加」（taking part）至「完整的公民權」（full-blown citizenship）皆屬之，亦與兒少參與其個別權利項目相關事務的決策（例如，法院決定其父母離婚之監護權歸屬或於學校遭受霸凌時之申訴等）而有所不同（Crowley, 2014）。國外學者研究的重點則包括參與權之理論基礎、各種形式之參與方案、參與的成效及非政府組織（NGO）的角色等。舉例而言，有國外學者由NGO的角度，剖析當民間團體扮演從旁協助者（facilitator）或共同策劃者（co-conspirator）等角色時，兒少與成人間的權力關係為何、不同培力模式又可能產生哪些影響。[24] 另有學者則提出當兒少參與的相關機制係由成人主導並擬定，此等「由上而下」（top-

---

[22] UN CRC Committee, CRC/C/GC/12, *supra* note 7, para. 128.
[23] 國外針對兒少參與與公民教育之關聯性已有諸多研究及論述，相關整理可進一步參考Hartung（2017: 18-28）。此外，有關兒童權利於國民義務教育課綱中應有之角色及功能雖非本文探討之重點，但值得國內學者進一步之探究，相關論述可參閱李仰桓（2018）。
[24] 詳參Tisdall與Davis（2004）、Tisdall（2008）。

down）的設計是否能確實符合兒少的利益？兒少參與的目標爲何？過程中又
獲得哪些學習？（Wyness, 2006; Sinclair, 2004）而這些疑慮皆有待進一步之釐
清。

一、兒少諮詢代表發展之立法脈絡

在國內，自2011年《兒童及少年福利法》大幅修訂並更名爲《兒童及少年
福利與權益保障法》（以下簡稱《兒少權法》）以來，兒童及少年對於與其相
關之國家政策的參與及意見表達即受到相關政府部門的關注。考量過去法令欠
缺針對「兒少參與」之機制與保障[25]的規範，前述修法遂新增第10條，明文要
求政府機關應邀集兒童及少年福利相關學者或專家、民間相關機構、團體代表
及目的事業主管機關代表，於審議及推動兒童及少年福利政策等事項，「必要
時，並得邀請少年代表列席」。[26]

秉持前揭修法理念，部分縣市政府自2012年起，即已規劃「兒少諮詢代
表」機制，用以培力兒少參與公共政策。截至2018年，共計有21個縣市政府[27]
訂有兒童及少年諮詢代表遴選作業相關規範。[28]參照我國兒童權利公約首次
國家報告國際審查會議結論性意見，[29]2019年立法者進一步刪除該條文「必要

---

[25] 例如部分提案立委曾於修法草案總說明中指出：「兒童及少年之成長發展需求中，除最低
　　生活保障、健康、安全、保護照顧、教育等基本需求之外，尚須積極的社會參與及發展取
　　向之福利服務措施。但現行兒童及少年福利法側重於殘補性之保護性福利服務，缺乏一般
　　兒童與少年成長所需之普及性保障理念，諸如社會參與、文化、遊戲休閒等於現行兒童及
　　少年福利法中付之闕如」。立法院議案關係文書，院總第932號，委員提案第8998號，立法
　　院第七屆第三會期第十三次會議議案關係文書，2009年5月13日，委2。
[26] 該條全文爲：「主管機關應以首長爲召集人，邀集兒童及少年福利相關學者或專家、民間
　　相關機構、團體代表及目的事業主管機關代表，協調、研究、審議、諮詢及推動兒童及少
　　年福利政策。前項兒童及少年福利相關學者、專家及民間相關機構、團體代表不得少於二
　　分之一，單一性別不得少於三分之一。必要時，並得邀請少年代表列席。」
[27] 該21個地方政府分別爲：新北市、台北市、桃園市、台中市、台南市、高雄市、宜蘭縣、
　　新竹縣、苗栗縣、彰化縣、南投縣、雲林縣、嘉義縣、屏東縣、台東縣、花蓮縣、澎湖
　　縣、基隆市、新竹市、嘉義市、金門縣及連江縣。
[28] 相關遴選作業規範名稱不一，例如台北市爲各屆之「兒童及少年諮詢代表實施計畫」、台
　　南市政府之主要法令爲《臺南市政府遴選兒童及少年福利與權益保障促進委員會少年代表
　　作業要點》等。
[29] 該結論性意見第32點建議政府：「(1)進行研究，確認對於兒少最重要之議題，以及在各種

時」之條件限制，確立兒少代表應為受邀對象，自此並得以與其他專家學者同樣以委員之身分出席（而非修法前之列席）。而受前開修法影響，原本尚無兒少諮詢代表機制之少數縣市亦開始籌備兒少諮詢代表之遴選及訓練，直至今（2020年，下同）年全國22縣市已全數設置相關諮詢機制，且兒少代表人數已達近400人[30]之多。

　　值得一提的是，為「強化國家層級的兒少參與」，[31]立法院除針對上述兒少權法為修正外，另亦就《兒童權利公約施行法》進行制定後之首次修法，[32]修法後實際效果為確保兒少在中央層級亦設有兒少諮詢機制，有關兒少政策之推動及研擬應邀請兒少參與出席，且具備與其他各界代表（如專家學者及政府人員）同等之發言、提案及會議表決等權利，而非修法前依主管機關認定僅於「必要時」得獲邀「列席」之非正式諮詢對象。

　　衛生福利部2019年終於開始籌辦上述中央層級兒少代表之遴選，期待已久的呼籲總算有了具體回應，而「過去只有成人參與，現在終於打開了兒少的門……」[33]則是許多兒少於獲悉相關籌辦訊息時的共同心聲。依據中央制定之相關辦法，[34]經遴選成為中央兒少代表者[35]於出席或列席前款各小組會議前，

場合如何使兒少意見被聽取；(2)針對父母、教師、社工、法官及其他從事兒少工作者，辦理教育訓練及認知提升活動，以有效促進兒少在家庭、學校及社區的參與；(3)於立法決策階段建立兒少表意機制，藉此強化國家層級的兒少參與；(4)採取有效的法規措施，包含告知兒少有陳述意見的權利、保障兒少有意義地行使該權利等，以確保兒少於行政及立法程序陳述意見之權利。」

30　依據我國兒童權利公約首次國家報告所載之數據，截至2015年3月止，各縣（市）兒少代表共計約269名（15縣市）。此處所引述之2018年數據係由立法院李麗芬委員辦公室於2018年2月調查整理，並於2018年12月8日由台灣少年權益與福利促進聯盟所主辦之CRC@Taiwan青少年表意權利的實踐與展望研討會中進行簡報說明。

31　同前註。

32　即該施行法第6條。

33　台北市兒少諮詢代表臉書中針對「選什麼？蝦咪是中央兒少代表」之說明，https://www.facebook.com/taipeichildyouth/photos/pcb.1133190873552381/1133188636885938/?type=3&theater。

34　即行政院兒童及少年福利與權益推動小組第三屆第四次會議決議通過之《遴選兒童及少年代表參與中央兒童及少年福利與權益事務相關小組原則》（《中央兒少代表遴選原則》）。

35　中央兒少代表係指依《中央兒少代表遴選原則》遴選擔任「行政院兒童及少年福利與權益推動小組」、「衛生福利部兒童及少年福利與權益推動小組」及「衛生福利部傷害防制小

「應先行透過網路溝通或發起會前會等形式，瞭解議案及相關政策、凝聚提案共識、蒐集與其他兒少交流意見等。」[36] 衛生福利部則應定期於暑假辦理兒少代表之培力課程，中央兒少代表應「積極參與衛生福利部辦理之培力課程，並得提出培力需求，由衛生福利部規劃或轉介適當之培力資源。」[37] 歷經由衛生福利部邀集學者專家及縣市兒少諮詢代表多次之會議討論，中央兒少代表之運作採由地方縣市先行遴選1名至3名兒少組成共66人之中央「兒少代表團」，由其中6人至10人分別擔任「行政院兒童及少年福利與權益推動小組」及「衛生福利部兒童及少年福利與權益推動小組」委員出席相關會議。

綜上所述，不論是在地方縣市政府抑或中央層級，政府期望藉由兒少代表機制將兒少觀點納入政策之規劃及討論；而兒少代表們於任期中重要的學習及任務即是在完成相關培力課程後，能具備於相關市政或部會的會議中具體提案的能力並藉此表達其對政策的建議。

二、兒少諮詢代表之培力內容與目標

《中央兒少代表遴選原則》明文要求衛生福利部辦理兒少代表培力課程，已如前述。實務上，衛生福利部係藉由經費補助模式委託兒少民間團體辦理相關課程，故而政府部門及兒少民間團體分別扮演兒少代表之經費補助者及培力者的角色。[38] 也因此，政府部門招標計畫方案將直接影響民間團體如何設計及規劃其兒少培力課程。以衛生福利部社會家庭署108年度之補助計畫為例，補助之目的為「（一）引發特定身分兒少對自身權益之關切；提升兒權意識與知能；（二）提升特定兒少口語或書面表達意見能力；（三）促使兒少可依自身特有經驗，提出對政府作為之觀察與建言」（衛生福利部社會及家庭署，

組」之兒少委員及兒少代表。

[36] 《中央兒少代表遴選原則》第2條第2項。

[37] 《中央兒少代表遴選原則》第2條第4項。

[38] 2005年，在台灣少年權益與福利促進聯盟（台少盟）積極提案倡議下，台中市政府兒童及少年福利促進委員會率先全國成立由12歲至24歲青少年代表組成之「青少年市政諮詢小組」，參與討論台中市政府之兒少政策。

2019）。

　　惟觀察民間團體歷年之培力設計，各培力內容不盡相同，有以「培力營」方式，由認識《兒童權利公約》、如何提案、肢體及口語表達能力等訓練著手，訓練兒少代表「成為有力的倡議角色」[39]者；另有以兒少代表能在相關會議中提案為培力之最終目標，並搭配相關「公民意識」、「兒少權益」[40]等內容；甚至是與參與會議更直接相關之「議事規則」及「溝通決策」（台灣少年權利與福利促進聯盟，2020）等相關課程。整體可看出民間團體認為兒少諮詢代表最主要的法定目的係進入政府部門相關政策會議，針對其所關心的兒少議題，從青少年的觀點發聲並提出政策建議（*Ibid.*）。

三、小結

　　在兒少民間團體之倡議下，我國藉由兒少代表機制創造兒少參與公共事務之空間雖早於《兒童權利公約》之國內法化，但公約國內法化除將該機制擴展至所有地方縣市政府外，同時也促使政府對此議題之重視並增強相關資源投入。惟國家實施相關措施的目的並非僅是履行公約義務，而是應讓兒少對什麼是公民權有更深層理解，並藉由這段過程之參與在生活中體驗人權的實踐。特別是，儘管參與的過程有助於形塑兒少的人權視角及思維，惟參與的經驗必須搭配人權價值及知識的學習，否則參與本身難以轉化為對兒少有實質意義的學習。

　　依本文第貳部分「兒童權利模式」之理念，「參與」的概念強調兒童與成人相互尊重並進行對話及資訊分享的過程；如何以兒少視角為出發點，在兒少友善環境的環境下，創造鼓勵兒少表達意見之空間至關重要。惟當整體法律規範之理念及運作皆以成人之日常為基準，例如以參與成人為主體之委員會會

---

[39] 例如107年度宜蘭縣兒童及少年諮詢代表培力計畫，下載自https://sntroot.e-and.gov.tw/cp.aspx?n=4BDE02D6A3A5BF3D。

[40] 例如107年度彰化縣兒少培力課程報名簡章所列之課程內容，下載自https://town.chcg.gov.tw/files/%E5%A0%B1%E5%90%8D%E7%B0%A1%E7%AB%A0_57_1070117.pdf。

議、以成人所熟悉之議事規則參與會議、最後仿效成人的提案模式提出觀點，是否忽略了兒少或許也可以透過以自己選擇的方式──儘管不盡成熟或不符合正式會議的標準──為公共政策提出觀點並獲得傾聽？或許，兒少培力的重點不在於一個有意義之政策提案的發想，僅將兒少置於與成人同等之「委員」身分之參與也不當然意味著彼此的平等參與。在這段兒少代表的培力及任務執行中，如何藉由機制及方案之設計確實呈現兒少之「主體性」，嘗試回歸「兒童權利模式」之基本理念，或許可作為日後機制檢討改進之思考。

肆、結論

　　筆者對於學習如何參與公共事務最早的記憶是就讀小學時，曾經代表班上參加校內「自治市市長選舉」。選舉期間在制服外披上紅色的候選人肩帶，到各年級教室拉票並向選民們背誦著印象中不是自己寫出來的選舉政見。或許是這個畫面想像起來實在太過彆扭，三十年後的今日在課堂中跟大學生分享這段「直到落選、都不知道自己到底在選什麼」的童年回憶時，常引來全班哄堂大笑。值得慶幸的是，時至今日，兒少學習如何當個社會公民的方式雖仍有諸多改進空間，但至少已努力朝向擺脫過去「人偶道具」的刻板方式，也不再僅限於在各種陌生的機制中「模仿大人」，而是開始有更多元、更符合孩子當下情境的學習與體驗方式。

　　然而，真正做到將兒少由「被保護的客體」提升為「權利主體」的「典範移轉」並不容易，作為政策規劃及機制設計之成人必須跳脫過去習以為常的思維及習慣，設身處地由兒少的角度進行思考。否則，兒少勢必難以感受到兒童權利為他們的生活帶來了何等轉變，而這也喪失了兒童權利教育及人權教育應有的功效。

參考文獻

Crowley, Anne. 2014. "Evaluating the Impact of Children's Participation in Public Decision-Making." in Joanne Westwood, Cath Larkins, Dan Moxon, Yasmin Perry and Nigel Thomas eds. *Participation, Citizenship and International Relations in Children and Young People's Lives* 29-42. United Kingdom: Palgrave Macmillan.

Dye, P. 1991. "Active Learning for Human Rights in Intermediate and High Schools." in H. Starkey ed. *The Challenge of Human Rights Education* 105-119. London: Cassell.

Hartung, Catherine. 2017. *Conditional Citizens: Rethinking Children and Young People's Participation*. Switzerland: Springer.

Hodgkin, Rachel and Peter Newell. 2007. *Implementation Handbook for the Convention on the Rights of the Child*. UNICEF.

Howe, R. Brian and Katherine Covell. 1999, "The Impact of Children's Rights Education: A Canadian Study." *International Journal of Children's Rights* 7: 171-183.

Howe, R. Brian and Katherine Covell. 2005. *Empowering Children: Children's Rights Education as a Pathway to Citizenship*. University of Toronto Press. (Kindle version).

Johnson, Vicky and Andy West. 2018. *Children's Participation in Global Contexts: Going Beyond Voice*. Routledge: London & New York.

Sinclair, R. 2004. "Participation in Practice: Making It Meaningful, Effective and Sustainable." *Children & Society* 18, 2: 106-118.

Tisdall, E. K. M. 2008. "Is the Honeymoon Over? Children and Young People's Participation in Public Decision-making." *International Journal of Children's Rights* 16: 419-429.

Tisdall, E. K. M. and J. Davis. 2004. "Making a Difference? Bringing Children's and Young People's Views into Policy-making." *Children & Society* 18, 2: 131-142.

UNICEF. 2014. *Child Rights Education Toolkit: Rooting Child Rights in Early Childhood Education, Primary and Secondary Schools*. in https://www.unicef.org/media/63081/file/UNICEF-Child-Rights-Education-Toolkit.pdf.

Wyness, Michael. 2006. "Children, Young People and Civic Participation: Regulation and Local Diversity." *Educational Review* 58, 2: 209-218.

台灣少年權利與福利促進聯盟。2020。《第一次培力青少年參與政策機制就上手》。台北：台灣少年權利與福利促進聯盟。

李仰桓。2018。〈評論十二年國民基本教育課綱中的人權教育〉。《台灣人權學刊》，第4卷第3期，頁43-64。

林沛君編著。2015。《兒少人權向前行：兒童權利公約逐條釋義》。台北：展翅協會。

衛生福利部社會及家庭署。2019。〈108年度公益彩券回饋金補助辦理「兒童權利公約兒少報告撰擬培力計畫——特定兒少培力」說明文件〉。https://crc.sfaa.gov.tw/crc_front/index.php?action=content_news&uuid=b568e88a-e021-4ffd-9573-d326ece9d697。

非政府組織的人權教育

黃慈忻

壹、起心動念

台灣通過《兒童權利公約施行法》後，我有幸在籌備首次國家報告國際審查的過程裡，擔任政策倡議、研究分析、培力兒少參與、教育訓練等角色，這些經歷使本人得以和國內外關心兒少人權的各界人士對話，在不同層次的交流中，擴展對兒童權利和人權的視野。

由於敝人專業養成為社會工作，且聚焦於兒少實務和研究，本文將從近期穿梭在實務場域、政策制定、兒童保護與兒少福祉研究的觀察出發，爬梳社工推動兒童權利的歷程以及未來發展的可能性。與眾多同路人一樣，我對兒童權利的理解和實踐啟蒙自學院，茁壯於實務。掙扎與疑惑在摸索之際無可避免，幸虧貴人提點和資源挹注而能撥雲見日。或許我是相對幸運的少數，能夠在健全的組織與充滿支持的環境發揮所長。因此，以下觀點既無法代表台灣全體社工的經驗，個人偏見亦可能影響詮釋角度，撰文目的在於拋磚引玉，期待更多實務工作者和研究者加入紀錄的書寫，豐厚台灣落實兒童權利的文本基礎。

貳、當社會工作與人權相遇

一、社工的荊棘路——缺席的人權教育

「我沒有學過兒童權利，以前學校根本沒教啊，但是現在政府有要求，所以想說就來聽一聽。」

「人權喔，學了會不會就一天到晚只會抗議？」

「可能都市小孩比較會計較吧，對於人權或兒童權利就會很在意。我們鄉下孩子比較單純，一點點東西就會很滿足了。」

進行兒童權利教育訓練時，上述話語我聽到不只一次。這些實務工作者的回饋具體呈現台灣社工專業養成對於人權的理解和重視仍有進步的空間。國際社工聯盟（International Federation of Social Work, IFSW）和國際社工學院協會（International Association of Schools of Social Work, IASSW）在2014年更新的〈全球社會工作倫理原則聲明〉（Global Social Work Statement of Ethical Principles）主張，社會工作的核心價值包含了人權（human rights）、社會正義（social justice）、集體責任（collective responsibility）以及尊重多元化（respect for diversities）。因此，推動人權是社會工作的必要原則。在台灣，2008年由社會工作師公會全國聯合會所訂定的社會工作倫理守則第3條指出，社會工作是「以人性尊嚴為核心價值，努力促使案主免於貧窮、恐懼、不安，維護案主基本生存保障，享有尊嚴的生活」。通篇並未出現人權二字，雖然部分概念，例如人性尊嚴，也屬於人權的其中一項意涵，但詞彙的缺乏以及超過十年未曾更新的定義，或許也顯示台灣社工團體對於人權的陌生。

社工團體對人權的不熟悉，從學院的社工訓練與人權教育脫軌可見端倪。台灣自1997年開始於大專院校廣設社工系所，二十年來全國數量增加超過兩倍。2019年教育部統計資料顯示，當年度在「社會福利」的類別之下，系所名稱包含「社會工作」的共有30間，學生數共計8,210人，參加進修部修習社工學分（45學分）、符合社工師報考資格的學生數則有2,750人。若以畢業生人數而言，日間部社工系所共計2,065人，進修部則有753人。看似龐大的潛在就業人力，但面對日趨複雜的社會議題，當前大學階段的社工核心訓練不僅在名稱上未見任何包含人權的基礎與進階課程，在實質內容教學上，良莠不齊的師資以及欠缺專業社群監督的課程規劃，學生踏出校園時是否已具備體察弱勢與邊緣族群權利被結構性剝奪的敏感度與反思能力，令人擔憂（林萬億，2010；彭淑華，2016）。

　　然而，台灣的社工並非不在乎人權，而是欠缺管道與資源，一旦學院鼓勵修習相關課程或體驗活動，社工對於人權價值的維護是可以藉由教育改變。在中部地區，一個以大學部三、四年級社工系學生爲主的小樣本人權選修課便發現，經過一個學期的課程，學生除了增加人權知識，在「家庭內和校園中的體罰」和「同志收養小孩」等兩項議題中，也能夠深入討論權利衝突與價值取捨（Chen, Tung and Tang, 2015）。劉威辰與鄭麗珍（2019）檢視社工教育如何影響社工系學生看待貧窮的態度也發現，當學生的學習成效愈高、偏向左派的意識形態，較不會完全將貧窮歸咎於個人成敗，而較能夠考慮造成貧窮的結構因素。研究也進一步指出，教師展現的教學熱忱、系所課程安排，以及個人生活接觸，對於學習成效皆有正面影響。換言之，每個人在不同的人生階段都有可能陷入貧窮或成爲弱勢，但隨著資本條件的差異，每個人的暴露風險與受影響程度不一。倘若大學階段的基礎教育能夠從人權觀點刺激學生思考社會議題，或許我們的社會對於「窮人就該有窮人的樣子」、「學生做錯事情被打是應該」、「同志不會愛不是自己親生的小孩」等偏頗論述有更多反省的空間。

　　針對已經執業的社工人員調查也發現，當社工接受的人權訓練愈多，對於人權的敏感度就愈高（Chen and Tang, 2019）。近年來各地蓬勃發展的社會工作人員職業工會（簡稱社工工會），也反映出基層社工透過社群內部持續不斷地對話，利用社區小型講座和網路社群媒體打破地域限制，從自身被剝削的勞動權利出發，思考社會工作如何因應環境的變化，重新界定福利輸送、社會政策與人權倡議。特別是理應爲弱勢族群發聲的社工，也面臨內在價值與外在現實衝突，如被服務單位要求薪水回捐、民意代表與服務個案的暴力威脅和專業貶抑、從前爲個案仗義不平的前輩如今成爲要求後輩犧牲奉獻的機構主管，每一個新聞事件所激盪的火花無啻對專業的提醒：台灣社會想要發展怎麼樣的人群服務？無論年齡、種族、宗教、性別、性傾向、身心能力，「好好地被當一個人對待」到底是一種依附在政黨利益交換的選舉福利，還是國家政府必須負起全責保障的人民權利？

二、社工的緊箍咒：組織募款與社會形象

　　從2014年《兒童權利公約施行法》通過，到2017年進行首次國家報告國際審查，以及後續政府各部門持續針對國際審查委員提出的結論性意見召開行動計畫，時間點幾乎與2019年《司法院釋字第748號解釋施行法》的立法歷程重疊。這項確保成年同志結婚的法案不僅牽涉到成年人的權利保障，在正反雙方激烈交鋒的集會場合、議事現場、公開辯論、社群媒體傳播，各種與兒童權利息息相關的議題，如性別平等教育、親子關係與監護權定義、家長監督權利與兒少隱私維護、兒少身體自主與身體意象、兒少自我保護與親密關係建立、校園如何保持宗教中立、兒少參與集會遊行與政治活動、兒少資訊識讀能力等，都是討論焦點。對第一線服務兒少的社工而言，不僅要面對組織內部近乎對立的歧見，對外更是啞巴吃黃蓮有苦說不出。除了在會議場合要「謹言慎行」、「斟酌發言」，以避免被直接標籤為「挺同」或「反同」等幾乎是黑白對立的狀態，非營利組織在撰寫回應國家報告的替代性報告時，有些選擇迴避「爭議性議題」，避免影響組織合作，有些則是在文稿中並排立場完全迴異的論述，雖然增加閱讀困難，但期待藉由內部矛盾突顯多元意見。

　　社工無法純粹基於「科學事實」或「專業意見」表達立場，主要受制於龐大的募款壓力和沉重的工作負荷。我曾經不只一次在辦公室接到民眾要求組織撤換發表挺同言論的形象代言人，不然就中斷捐款的抗議電話；無獨有偶，夥伴單位也面臨同志及挺同員工公開控訴受到歧視後，官方臉書湧入大量的退粉絲及退捐款。對非營利組織而言，民眾具有建設性的批評指教能夠促進組織進步，然而，當批評指教成為情緒性的謾罵或不明就裡地要求馬上退款，基層社工往往要在繁忙的既有工作業務，花費額外心力處理接踵而來的行政事務：安撫激動民眾、提交內部報告說明處理情況、召開會議確認組織統一應變方式。這些「危機處理」不僅損耗一線社工的能量，許多時候更容易發生服務排擠與自我噤聲。案主的需求從來不會因為捐款民眾的抗議電話而停止或減少，基層社工接完一個小時的客訴電話之後，還是要加班處理家庭訪視、個案紀錄、方

案規劃。惡性循環之下，順了姑意逆了嫂意，既然選任何一邊都會被罵到狗血淋頭，還會增加業務工作量，乾脆以「假裝的中立」不聞不問，明哲保身。

其次，對組織管理者而言，募款既是服務方案也是員工薪水的資金來源，特別是近年來許多大型組織都面臨募款下降的壓力，許多時候對議題不表態不僅是因為組織內部無法凝聚共識，更是因為一旦表態被中斷捐款後，主管要面臨的不僅是服務斷炊，更是裁員危機。此外，台灣許多全國性或地方性的兒少組織，在創立初期都具有特定宗教背景，雖然近年來為了擴大服務範疇逐漸淡化宗教色彩，但仍有不少組織管理者或董監事具有強烈的宗教信仰或本身即為宗教人士，對於同性婚姻立法與衍生的兒童權利議題堅持基本教義的反對立場。曾經有前輩分享，即使個人「基於社工尊重多元」而支持同志婚姻、支持以性別平等教育提升青少年自我接納，面對直接以「換人」及「取消大筆捐款」要脅的有權有勢董監事，為了保全工作同仁及服務永續性，也只能迫於現實閉嘴。

讀者或許會質疑，當社工與非營利組織放棄維護人權，豈不背離社會工作最根本的價值信念？我認為，需要主張的社會正義永遠族繁不及備載，除了同志族群應當得到公平對待，還有社工勞動條件的改善、縮減貧富不均的稅制改革、無國籍兒少的身分權利保障、移工父母的家庭支持、少年矯正系統中的精神衛生服務等急迫的人權議題。在組織有限的資源下，勢必得排列關注的優先順序，把人力和心力集中在最貼近組織服務需求或最有倡議勝算的戰場，並從中與具有共同目標的夥伴合作，擴大影響力。對於排序在後的議題，短期的因應策略或許是消極性地缺席與緘默，實則更需以時間換取空間，透過跨組織及跨專業的交流拜會、彙整工作人員與服務使用者的意見、蒐集實證研究研擬最佳處遇，待時間成熟時再行發聲。

良好的社會形象無疑是組織募款的利器，但不應是組織鄉愿的藉口。基層社工或高層管理者一時的妥協可以是韜光養晦，但不能無限上綱，而忽略人權的探究本來就是不斷的思辨，除了包容喧嚷與激情背後都是每一個真實的情緒反應，也需要理性的沉澱如何營造更多對話與理解的機會。古今中外，無論是

女性投票權的爭取、反殖民與民族國家的成立、種族藩籬的突破、從威權走向民主的轉型政治,這些當今世上普遍認為理所當然的權利都非憑空發生,而是一代又一代的人權鬥士在各個層面的積極奔走與推進。若真要讓組織永續經營並且確保服務對象的權利保障,組織內的每一個成員都必須思考人權維護的本質與底線為何,終究部分捐款的犧牲在所難免,但唯有捍衛人權才能真正彰顯社會工作維護人性尊嚴的意義。

參、兒少社工實務與兒童權利

一、兒童權利有標準答案嗎?

「《兒童權利公約》說每個小孩都有玩遊戲的權利,所以機構應該要開放讓我們可以玩手遊。」

「兒童權利就是禁止體罰嗎?」

「如果什麼事情都要尊重兒童權利,好像就是兒童說了算,那就是小孩都爬到大人頭上了啊,這樣父母怎麼教小孩?」

上述分享來自於參加兒童權利工作坊的寄養家長和安置機構兒少。這些疑惑不僅發生在一般人身上,陳心怡與唐宜楨(2017)透過小樣本的兒少安置機構工作人員在職訓練研究也發現,兒少實務工作者對於兒童作為權利主體的概念是模糊的,也因為每個人的詮釋角度不同,歧見或紛爭在所難免。為了更進一步瞭解組織內部成員對《兒童權利公約》理解的差異性,我參考了國外「情境案例」的研究設計(Bohrnstedt, Freeman and Smith, 1981; Cherney, Greteman and Travers, 2008),以內部調查的方式探索社工理解兒童權利與兒少自主(autonomy)的概念光譜。《兒童權利公約》第2條雖然以明確的年齡數字——18——限定權利主體,但在實務上,社工對於兒少在幾歲可以享有什麼樣的權利不盡然有共識,甚至有南轅北轍的主張。

表13-1　兒童權利與合適年齡（N=211）

權利議題	平均數	標準差
單獨和一群朋友出去玩	12	2.68
與他人發展親密行為（如擁抱、親吻、性交）	18	2.36
喝酒	18	6.10
決定未來的生涯方向	16	3.94
在法庭為自己闡述意見（包含辯護和主張自我權益）	13	4.48
在監護權爭議的時候表達意見	10	4.13
能夠保管並使用自己賺的錢	13	5.55
加入軍隊	17	6.11
投票	18	2.06
發起或組織集會遊行	18	3.54

　　以表13-1為例，多數社工們認為年滿18歲才可以飲酒，但17歲的時候就可以加入軍隊。當我進一步挑戰，過量飲酒才有可能造成身心傷害，但加入軍隊即代表可以合法使用致命性的攻擊武器如槍枝，對於個人生命安全的威脅性似乎後者偏高，為何後者卻可以在年紀較小的情況下被賦予？社工們提出許多有趣的見解，有一說認為加入軍隊至少會有別人監督管制槍枝使用（他律），但喝酒這種行為卻經常要靠個人意志來控制（自律），通常年紀愈大自律性才會比較好，因此年紀大一點再擁有這項權利比較合適。另一說則認為，權利是一種規範，標準必須嚴格，太鬆就形同虛設，現階段便利商店在顧客購買酒類商品時不會認真查驗身分，兒少取得酒類商品並非難事，如果放寬既有標準，可能就是變相鼓勵喝酒。

　　也有社工提到喝酒和參加軍隊的文化因素，例如，美國的最低飲酒年齡是21歲，但在德國，年滿16歲便可飲用啤酒與紅白酒。在原住民部落工作，本身也是原住民的夥伴則分享，在部落文化裡，未滿18歲的青少年參加慶典或祭祀時喝酒是非常自然的事情，如果拒絕長輩斟酒不僅失禮也是破壞傳統。同樣

地，對許多社工而言，在台灣參加軍隊就等於當兵，對許多家境貧困又欠缺升學意願的青少年而言，當兵通常成了就業以外的另一種選項，不希望個案變成福利依賴的社工想當然爾是贊成17歲就提早入伍，「當兵是團體生活，也是機會強迫長大、變成熟」。

我進一步探究，同樣都是意見表達，為何10歲就可以發表對監護權的意見，但卻要13歲才能夠在法庭上為自己闡述意見？社工則提出，監護權往往牽涉小孩對主要照顧者的感受和對未來生活的期待；如果要提升家庭關係、降低兒童虐待風險，理論上就算未滿10歲，小孩只要能夠清楚闡述意見，就應該要被採納。然而，扣除監護權官司，兒少會需要到法庭為自己闡述意見通常都事涉刑案，「13歲就是少年，行為應該要比較成熟，既然已經適用《少年事件處理法》，就應該要學會為自己做錯的事負責」。

從這些真誠的分享裡可以發現，每個人幾乎都是透過主觀經驗在詮釋「權利」，有人覺得權利是一種「享受」或「擁有」，當社會夠公平與富裕，每個人就都可以「具有權利」；當「享受」或「擁有」只集中在少數階級，那就是「特權」。有人則認為，權利既是保障基本生活的「福利」，也是維持社會運作的「規範」，具有道德和法律的約束力，所以得到權利的同時也必須負擔義務。人類社會解釋權利意涵的歷史非常悠久，不同文化的思想家也都有類似、互補或互斥的見解。定義適用台灣脈絡的權利遠超出作者能力範圍，也非本文目的，本節呈現這些看似道理又像謬論的論述在於真實反應日常生活中定義及實踐兒童權利所需面臨的挑戰，解答並非唯一也非恆久不變；相反地，兒童權利公約其實是提醒實務工作者「反思」的重要性與必要性（陳心儀、唐宜楨，2017），特別是當我們將現行社會既有法律、規範、道德都視為理所當然，卻未曾檢討受到牽制與保障的人、事、時、地、物，立意良善的條文都有可能成為迫害人權的惡法，也可能在實際執行中喪失初衷。

二、哪一個兒童權利最重要？

我有幸因為協助製作兒少報告和參加國際審查的兒少會議而瞭解兒少對

於《兒童權利公約》的想法。在首次國家報告國際審查中，七份兒少報告和分屬不同利益團體的兒少代表所提出的議題非常多元，例如反墮胎教育、原住民土地正義與傳統文化保留、校園民主落實、校園髮禁與服儀規定、校園資源回收、空氣污染與氣候變遷、性別平等教育、城鄉教育資源落差、校園霸凌、對特殊或弱勢兒少的歧視，琳瑯滿目的關切除了令人欣喜台灣兒少對於兒童權利的重視，也讓人思索，面對如此龐大的需求清單，我們應該如何著手改進？我們有可能排列優先順序嗎？我們有可能找出問題的根源進行結構性的改革嗎？

在公私部門推動兒童權利的討論會議上，「兒童最佳利益」是最常見的關鍵字。這六字箴言除了是貫穿《兒童權利公約》的核心原則，也是推動兒童權利最常出現的決策依歸，可說是橫跨政策研究與實務訓練的指南針。聯合國兒童權利委員會針對兒童最佳利益所發表的第14號一般性意見書也特別指出如何運用另外三項核心原則：禁止歧視、生存與發展權、參與權來達成兒童最佳利益。然而，不同國家不僅因為經濟資源與社會文化差異而對國家應當確保的兒童生存與發展權有不同安排，即使是同一個國家，不同性別和宗教信仰的兒童，受到保障的生存與發展權可能就有差異。換言之，兒童最佳利益雖是保障兒童生存、發展、參與的基礎，卻有可能在不當定義之下受到侵蝕，而成為差別對待的理由。

再者，雖然《兒童權利公約》每一項條文所代表的權利意涵並重，但權利意涵的決定除了權利主體（rights holder），也就是兒少本身的參與，還有來自不同義務承擔者（duty bearers），如家長、老師、社工、法官、警察等主張。換句話說，當權利主體與義務承擔者雙方對於兒童最佳利益有不同認知，或是權利主體和義務承擔者本身的異質性，兒童最佳利益不盡然是皆大歡喜的滿意結局，極有可能是動態拉扯中的暫時性結果。台灣社工對兒童最佳利益並不陌生，幾乎可以說，如果一份法庭或機構報告沒有出現這六個字，該報告就是不及格。然而，仔細閱讀便會發現，在不同案例中，同樣都是兒童最佳利益的標題，內容演繹卻大相逕庭。

表13-2 兒少自主情境案例[1]

教育	17歲讀高二的小妮想要休學，因為她申請到了社區劇團為期一年的免費表演訓練，訓練期間若有演出，劇團也會提供基本的食宿和服裝支出。但小妮的父母拒絕讓她這麼做。
隱私	14歲的大白放學回家後就喜歡把自己關在房間裡，他想要有自己獨處的時間。但他的父母要求他房間不准上鎖，要讓他們可以進出，而且大白不可以待在房間太久。
外貌	12歲的阿仁想要留長髮，他已經快半年沒剪頭髮。爸爸很生氣，他立馬要帶著阿仁去剪頭髮，而且要剪得跟一般男生一樣短。
宗教	14歲的牧恩生於虔誠的基督家庭。他的死黨們固定週末在河濱公園練習滑板。牧恩想跟朋友們出去玩，但爸媽堅持牧恩星期日就是應該要上教堂。
經濟自主	12歲的大維這學期在補習班賺了3,000元的獎金，大維想要把這些錢拿去買遊戲點數，但父母堅持他必須把錢存起來。
親密行為	16歲的芸芸最近交了男朋友，這個男朋友曾讓前任女友懷孕。父母知道後很生氣，禁止他們再有任何往來。
媒體接觸	14歲的阿強立志透過網路成名，他經常點閱熱門的直播主或youtuber，想要效法他們的說話與表演方式，父母開始禁止他上網，因為他們擔心這些偶爾夾帶髒話或有性愛雙關的話語對阿強太刺激。
公共參與	15歲的安紜跟父母支持不同的政黨。最近選舉將至，安紜想要去參加她所支持政黨的造勢活動，爸媽知情後卻嚴厲禁止她外出。
社交活動	12歲的世捷在生日的週末邀請全班同學到家裡玩，父母趁此認識了世捷的同學。但聚會結束後，父母開始禁止世捷與某些同學往來。

　　透過上述內部調查，我以案例（表13-2）瞭解社工如何在不同的兒少自主情境詮釋「兒童最佳利益」。社工在匿名的電子問卷根據實務經驗於每一個情境案例中勾選偏向父母或小孩的立場。問卷包含了教育、外貌、隱私、公共參與等九個面向的情境案例，每個案例有四個選項，分數由最低的1分到最高的4分，分別代表完全贊成父母意見、可能贊成父母意見、可能贊成小孩意見、完全贊成小孩意見，最後加總的分數愈高代表愈可能認同小孩立場。各面向的平均數（圖13-1）顯示，社工在教育、外貌、宗教三個面向上是最容易傾向兒少

---

[1] 原始調查問卷的9個面向各包含2題至5題的情境案例，本表僅摘錄一個案例供讀者參考。

立場，支持小孩有較多自主的權利。在經濟自主、媒體接觸、親密行為三個面向上則是最容易傾向父母立場，認為父母應該要有較多的干涉。

圖13-1　社工人員對兒少自主的立場

　　我進一步根據這六個面向以情境討論的方式探索社工如何從兒童最佳利益來主張兒童權利，特別是當權利主體與義務承擔者雙方對於兒童最佳利益有不同認知。社工們討論最深入的主題聚焦於穿著打扮、金錢使用、情感探索（表13-3）。在穿著打扮的案例中，夥伴認為兒童最佳利益會因為和個案工作的進程以及個案狀態而有所不同，兒童最佳利益既是處遇計畫想要達到的目的，也是處遇進行的策略。

　　「……還是要看個案，個案自信心或自制力比較不好的，比較容易被同儕牽著鼻子走的，我還是會提醒一下。也會希望家長可以多關心。畢竟有時候個案就是盲從或趕流行，我如果讓她要穿什麼就穿什麼，看起來好像是尊重，可是兒童最佳利益有分長短期，我會去想長久下來對個案好的是什麼……我暫時不會干涉，是因為我想維持和少年的關係，你唸她煩，她不來找你，你們就不用工作了。按兵不動，等關係夠了，或者是等她大一點

了，我就會用戳的方式讓她知道，或者是跟她討論怎麼穿比較好看。長久下來，案主的自信建立才會是眞正的兒童最佳利益。」

表13-3　當權利主體與義務承擔者的衝突情境

	兒童自主權利	家長管教權利
小花個性活潑，假日喜歡和朋友出去玩。每當她外出時，媽媽嚴格禁止她穿著短裙、背心、高跟鞋，因爲媽媽認爲這些是暴露的穿著，可能引起有心人士不當的念頭。	小花有權決定她想穿什麼	爲了確保小花的人身安全，媽媽可以要求小花應該和不應該穿什麼
	64.3%	35.7%
大慶剛領到學校發的15,000元清寒獎學金，他想要把這筆錢拿去買剛上市的iPhone。	大慶有權決定獎學金的用途	大慶應當把獎學金存下來，iPhone是奢侈品，他家又是低收入戶，不應該購買。
	46.8%	53.2%
阿澤就讀於一所提供住宿的明星高中。某次晚自習，阿澤偷跑回宿舍看A漫自慰，事後被老師發現曠課，阿澤表示自己身體不舒服，老師不相信，調閱宿舍內的監視錄影器，發現事實後勃然大怒，決定要記阿澤一支大過。	阿澤有權決定自己的身體自主，並且有權對學校的處罰提出申訴	宿舍是公共空間，不該拿來滿足個人私慾。阿澤違規在先，又對老師說謊，學校的處置沒有問題
	53.9%	46.1%

在金錢使用的討論中，社工們爭執的焦點除了相對剝奪感，也包括從商品所延伸的價值取捨與品味象徵，以及機構如何設定補助標準和篩選補助對象。

「我都買不起iPhone耶，案主用得比社工好，那應該是社工才需要領補助吧。」

「一支2萬元讓你用四年，跟一支2、3,000元但你用不到半年就壞了，買iPhone可能就是投資，要看長期效益。至少他也不會有理由讓你找不到，不然每次都說手機壞掉，你也會想他到底是用什麼手機爲什麼那麼容易壞。」

「小孩就念表藝科的，班上同學都是未來要當明星的，大家很會比較，比手機、比化妝，你想得到大家都會比。小孩在那種環境如果一直被比下去，他當然也會自卑。所以我覺得，他今天好不容易存到錢，他就只是不想再被看不起，而且他也知道分寸，至少買二手的比較不會那麼貴，所以我們最後就是讓他買。」

討論也延伸到另常見的狀態，當權利主體（兒少）不具備完全使用金錢的權利，義務承擔者（家長）以金錢促進兒少權利的方式又與另一方義務承擔者（社工）的期待不同，例如，社工給小孩的營養補助被家長拿來購買菸酒，或是本應作為小孩的大學教育基金，主要照顧者卻拿來帶小孩到外地旅遊消費。社工的掙扎再次突顯了兒童最佳利益在不同義務承擔者之間的拔河。看似不顧一切的及時行樂有可能是弱勢族群最直覺的身心滿足和愧疚補償，特別是當社工嘗試提供的未來希望感已不足應付個案當下的困頓和疲憊。誠如前述，每一個行為背後都代表了一種價值，兒童最佳利益在社工實務現場無非是各種價值衝撞，在極端狀況更是面對機構困境的兩權相害取其輕，取捨即使建立在不違法的前提下也可能難以有對錯好壞之分，遑論是否道德高尚，唯有透過不斷對話和反思，至少讓每一個決定更貼近我們理想中的人權保障。

第三個案例──身體自主，案例雖然發生在學校，對安置機構而言，類似情境對安置機構而言並不陌生，甚至情況更為複雜。少年在台灣的家外安置選項不多，八九不離十以團體生活的社區機構為主。機構中空間或情感的人際界線難以劃清，不同背景的少年也因為安置條件和起訖時間不同，每一次的成員流動都會對團體動力產生變化，如何在團體互動拿捏適當距離保護個人隱私同時也發展支持性的情感關係，對青少年與工作人員而言都是挑戰。對社工而言，協助青少年認識並且發展正向的自我認同、親密關係是工作必備也必須隨時精進的技能，然而，誰來教、什麼時候討論、用什麼方式介入、怎麼知道少年接受資訊的當下認知與未來行為一致，這些提問除了是家長和社工所需面對的生活日常，也是不同意識形態的利益團體在政策制定會議上必經的唇槍舌

戰。即使台灣在2004年通過《性別平等教育法》，法規中詳細規定從國小到大專院校應當如何在校園的軟硬體建置上「消除性別歧視，維護人格尊嚴」（第1條），教育部的性別平等教育網也含括了多元教材、師資人才庫、謠言澄清，對於多數過去或現在具有宗教背景的兒少團體而言，「兒少的性別教育」卻仍是個可以在機構實務中做，但不能夠在政策討論上說的議題。曾經有前輩在開會場合告知「我們是兒少團體，不是性別團體」，一語道盡了許多兒少團體管理者的主張：兒少議題是中性的，必須去性別化。

除了受限於機構價值與個人信念，我在開會場合也觀察到，機構管理者在兒少政策會議上無法自在討論「性／性別／親密關係」也因保守的政治立場。許多兒少團體早在解嚴之前就已成立，習慣在威權體制下進行有限度的民間救濟，目的並非挑戰執政者，而是安靜地扮演協助政府的角色。相較於性別平等發展的路徑是由婦運（女權）團體發起，婦運團體在解嚴之後以國會遊說、街頭造勢、民間連署、召開記者會等不乏衝撞體制的方式進行立法倡議，對政治仍帶有戒心的兒少團體管理者而言，這些舉動仍屬激進，當然敬而遠之。因此，兒少團體高層管理者與基層社工對於兒少權利的想法、做法有所差異，除了反應組織內部的代溝需要跨越，實則也是台灣社會從威權走向民主的路上，不同世代的人如何面對這塊土地上既存的人權黑歷史，非營利組織如何調適與政府的關係，我們要不要打開潘朵拉的盒子？人民可能監督政府嗎？

肆、下一次國家報告

一、值得參考的台灣經驗

曖昧的國際地位使台灣無法以聯合國會員國的方式參加國際人權公約審查，然而，從兩公約首次國家報告國際審查，台灣開創了獨一無二的在地審查機制，活絡的公民社會更確保了台灣的人權發展不會僅限於特定團體立場，而是公民討論的最大公約數。如此成就除了獲得國際審查委員的普遍好評，我在

美國課堂上與來自世界各地的學生分享時，也得到許多關切。對非洲和東南亞國家推動人權的組織工作者而言，無論是到美國紐約或瑞士日內瓦參與聯合國各項事務所需花費的交通、住宿、簽證所費不貲，也經常是少數受僱於國際組織的工作人員才能參與，欲將結論性意見有效帶回國內進行實質性的討論往往因為人力限制而心有餘力不足。此外，聯合國的行政效率為人詬病已久，從各國遞交報告到國際審查委員完成問題清單並且進行對話審查，過程曠日廢時，組織人員替換除了使經驗不容易傳承，組織間也難以有效整合進行國際倡議。因此，即使台灣模式也存在著可能弊病，例如，由政府部門邀請國際審查委員難逃球員兼裁判的疑慮，在地審查仍大幅降低公民團體與國際團體裡應外合監督政府的成本，對發展中國家人權推動相當具有吸引力。

　　即使是對聯合國事務有舉足輕重影響力的美國和中國而言，台灣經驗也不容小覷。特別是前者是聯合國會員國中唯一未簽署《兒童權利公約》的國家，後者則是人民受限於政府嚴屬的資訊管制，對國際社會與人權事務的瞭解僅有片面的政府說法，對於台灣民眾能夠直接從網路獲取完整的國際審查直播內容，課堂上就有中國學生感到不可思議。《兒童權利公約》雖是世界上最多國家簽署的國際人權公約，但許多國家僅是形式性的簽署，兒童人權被侵害的狀況仍隨時隨地在發生；大多數人對於自己國家是否簽署兒童權利或其他人權公約、哪些團體曾經撰寫什麼樣的人權報告更是完全不知情。台灣以國內法化的方式直接將國際人權公約導入國內立法與政策施行，特別是陸續有法官在判例中援引國際人權公約（郭銘禮，2015），公民團體的參與也在政府公開資訊中一覽無遺，國際公約的實質影響力指日可期。因此，台灣經驗除了需要在地傳承，更需要與國際對話產生能見度，透過國際交流一起進步。行文至此，尚未見台灣經驗發表於人權領域的英文學術期刊，實為未來努力方向。

二、以研究推動實務，從實務發想研究

　　近年來中央到地方政府不斷推動政府公開資訊，海量的健保資訊讓學者得以在國際學術期刊分享台灣經驗，研究與實務的相輔相成使台灣醫藥衛生的成

績在國際上有目共睹；相反地，同屬衛生福利部，與兒少事務最有關係的保護
服務司、社會及家庭署卻由於組織再造，全國缺乏一致且連貫的兒童保護資料
登錄系統，有限數據一來無法真實呈現兒少政策如何影響兒童權利，二來也無
法指引政策改進方向，當全台灣最脆弱的生命是由這兩個部門來守護，沒有數
字就難以透析每一個隱形的代表人物，無形也是否定存在權利。

　　雖然全國性的兒少團體陸續成立研究發展部門或設立研究發展專員，透過
定期舉辦網路調查瞭解兒少權利現況，也有研究者與機構透過產學合作發表研
究論文，然而，前者網路樣本欠缺嚴謹性，後者個案研究多以小樣本或質化研
究為主，二者結果不盡然可以進行群體推論。趨勢數據和研究量能的缺乏使得
台灣兒少發展現況往往見樹不見林。台灣社工實務與研究的脫鉤不僅發生在兒
少領域，冰凍三尺也非一日之寒，國際審查委員在《兒童權利公約》首次國家
報告結論性意見多次指出，政府需要建置完整的數據蒐集機制，讓研究者得以
在符合研究倫理的前提下申請資料、進行科學分析，最終應用到政策制定。身
為科技先進國家，我們沒有理由容忍兒少權利的數據資料荒蕪。

伍、結論

　　本文所引用的社工論述全數來自於參加教育訓練的夥伴分享，透過當場或
事後筆記，盡可能保留原始的概念意義與完整脈絡。然而，記錄當下往往缺乏
第三者的內容參照，無法確保資料的客觀性。資料蒐集原始目的在於促進團體
討論和訓練改進，沒有確認發言者的服務單位、工作經歷、教育背景等個人資
料，也是希望透過匿名分享營造安全環境，讓教育訓練的設計能夠真正符合社
工夥伴需求並且應用在實務工作中。在編輯的邀請之下，我嘗試結合個人觀察
心得整理記錄，盡可能為台灣兒童人權的推動工作留下不同軌跡。這些論述若
是未來有機會以焦點座談、個人訪談或長期追蹤進行研究彙整，勢必可以有更
深入的分析。

誠如前述，兒童權利和國家整體對人權的重視密不可分，我們難以期待兒少在一個人權紀錄不彰的國家能夠受到良好對待。雖然近幾年台灣因爲相對民主、開放、包容而受到國際社會的重視甚至讚譽，然而，幾乎每一天瀏覽新聞，大大小小的角落仍可看見人權受到迫害。我們仍然有總統候選人稱呼成千上萬的台灣媽媽「雞」，只因這些女人不是出生在台灣，也承擔了多數台灣人不願意做的低薪勞力工作；我們仍然有青少年不斷受到成人社會對其自我認同的惡意否定而選擇提早結束生命；即使生育率已經是全球倒數了，我們仍然有孩子從一出生就受到父母惡意對待，根本來不及長大。從兩公約開始，不同的國際人權公約委員會都指出台灣缺乏公正獨立的人權監督單位，如兒童監察使、人權委員會，當現行的監察委員仍然由總統提名，總統府人權諮詢委員會也僅供諮詢，而無實質調查權利，其所能發揮的人權監督功能自然受到箝制。台灣的人權指數或許比上不足比下有餘，但不代表我們就可以停止進步。

參考文獻

Bohrnstedt, G. W., Freeman, H. E. and Smith, T. 1981. "Adult Perspectives on Children's Autonomy." *Public Opinion Quarterly* 45, 4: 443.

Chen, H. Y. and Tang, I. C. 2019. "Social Workers' Attitudes toward Human Rights in a Sample from Taiwan." *International Social Work* 62, 1: 295-308.

Chen, H. Y., Tung, Y. T. and Tang, I. C. 2015. "Teaching about Human Rights in a Social Work Undergraduate Curriculum: The Taiwan Experience." *British Journal of Social Work* 45, 8: 2335-2350.

Cherney, I. D., Greteman, A. J. and Travers, B. G. 2008. "A Cross-cultural View of Adults' Perceptions of Children's Rights." *Social Justice Research* 21, 4: 432-456.

林萬億。2010。〈我國社會工作教育的發展：後專業主義的課題〉。《台大社工學刊》，第22期，頁153-196。

郭銘禮。2015。〈臺北地院民事判決適用兩人權公約之分析〉。《台灣人權學刊》，第3卷第1期，頁59-84。

陳心怡、唐宜楨。2017。〈從一場在職教育訓練反思聯合國兒童權利公約〉。《台

灣人權學刊》，第4卷第2期，頁73-100。

彭淑華。2016。〈台灣社會工作教育之發展與前瞻〉。《社區發展季刊》，第155
　　期，頁86-98。

劉威辰、鄭麗珍。2019。〈社工教育、意識形態、貧窮歸因對社工系學生貧窮態度
　　之影響〉。《台大社會工作學刊》，第40期，頁1-42。

施逸翔

壹、裝備人權、採取行動

「公民社會之所以可能，前提是公民自身能夠有更多的裝備，才能在參與、論辯中行動。而工作坊這樣一個培力過程，讓我在日後在面對家鄉的迫遷議題，能夠長出更豐厚的力量去進行在地實踐，感謝台權會一直致力於推廣各種的人權教育。」這是台權會2016年初中部地方人權工作坊學員蘇育萱所給的回饋，也是她在過了九個月後，回頭反省該次人權培力過程的心得與成長書寫。而這些文字也真的落地成為具體行動，後來我們在相關的活動，如反迫遷連線與台權會共同合作的東亞迫遷法庭系列活動中，看到不少地方人權工作坊學員的身影，而育萱也在其中。

「裝備人權，採取行動」，這或多或少就是台權會舉辦地方人權工作坊的期待之一。秘書處每年投入時間、資源與人力，到台北以外的縣市舉辦各種在地議題的人權營隊，就是希望藉由深入且紮實的議題認識、交流對話與反思行動，讓我們這些人權團體一天到晚不斷高喊的普世人權價值，有可能轉化成具有在地脈絡意義的論述和行動。儘管在歷次的籌辦經驗中，也曾經遭遇過質疑與批判，比如台權會作為一個外來者，又比如人權或國際公約真的對運動有幫助嗎？面對這些挑戰，我們並沒有視之為挫折，因為人權議題作為公共議題，就是需要更多外來的援軍！人權公約也絕非昂貴的舶來品，人權必須接地才會產生抵抗壓迫的力量。漸漸地，這些交流經驗累積成為台權會必須持續拓展觸角、推廣與提升人權議題的動力。

---

* 本文的部分內容，曾發表於《台灣人權學刊》，第4卷第1期，頁167-174。

這種因為相信扎根很重要的期待，其實並不像台權會平時在與執政者近身搏鬥時的那種針鋒相對，必須逼迫對手給出解方與回應。地方人權工作坊所期待的是，參與者可以在各種因為背景、位置、想法的多元差異中，相互碰撞出某種或許可以鼓動出積極人權行動的可能性。事實上，台權會自己的工作人員，也亟需在議題運動中或者議題膠著不前的現場，暫時退一步然後沉澱，以避免人權倡議工作流於僵化形式，或者避免人權論述淪為唱高調的教條，卻無法反映草根人民受體制壓迫的限制。

貳、離開台北是必要的

台權會得以七年連續不斷地到各地舉辦人權工作坊，必須非常感謝一位很低調的人權教育專案贊助者。她贊助台權會的唯一條件，就是必須離開台北，將台權會所熟悉的人權意識、國際人權標準，以及人權倡議的相關工具與知識，帶到台灣的各地去。雖然我們無法像這位贊助者所期待的那樣，如紙風車劇團的規模，將人權種子帶到全台灣319個鄉鎮去，但在這幾年間，台權會地方人權工作坊的腳步，至少也可以環台一圈了。

一、人權工作坊@宜蘭

台權會在2010年首先到宜蘭地區初試啼聲，與在地的慈林文教基金會、仰山文教基金會，以及宜蘭縣人權法治教育輔導團等團體合作，以一週一次的課程的方式，帶入各種人權議題：包括人權的基本概念、國際人權公約、司法改革議題、廢死運動、勞動三權與教師組工會、環境與發展、友善耕作小農的經驗分享、獨立媒體工作者的分享等等主題，並結合宜蘭在地組織的參訪，為台權會的地方人權工作坊踏出第一步。

宜蘭經驗算是台權會第一次執行地方人權工作坊計畫。根據2009年10月葉亭君與邱伊翎的籌備文件，大致可見這一系列人權教育推廣計畫的定位與雛

形，主要有兩大重點：（一）希望課程不是上對下的傳授關係，而是學員由下而上分享在地所面對的問題，讓學員與講師進行互動討論，透過培訓與討論自發形成問題意識，進而產出行動方案。（二）台權會在工作坊的角色是提供工具、分享資源的夥伴，並不是單純的講師或輸出台北經驗。台權會希望看見在地議題、發現在地夥伴，建立更廣大的合作網絡。

這兩大方向基本上成為台權會後來前進各地，並與各在地組織與工作者們交流合作的重要原則。且這次宜蘭經驗所遇到困難與修正，更成為日後台權會到各地實際執行不可不知的教訓。技術面的問題較容易克服，比如宜蘭經驗是一週一次的分散式課程，結果能夠參與六週以上活動的成員比例非常低，只有五位學員可以有高出席率。為了解決學員參與情況低落的問題，往後的地方人權工作坊都是以密集的三天兩夜營隊形式舉辦，同時在報名時也會採取向學員酌收保證金，全程參與者全額歸還的政策。

歷年工作坊最大的挑戰，其實在於台權會如何與各地組織互動？各地組織者從這樣的人權工作坊，需要得到什麼？對運動有什麼幫助？為因應這些挑戰，台權會往後在籌備年度的地方人權工作坊時，花最多力氣的其實是必須事先做功課，深入瞭解在地的議題與運動脈絡，以及與地方組織工作者來來回回討論，修正工作坊的內容、講師名單，以及執行細節，甚至無論如何台權會都必須事先拜訪組織，從中找到對彼此都可接受與有建設性的合作方式。

二、人權工作坊@嘉義、屏東

於是，我們有了2011年在嘉義長青園的嘉義地方人權工作坊，以及同年在光鹽民俗生態園區的屏東地方人權工作坊。兩者都是兩天的工作坊，台權會開始透過《公民與政治權利國際公約》以及《經濟社會文化權利國際公約》這兩項重要的人權倡議工具，去探討草根行動者、組織、在地議題，究竟與聯合國人權公約之間有什麼樣的關係？比如屏東的這一場，就深度地探討了「司法冤案」、「屏東農業發展」、「莫拉克風災對原住民的衝擊」、「核電廠」以及「新移民」等五大屏東在地議題。

三、人權工作坊@高雄

2012年是台權會在高雄市成立分辦公室的一年，因此我們也順勢在這裡規劃舉辦高雄地方人權工作坊，為南辦帶來人氣，讓南辦不要「難辦」。而這也是台權會第一次舉辦三天兩夜的營隊型人權工作坊，主要原因是有別於前三次的工作坊，從高雄工作坊開始，我們開始在營隊中介紹倡議工具，以及引導學員在營隊期間必須產出某些小小的行動成果。比如當年的台權會秘書長蔡季勳就帶領學員，利用線上時間軸工具dipity進行「人權史小任務」，分組整理出五個社會運動的歷史時間軸，包括台灣原住民運動、台灣同志運動、台灣媒體改革運動、核電爭議在台灣，以及台灣婦女平權運動，完成後再進行分組報告與分享討論。

四、人權工作坊@蘭嶼

2012年10月，台權會首次離開台灣本島，前往人之島蘭嶼舉辦第五次的地方人權工作坊，這次的主題充滿著濃濃的原住民族議題，除了課程中穿插著台權會擅長的國際人權公約與人權倡議的工具和技巧之外，我們也安排了由各部落的族人來介紹達悟族人的歲時祭文化、拼板舟文化、紀錄片《國境邊陲：1997島嶼上的人類》，以及蘭嶼的反核廢料運動。

這次蘭嶼經驗，雖然台權會秘書處已經事先進行過場勘，負責籌備規劃的郁琦也密集地與在地的組織和友人們溝通這次地方人權工作坊的內容，但營隊實際執行中，仍然不斷面臨台權會作為一個外來組織、國際人權公約是否有用等各種質疑與挑戰，真的是獲得一次難能可貴的文化衝擊與震撼教育。

五、人權訪調營@桃園航空城

2014年台權會開始關注過去很少經營的居住權與反迫遷的議題，而隨著秘書處王寶萱積極投入全台最大開發計畫，也是當時最有可能造成大規模迫遷案的桃園航空城計畫，因此這一年夏天，台權會來到在地自殺老農呂阿雲之子：

呂文忠先生所經營的桃園機場背包客，舉辦三天兩夜的訪調營，我們就在緊鄰機場跑道旁的民宿，不斷挖掘與理解政府如何透過這些開發計畫，蠶食鯨吞人民一生辛苦經營的家園或農田。而整個營隊的產出，就是要求學員在營隊結束前完成訪談大綱，並在一段時間內實際執行面對桃園航空城居民的訪談計畫，並在兩個月後公開發表訪調成果。台權會因為這次的工作坊，也連帶促進許多學員不僅僅只是投入訪調工作，後續的桃園航空城迷失小熊藝術展、歷次的推動聽證會工作坊與會議，也都有許多訪調營的學員參與在其中。

六、中部人權工作坊@鹿港

因為奠基在聲援和參與桃園航空城反迫遷運動的經驗，台權會開始接觸更多各地的迫遷案，因此2016年春天的地方人權工作坊，就是以居住權為主軸，並選在中部地區與在地的組織與工作者進行深度的對話與交流。這次營隊在倡議工具的應用推廣方面，由副秘書長施逸翔深入介紹如何從《經濟社會文化權利國際公約》理解與應用居住權和反迫遷，[1] 以及法務許仁碩介紹集會遊行權的ABC，[2] 也就是當面臨拆除或者進行個案抗爭時，如何應對檢警的騷擾、保護自己，以及如何行使相關的救濟權利。其他的課程，就包括戴秀雄老師帶領學員如何從結構面理解土地開發背後的政治經濟背景與相關政策程序，以及各地運動組織者的經驗和分享。營隊的最後一天，我們設計了各種迫遷案中可能會面臨的困境，讓學員們分組討論解決問題的行動方案，學員們在超級寒冷的低溫中，逐一分析案件中的利害關係人，互相辯論行動方案的可行性與突破點，雖然只是虛擬的情境，但過程中已經讓學員們慢慢領悟到，當居民面對無

---

[1]　請參閱台權會與反迫遷連線共同編輯出版的《反迫遷手冊》（2017），這是一本提供給被迫遷者與一般大眾的防身手冊。我們探討「土地徵收」、「市地重劃」、「都市更新」、「非正規住居」、「遊民」五種常見的迫遷機制，分析制度的原型，並提供人們基本的應對處方，以在面對國家機器或無良建商的時候，能多一份力量。

[2]　請參閱台權會所編輯出版的《抗爭防身手冊》（2016），在面對各種壓迫時，我們不能只靠倡議修法跟義務律師，還需要所有人都能夠知道抵抗所需的基礎知識，以及必要時的求援或諮詢管道，讓國家無法輕易地利用對法律或檢警的無知與恐懼，讓抗爭者乖乖聽話。這本手冊貼近在地行動者需求、全面性地涵蓋常見情境、兼顧法律與實務，是一本淺白易查的手冊。

情的迫遷時，人權終究可以讓受壓迫者進行頑強抵抗的強大護盾。

七、雲彰人權工作坊：企業的人權責任

　　2017年春天，台權會再度向往南方靠海挺進，落腳於濁水溪出海口，也就是台塑麥寮石化工業的所在地，這一次人權工作坊以「企業的人權責任」爲主軸，嚴肅面對大企業所犯下的人權侵害議題，及其所應負擔的責任是什麼，而深受污染所害的在地居民與公民社會，又能採取什麼樣的人權行動？除了奠基在台權會所擅長的國際人權公約與人權倡議的工具之外，這次工作坊開始探討近年來聯合國人權體系已經發展出來面對企業侵害人權的工具，尤其是2011年所通過的《工商業與人權指導原則：落實聯合國「保護、尊重和補救」框架指導原則》，這個已經成爲全球公民社會在處理企業侵害人權時的行動基準與方向，而這套指導原則，是否有可能被台灣公民社會所用，進而在後續的人權運動當中，作爲追究企業侵害人權責任的基礎？

　　在過去，曾有許多公民社會與團體成功擋下國光石化開發案，而俗稱RCA案的「台灣美國無線電公司污染事件」，多年後也在訴訟中有了一定的進展，一審判母公司應賠償受害者鉅額賠款。但政府並沒有在這次抗爭中獲得教訓，而許多危害人民健康權與生存權的大型企業，包括高雄、彰化以及雲林麥寮的石化工業，都仍持續污染我們所生長的環境與影響所及的居民，但企業也仍持續處於免責的狀態，就以雲林麥寮廠爲例，附近的台西村就被稱爲癌症村，許多村民都因爲各種想得到的癌症而離世，還在麥寮廠附近生活的人民，如日前許厝國小遷校爭議，健康與日常生活亦受到極大的風險與危害，但台塑集團的相關企業，卻可以高枕無憂地躲在各種政府所制定但漏洞百出的環境治理機制背後，繼續其造成污染的應運行爲，以及花大錢僱用律師來處理受害居民的告訴，讓實際受到影響的居民長期周旋在法律爭訟中，甚至許多居民根本等不到司法最終的判決就已離開人世間。

　　甚至，像台塑這樣的跨國公司也危害到其他國家的人民，其設在越南的河靜鋼鐵廠，2016年又爆發偷排污染水造成沿岸大量死魚與沿海工作者傷亡事

件，台塑還因此賠償越南政府鉅額的賠款，但這個賠款的動作，終究不是一個回到保障人權基本價值的動作，河靜鋼鐵廠持續運作中，許多受害的越南人民仍沒有獲得應得的正義。因此，面對企業侵害人權但普遍免責的情況。我們透過三天工作坊的培力、相互介紹與對話，藉以瞭解如何透過國際人權框架，找出在台灣可行的、可以處理跨國企業侵害人權與追究責任的方式，進一步連結雲林、彰化在地組織者、越南人民、RCA案自救會與律師團，分享彼此在經營議題與進行自救會組織過程中的困難與相關經驗，希望可以逐步建立工作坊參與者彼此間的社群網絡，共同在企業與人權的議題上奮力前進。

在這次地方人權工作坊之後，台權會進一步與關注台塑六輕議題的團體，組成了「公民監督六輕促進環境權行動平台」，持續到雲林地院進行法庭觀察、平台也定期開會討論台灣各種環境治理的制度中，有沒有可能建立公民參與的機制。另一方面，台灣與台塑受害者正義會（JFFV）也通過許多次會議，終於在2019年正式在台灣的法院遞狀控告台塑公司在越南的河靜鋼鐵廠侵害了7,875位越南人，雖然這兩個訴訟如同小蝦米要對抗大鯨魚非常不容易，但我們看到RCA案在前頭鑿開了一道曙光，公民社會自然就往這道曙光前進了。

八、花蓮人權工作坊：礦下的原住民族部落

繼2012年的蘭嶼地方人權工作坊之後，台權會2019年再次來到東台灣，碰觸與原住民族議題有關的主題，這次我們來到花蓮想要處理採礦這件事對於原住民族的影響，也就是近幾年鬧得沸沸揚揚的亞泥案與《礦業法》爭議。在沒有這場花蓮人權工作坊之前，台權會作為倡權團體，我們可以相對單純地踩在反對亞泥礦場的立場上發聲，但當我們實際要進到部落時，才發現事情其實並沒有那麼簡單。因為過去殖民統治的歷史脈絡、各部落好幾個世代的遷移，以及過去台灣採礦產業的背景，加上台灣政府透過原住民族委員會在各地原鄉部落的治理，完全偏離原住民族自治的精神，導致亞泥礦場下各部落對於亞泥的關係與態度非常不同，甚至已經實際造成部落與部落之間的立場不同與紛爭，

而這樣的局面，也在少數堅決反對亞泥廠的礦下Ayu部落積極抗爭下，衝出了一個由政府、亞泥與部落之間定期召開的「三方會談」機制。

　　台權會就是在這樣的脈絡下，招募了30位學員進駐東華大學美崙校區舉辦四天三夜的營隊，我們試圖透過人權公約的工具、民眾劇場的肢體開發課程，以及透過其他原住民族部落遭遇開發案時如何應對的具體案例與現身說法，並在第三天帶著學員進行一整天的田野調查與參訪，我們進到亞泥礦場聽企業的簡報，進到礦區實地感受採礦的作業環境，我們也分別與支持亞泥、需要亞泥工作機會的族人對談，並與堅決反對亞泥繼續採礦的Ayu部落交流，以上這些工作坊課程，我們就是希望學員們可以從理所當然的反亞泥立場往後退一步，並期待學員們可以從各種利害關係人之間，找到可以對話的可能性，找到礦下部落與居民可以繼續行動的可能性。在這樣的工作坊目標之下，我們最後讓學員們自己跳下來扮演這個議題裡面不同的利害關係人，我們舉辦模擬三方會談，讓他們先準備作為政府官員、作為不同部落的族人、作為協助族人的公民團體、作為亞泥礦場的資方，各自會如何與對方對話。雖然只是一場模擬的會議，但這種換位思考尋找對話基礎的功夫，應該已經成為學員們的倡議工具之一，之後各種議題應該都派得上用場。

九、在政府機關操作互動式的人權小撇步

　　政府機關的人權教育與訓練，往往被批評詬病為是沒有效果的湊時數訓練，且進行的方式往往都是找專家學者進行一對多的演講、除了最後聊勝於無的QA問答時間，幾乎沒有互動可言。2019年法務部為了回應這樣的批評，特別邀請台權會就我們所出版的《人權小撇步：兩公約互動式教學法》，[3] 培訓各機關部會的人權教育種子講師，這一輪培訓之後，各機關後續也安排了許多

3　2017年再版的《人權小撇步：兩公約互動式教學法》，是台權會在2004年之後參與ARRC與Forum-Asia的培訓活動，因此就根據亞洲人權教育資源中心於2003年出版 *Human Rights Education Pack* 為梗概，經過增寫、編輯、轉化之後，先推出其中關於兩公約的部分，集結成這本小冊，是人權捍衛者、人權教育培力者、校園公民老師們，必備的人權工具書。

場各部會本身的人權互動式教學。

在這一系列的培訓課程中，台權會的講師以引導者的身分自居，我們採用手冊中的ADIDS的教學法，透過活動（Activity）、討論（Discussion）、講解（Input）、深化（Deepening）、綜合（Synthesis）的進程，讓學員們自己去討論出人權的價值與意義、人權公約這套工具與公務人員之間的關係，最後透過不同的人權案例，各組學員必須自己討論出如何以「尊重人權」、「保護人權」與「充分實現人權」的三大人權義務作為框架，找出如何解決這些人權議題的建設性方案。

這一系列課程的短期成果是令人期待的，因為在每一堂三小時的課程裡，這些學員不再只是被動接受所謂的「人權知識」，而是他們必須放下自己的官僚身分，與同組的其他學員互動對話、建立組員默契，學習溝通事情、相互說服與批評的過程，最後討論出共識。除此之外，他們也透過活動，去表達人權與他們工作與生活的關係，比如在一個畫出「人性尊嚴與人類需求」的活動中，就有學員畫出他們下班後還要接到長官LINE的加班問題，希望母親節這一天不要有任何來自長官的LINE交辦事情，也有學員透過簡單的圖畫表達他們對於許多NGO抗議不分青紅皂白罵人的不滿，因為公務員也是人，他們也有尊嚴，NGO應該就事論事批判政策。我們不知道有多少政府部門的人權教育會以這種ADIDS的方式進行訓練，但至少我們已經進行過這樣的嘗試。

參、尋找土地生根的人權力量

參與起草《世界人權宣言》的羅斯福夫人最常被引述的一段話是「人權必須從自家附近的小地方開始：這些自家附近的小地方，小得在地圖上都找不到。……除非人權在這些小地方都能受到重視，否則它將淪為空談。如果在自家附近，人們都無法團結一致，以行動維護自己的權利，那麼，在更大的世界裡，我們的期待也必將落空。」而台權會過往這八次的地方人權工作坊，就

是希望伸出觸角到台灣人權角落辦理地方人權工作坊，尋找願意在土地生根的人權力量，雖然扎根的步伐很緩慢，但我們期待在關鍵的時刻，各地的學員參與者們，都有可能成為為自己爭取權利，或者為被壓迫者挺身而出的人權捍衛者。

台權會是個資源非常有限的人權NGO，我們也不確定未來是否能維持足夠的資源，能到更多小地方為人權向下扎根，但我們很確定的是，在當前這個政治經濟結構都不以人權為基礎的環境底下，每個人自家附近的小地方，處處都充滿著人權侵害的風險，而人權行動往往也會在這些險惡環境的縫隙中冒出小芽。台權會的人權工作坊之所以特別，在於我們願意帶著成立三十六年的經驗與能量，讓這些各自冒出彼此孤立的人權小芽，可以團結一致並發展成足以抗衡制度壓迫的草根力量。

肆、結論：台權會人權教育實踐的軌跡

筆者相信同在台權會的夥伴們，仍在持續尋找人權教育的各種可能性。筆者其實是從前輩的文件資料中逐漸找到當初舉辦這些人權教育的初衷，至於學員的分享與回饋，則反過來成為我們微調校準方向的指引。

台權會從早期的宜蘭、嘉義、屏東、高雄等綜合性地方人權工作坊的嘗試，到後來以主題方式進行的蘭嶼、桃園、台中、雲彰地區、花蓮等地方人權工作坊。在這段歷程中，我們逐漸學習到人權倡議工具如果沒有彎下腰接地氣，其力道只會是薄弱的；這十年就如磨劍利器的過程，而台權會的人權工具箱雖然老舊，卻只有愈來愈上手。逐步累積經驗後，我們開始利用這些人權工具箱，去與我們平時最拉扯矛盾的公務人員們進行互動與對話。這對我們而言，同樣是必須不斷校準調整的過程。在筆者看來，這就是台權會堅持必須不斷實踐各種人權教育可能性的初衷。

國家圖書館出版品預行編目資料

台灣人權教育二十年／但昭偉等著. -- 初版.
-- 臺北市：五南圖書出版股份有限公司，
2021.02
面；　公分
ISBN 978-986-522-405-9（平裝）

1.人權　2.教育　3.台灣

579.2703　　　　　　　　　　109020930

1QPA

台灣人權教育二十年

主　　編 — 李仰桓（87.7）、黃默

作　　者 — 但昭偉、李立旻、李仰桓、林沛君、林佳範、
　　　　　　施逸翔、湯梅英、黃慈忻、黃默、雷敦龢、劉麗媛

發 行 人 — 楊榮川

總 經 理 — 楊士清

總 編 輯 — 楊秀麗

副總編輯 — 劉靜芬

責任編輯 — 黃郁婷、吳肇恩、許珍珍

封面設計 — 姚孝慈

出 版 者 — 五南圖書出版股份有限公司

地　　址：106台北市大安區和平東路二段339號4樓

電　　話：(02)2705-5066　　傳　　真：(02)2706-6100

網　　址：https://www.wunan.com.tw

電子郵件：wunan@wunan.com.tw

劃撥帳號：01068953

戶　　名：五南圖書出版股份有限公司

法律顧問　林勝安律師事務所　林勝安律師

出版日期　2021年2月初版一刷

定　　價　新臺幣380元

經典永恆・名著常在

五十週年的獻禮——經典名著文庫

五南，五十年了，半個世紀，人生旅程的一大半，走過來了。

思索著，邁向百年的未來歷程，能為知識界、文化學術界作些什麼？

在速食文化的生態下，有什麼值得讓人雋永品味的？

歷代經典・當今名著，經過時間的洗禮，千錘百鍊，流傳至今，光芒耀人；

不僅使我們能領悟前人的智慧，同時也增深加廣我們思考的深度與視野。

我們決心投入巨資，有計畫的系統梳選，成立「經典名著文庫」，

希望收入古今中外思想性的、充滿睿智與獨見的經典、名著。

這是一項理想性的、永續性的巨大出版工程。

不在意讀者的眾寡，只考慮它的學術價值，力求完整展現先哲思想的軌跡；

為知識界開啟一片智慧之窗，營造一座百花綻放的世界文明公園，

任君遨遊、取菁吸蜜、嘉惠學子！